ミネルバ大学を
解剖する
The Anatomy of Minerva University

編著
松下佳代

田中孝平・石田智敬・澁川幸加・大野真理子
佐藤有理・岡田航平・斎藤有吾 著

東信堂

まえがき

　本書は、ミネルバ大学の教育について大学教育学の観点から包括的に分析した初めての本である。ミネルバ大学 (Minerva University、2012 年設立、2021 年改称) は、設立されてまだわずか十年ほどの新しい大学だが、いま世界で最も注目を集めている大学の一つである。

　日本では、ミネルバ大学について「ハーバードを超える世界最難関校」「授業のすべてがオンライン」「キャンパスをもたずに世界の 7 都市で学ぶ」「EdTech を取り入れたイノベーティブな大学」といった形容で紹介されてきた。しかし、それらの派手な外面を外すと、意外なほど、主にアメリカにおける大学教育学や学習の科学の蓄積の上に作られた大学であることがわかる。創設者であるベン・ネルソンと、ともにミネルバを創っていった心理学者スティーヴン・コスリンの共編著である *Building the Intentional University: Minerva and the Future of Higher Education* (Kosslyn, S. M., & Nelson, B. (Eds.), The MIT Press, 2017) (邦訳『ミネルバ大学の設計書』松下佳代監訳, 東信堂, 2024) のタイトルにあるとおり、ミネルバ大学は、現在のアメリカの高等教育の抱える数多くの問題を乗りこえることをめざして、まさに意図的に、ゼロから立ち上げられた大学である。とりわけ深刻な問題として認識されていたのは、①大学が、卒業後の社会や生活に対して準備できた状態にまで学生を育てられていないこと、②大学教育があまりに高額になり、ほとんどの学生が負債を抱えて卒業していること、③半数以上の学生が卒業できておらず、卒業できたとしても十分、授業に関与できていないこと、④入学者選抜において、国籍、人種、社会経済的地位、レガシー（卒業生の近親者）など、本人の能力以外の要因で定員枠が設けられていること、の 4 つであった。③の卒業率の低さや④のレガシー入学などはアメリカの大学に固有の問題といえるが、とりわけ①は日本の大学にもあてはまる問題である。

本書では、ミネルバのさまざまな特徴の中でも「汎用的能力の育成と評価」に焦点を合わせる。汎用的能力は世界中の高等教育で（さらには初等中等教育でも）目標に掲げられながら、ほとんど、どの大学・学校も達成に成功していない目標だといってよいだろう。ミネルバでは、その汎用的能力を目標に掲げ、独自の概念である HCs（habits of mind & foundational concepts：知の習慣と基本的概念）を中心に、カリキュラム、授業、評価、準正課活動・課外活動をデザインすることで、その育成に取り組んでいる。それはどのようにして意図的に構築され、また、実際に学生たちにどう学ばれ、経験されているのだろうか。

私たちのグループでは、上述の書籍やミネルバ関連の情報を分析するとともに、過去 3 年あまりの間、ミネルバの学生や教職員へのインタビューを計 35 回にわたって行ってきた。世界を旅する学生たちが居住するブエノスアイレスと台北への訪問調査も実施した。

ミネルバ大学についてはすでに日本でも書籍が出されているが、大学教育学や学習の科学の蓄積をふまえてミネルバの全体像を伝えているとは言えない。

本書では、ミネルバ大学の教育の意図と実際を、学問的な観点や学生・教職員の語りの分析にもとづいて精緻に描き出そうとした。コロナ禍の前は遠くかけ離れたものに見えたその教育も、コロナ禍を経た今、実感を伴って理解できるものになっている。ミネルバが差し出した大学教育のもう一つの姿が日本の大学にどんな示唆をもつのかを、読者のみなさまと共に考える手がかりになれば幸いである。

2024 年 3 月

松下佳代

iii

目次／ミネルバ大学を解剖する

まえがき……………………………………………………………… i

序章　ミネルバ・モデルとは何か………………………………… 3

松下佳代

第1節　ミネルバ大学とはどんな大学か ………………………… 3
　　1.「世界で最もイノベーティブな大学」 3
　　2. ミネルバ大学の成り立ち　5
　　3. ミネルバ大学への関心　7

第2節　なぜ、汎用的能力に注目するのか ……………………… 11
　　1. 大学教育における汎用的能力　11
　　2. 汎用的能力の育成への批判　13
　　3. 汎用性のタイプ　16
　　4. 汎用的能力の育成を問うことの意味　17

第3節　ミネルバ・モデルにおける汎用的能力 ………………… 18
　　1. 実践知とコア・コンピテンシー　18
　　2. HCs　19
　　3. カリキュラム　24
　　4. 授業法　24
　　5. 学習評価　25
　　6. カリキュラム・授業法・評価　25

第4節　本書の目的・方法・構成 ………………………………… 26
　　1. 目的　26
　　2. 方法　27
　　3. 各章の問い　33
　　　文献　34

第1章　目標とカリキュラム…………………………………………37

田中孝平

はじめに ……………………………………………………………37

第1節　ミネルバにおけるカリキュラムの全体像 ……………38

第2節　一般教育——コーナーストーン科目—— ……………41

  1. カリキュラムの実態——実証的分析「問題解決」単元を
例に—— 41

  2. コーナーストーン科目が有する専門教育への導入的な性格 44

第3節　専門教育——専攻コア科目・専門領域科目—— …………46

  1. 専攻コア科目 46

  2. 専門領域科目 47

  3. 専門教育における LOs の位置づけ 51

第4節　専門教育——キャップストーン、シニア・チュートリアル、

  マニフェスト—— ………………………………53

  1. キャップストーン・プロジェクト 53

  2. シニア・チュートリアル 57

  3. マニフェスト 60

第5節　HCs を基軸に据えたカリキュラム編成 ………………63

  1. 汎用的能力としての HCs とカリキュラムの関連づけ 63

  2. HCs を自分のものにしていくプロセスとその課題 64

第6節　ミネルバにおけるカリキュラムの特質 ……………68

おわりに　………………………………………………69

  文献 70

第2章　学習評価 ……………………………………73

石田智敬

はじめに ……………………………………………73

第1節　ミネルバにおける学習評価の全体像 ………………75

  1. 学習評価における常識を転換する 75

  2. 何を目指して学習評価をデザインするのか 76

  3. 各年次における学習評価の展開 78

第2節　学習評価の内実 ……………………………81

  1. どのような場面・課題で学生のパフォーマンスが
評価されるか 81

  2. 学生のパフォーマンスはどのように評価されるか 84

目次 **v**

 3. どのようなフィードバックが学生に提供されるか 88

 4. コミュニティ内で評価基準を統一する 90

 5. ミネルバの学習評価を支える仕組み 98

第3節 ミネルバにおける学習評価の特質 …………………… 102

 1. HCs を基本的な単位として評価を行うこと──学習評価の
  粒度── 102

 2. 縦断・横断的な学習評価を行うこと──コンピテンスの
  評価── 104

おわりに …………………………………………………………… 106

 文献 108

コラム 評価情報の集約によるプログラムレベルの

  学習成果の得点化……………………………………… 109

               斎藤有吾

 1. ミネルバの HCs における評価情報の集約方法 109

 2. カリキュラムマップに基づく評価情報の集約方法 111

 3. どのような評価情報を用いてどのように集約するかの
  違い 112

 4. 学年を超えて集約することに関する違い 114

 文献 115

第3章 授業法………………………………………………… 117

           大野真理子・澁川幸加

はじめに …………………………………………………………… 117

第1節 ミネルバにおける授業法の全体像 ………………… 118

 1. 設計思想 119

 2. 授業の流れ 123

 3. フル・アクティブラーニングの実現を目指した学習環境 126

第2節 授業設計の舞台裏 ………………………………… 128

 1. 授業設計の流れ 128

 2. 授業設計の特徴 129

第3節 オンライン授業を支えるプラットフォーム ……… 131

 1. Forum の設計思想 131

2. Forum の主な機能　132

3. Forum の特徴——既存のオンライン会議システムとの
異同——　137

第4節　学生からみたオンライン授業 ……………………………　138

1. オンライン授業における懸念事項　138

2. オンライン授業における懸念事項と学生　139

第5節　ミネルバにおける授業法の特質 ………………………　142

おわりに ………………………………………………………………　143

文献　144

第4章　準正課・課外活動 ……………………………………　147

佐藤有理・大野真理子

はじめに …………………………………………………………………　147

第1節　ミネルバにおける準正課・課外活動の全体像 ……　148

1. ミネルバ・コミュニティの内部を対象とした取り組み　149

2. ミネルバ・コミュニティ外部と関わる取り組み　153

第2節　準正課・課外活動の実際 ……………………………………　158

1. ミネルバ・コミュニティの内部を対象とした取り組みの
具体例　158

2. ミネルバ・コミュニティ外部と関わる取り組みの具体
例　161

3. デザインと実態のはざまで　164

第3節　米国の他大学との比較から ………………………………　165

1. 学生寮——ミドルベリー大学の事例——　166

2. グローバル・ローテーション——LIU グローバルの
事例——　168

3. ミネルバ大学と米国の他大学(ミドルベリー大学と LIU グロー
バル)との比較　170

第4節　ミネルバにおける準正課・課外活動の特質 ………　173

おわりに …………………………………………………………………　175

文献　175

目 次　vii

第5章　教職員·· 177

岡田航平・大野真理子

はじめに ·· 177

第1節　ミネルバにおける教職員の全体像 ··················· 178

第2節　教員の役割 ··· 179

  1. 教員の構成と職務　179
  2. 教員の学習成果（HCs・LOs）との関わり　180
  3. 教員をつなぐコミュニケーション　182

第3節　教員の採用と研修 ··································· 184

  1. 教員の採用基準・待遇　184
  2. 教員研修の方法　186

第4節　職員の役割と採用 ··································· 188

  1. 職員の構成と学生生活スタッフへの着目　188
  2. 学生生活スタッフの役割　189
  3. 学生生活スタッフの採用基準・待遇　192

第5節　ミネルバにおける教職員の特質 ····················· 194

おわりに ·· 195

　　文献　197

第6章　学生からみたミネルバ······························· 199
　　──長期的インタビューを通じて──

田中孝平・大野真理子・岡田航平・石田智敬

はじめに ·· 199

第1節　学生Aの事例·· 200

  1. 「最適解」としてのミネルバ大学への進学　200
  2. 「実践する力」を身につけるミネルバでの学び　202
  3. ミネルバ大学への捉え方　206
  4. まとめ　207

第2節　学生Dの事例·· 208

  1. ミネルバ大学を選んだ理由　209
  2. ミネルバ大学での学びと将来構想　210
  3. ミネルバ大学での学びを振り返って　213

4.　まとめ　216

　第3節　学生 E の事例……………………………………………………　217

　　1.　ミネルバ大学への入学と適応の過程　218

　　2.　高年次になるにつれて生じた学びとその葛藤　220

　　3.　人文学の学びを通じたミネルバでの学びへの想い　223

　　4.　まとめ　227

　第4節　学生 G の事例……………………………………………………　228

　　1.　G のバックグラウンド　228

　　2.　キャップストーンとシニア・チュートリアルに関する
　　　経験　229

　　3.　ミネルバにおける G の学び　233

　　4.　G からみたミネルバの特質　238

　　5.　まとめ　240

　おわりに ……………………………………………………………………　241

エッセイ　ミネルバ大学訪問記──ブエノスアイレス調査── …　243
　　　　　　　　　　　　　　　　　　　　　　　松下佳代・石田智敬

　　1.　ブエノスアイレス訪問調査　243

　　2.　インタビュー・ハイライト in ブエノスアイレス　249

　　3.　実際に行ってみるということ　257

終章　ミネルバ・モデルの日本の大学へのインパクト………　259
　　　　　　　　　　　　　　　　　　　　　　　　　　　　松下佳代

　はじめに ……………………………………………………………………　259

　第1節　大学の目標・カリキュラムへの示唆 …………………………　261

　　1.　汎用的能力を身につけるということ　261

　　2.　文理横断・文理融合教育　264

　第2節　大学の授業・学習活動への示唆 ………………………………　266

　　1.　コロナ後の対面授業への揺り戻し　266

　　2.　ハイブリッド学習　267

　第3節　導入における潜在的な問題点 …………………………………　268

　　1.　汎用性（広さ）の偏重　268

　　2.　分野による適合性の違い　270

目　次　ix

　　3．教員の機能分化　270
　　4．大学のビジネスモデル　271
　おわりに ……………………………………………………… 273
　　文献　275

付論　ミネルバ・プロジェクトの動向……………………… 277

松下佳代・田中孝平

　はじめに ……………………………………………………… 277
　第1節　高等教育における拡張 ……………………………… 278
　　1．一般教育　278
　　2．新しい学位プログラム　280
　　3．コーオプ教育――中南米地域の大学――　280
　　4．大学院教育　282
　　5．共通する特徴と抜け落ちているもの　282
　第2節　高校教育への拡張 …………………………………… 285
　　1．カリキュラム　285
　　2．目標と評価　287
　第3節　企業研修への拡張 …………………………………… 288
　　1．企業研修の概要　289
　　2．企業研修の具体的実践　289
　　3．企業研修開始前のファカルティトレーニング　291
　おわりに ……………………………………………………… 292
　　文献　293

あとがき……………………………………………………… 295

　　謝辞　298

　事項索引 ……………………………………………………… 299
　人名索引 ……………………………………………………… 303
　執筆者紹介 …………………………………………………… 304

ミネルバ大学を解剖する

序章　ミネルバ・モデルとは何か

松下佳代

第1節　ミネルバ大学とはどんな大学か

1.「世界で最もイノベーティブな大学」

（1）メディアでの注目

　ミネルバ大学は、2012 年に設立、2014 年に開校されたばかりの学生数 600 名あまり[1]の小規模リベラルアーツ大学である。だが、「ミネルバ大学」の名前を耳にしたことのある人は、大学教育関係者ならずとも少なくないだろう。日本でもさまざまなメディアで紹介されてきた。比較的早いところでは、NHK クローズアップ現代「ハーバードはもう古い?! ～エドテック "教育革命" 最前線～」（2017 年 1 月 26 日）、最近では ABEMA TV「世界のエリートが入学熱望？　ミネルバ大学を徹底解剖」（2022 年 11 月 1 日）などがある。ミネルバ大学自身の発信力も高い。ミネルバ大学の公式ウェブサイト（https://www.minerva. edu/）には大学側の説明とともに、数多くの学生の声が掲載されている。学生たち自身も独自に、YouTube や SNS などで、大学のカリキュラムや授業、各都市での生活や活動の様子などを発信している。

　ミネルバ大学のサイトには、「世界で最もイノベーティブな大学」の第 1 位に選ばれた（World's Universities with Real Impact（WURI）による調査）と誇らしく書かれている。それがミネルバを形容するもっとも相応しい言葉だとみなされてい

1　学生数は、2020-2021 の年度で 618 名である（https://www.minerva.edu/undergraduate-program/ academics/ student-achievement/）（2023 年 7 月 30 日閲覧）。

4

るのだろう。

(2) 何が「イノベーティブ」とされているのか

では、何が「イノベーティブ」とされているのだろうか。ミネルバ大学のイノベーションを列挙してみよう。

- 授業：すべて、オンラインの「フル・アクティブラーニング」型授業であり、「徹底した反転授業」が行われる。全クラス 20 人未満の少人数クラスである。
- ICT 活用 (EdTech)：独自のプラットフォームである Forum™ を開発し [2]、それによってカリキュラム・授業法・評価に一貫性をもたせている。
- キャンパス：「都市をキャンパスに」をキャッチフレーズに、自前のキャンパスをもたず、世界 7 都市 (1 年次：サンフランシスコ、2 年次：ソウル・ハイデラバード、3 年次：ベルリン・ブエノスアイレス、4 年次：ロンドン・台北) にある学生寮を学期ごとに移動しながら学ぶ (グローバル・ローテーション) [3]。居住する都市で、企業、行政機関、大学、文化施設などと連携し、さまざまなプロジェクトや学習を経験する。
- 目標とカリキュラム：「世界のために批判的な知恵を涵養すること (Nurturing critical wisdom for the sake of the world)」をミッションとして掲げ、4 つのコア・コンピテンシーを目標として、HCs (habits of mind & foundational concepts：知の習慣と基本的概念) と呼ばれる独自の汎用的能力を育成するための体系的カリキュラムを構成している。
- 入学者選抜：独自の理念による入学者選抜 (完全に平等主義的で、出身国・性別・人種・階層等の属性に関係なく、入学する資格があるかという基準のみで選抜する) をオンラインによって無料で実施し、世界中の地域から優秀な学生を獲得している。出身国は 60 カ国以上に及ぶ。

2　以前は、Active Learning Forum と呼ばれていたが、現在は、Forum™ という名称になっている (Forum™ が正式の表記だが、以下では Forum と表記する)。実際、Forum の機能はアクティブラーニング型授業にとどまらない。また、現在は、営利教育企業である Minerva Project が Forum を提供している。

3　後述のように、コロナ禍の影響で、2020 〜 2023 年度は順序が変更されているが、グローバル・ローテーション自体は実施されている。

序章　ミネルバ・モデルとは何か　5

- 評価方法：授業中の観察やプロジェクト等の成果物にもとづくエビデンスベースの評価とフィードバックによって、学習のための評価を実現している。4年間の変化を、教員だけでなく学生も把握できる仕組みがある。
- 学費：20人未満の少人数クラスで、世界中を移動しているにもかかわらず、学費（授業料、寮費等を含む）は4万ドル程度に抑えられている（授業料はアメリカのトップ大学の約3分の1、他の経費はほぼ同額）。さらに出身国や家庭の経済状況などに応じて学費が決定され、さまざまな資金援助も行われている[4]。
- 教員：教員はすべて博士号を取得しており、世界各地から教育に熱意をもつ優秀な教員が採用されている。

　こうしたイノベーションの結果、ミネルバ大学の学生たちは1年間で、北米でよく用いられている標準テスト（CLA+）[5]において、全米のトップ大学の4年生に並ぶ高成績をおさめ、入試倍率の高さもあって、短期間で「ハーバードを超えるエリート大学」と呼ばれるようになった。

　これらの要素は相互に関連し、一つの系（まとまり）をなしている。要素を組み合わせて導き出された「最適解」がミネルバ大学だといえよう。そこで本書では、この系（まとまり）を「ミネルバ・モデル」と呼ぶことにする。

2.　ミネルバ大学の成り立ち

　ミネルバ大学は、2014年に、シリコンバレーの実業家・起業家であるベン・ネルソン（Ben Nelson）を創設者として開校された[6]。2017年には、元ハーバード大学社会科学部長でミネルバの創設学部長兼最高学務責任者に迎えられた心理

4　学生のデモグラフィックな情報や授業料等の最新情報は、ミネルバ大学のサイトから入手できる。

5　CLA は Collegiate Learning Assessment の略称。このテストは、大学版 PISA とも呼ばれた OECD の AHELO（Assessment of Higher Education Learning Outcomes：高等教育における学習成果調査）のジェネリックスキルの調査でも用いられた。

6　ベン・ネルソン（Ben Nelson）は、Snapfish 社で成功をおさめた実業家であり、ミネルバ大学の創設者・学長、ミネルバ・プロジェクトの創設者・会長・CEO である。スティーヴン・コスリン（Stephen M. Kosslyn）は、元ハーバード大学教授で、心理学・学習の科学の研究者である。現在は、ミネルバを去り、Foundry College（2年制オンライン大学）の創設者・最高学務責任者、Active Learning Science 社代表取締役を務めている。

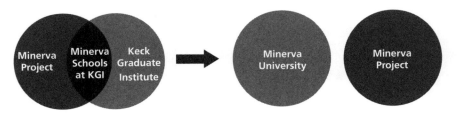

図序-1　Minerva Project と Minerva University の関係

(出典) Ross, K.（2021）. Transformational learning. 第 28 回大学教育研究フォーラム講演資料, 2022 年 3 月 16 日.

　学者スティーヴン・コスリン（Stephen M. Kosslyn）とベン・ネルソンの共編により、ミネルバ大学の設計書ともいうべき本 Building the Intentional University: Minerva and the Future of Higher Education が The MIT Press から刊行されている。

　ここまで「ミネルバ大学」という呼称を使ってきたが、設立以来しばらくは、"Minerva Schools at KGI"と呼ばれていた。アメリカで大学として認定されるには、専門の機関によってアクレディテーション（適格認定）を受けなければならない。しかし、ミネルバのようにゼロから大学を作る場合には、アクレディテーションを受けるのに必要な実績がない。そこでまず、Minerva Project を立ち上げ、ケック大学院大学（Keck Graduate Institute: KGI）と連携してその下に入ることによって、5つの専攻からなる大学としてスタートした。

　その後、実績を積み重ね、2021 年にアクレディテーション機関の一つである西部地区アクレディテーション協会（Western Association of Schools and Colleges/ Senior College and University Commission: WSCUC）から認定を受けることにより、晴れて Minerva University という名称が用いられることになった（図序-1）[7]。

　現在、ミネルバ大学（Minerva University）とミネルバ・プロジェクト（Minerva Project）は、独立した別々の組織となっている。ミネルバ大学は、以上に述べてきた経緯で設立された教育機関であり、非営利組織であるミネルバ研究・学術機構（Minerva Institute for Research and Scholarship）によって運営されている。一方、

---

[7] Accreditation のページ（https://www.minerva.edu/about/accreditation/）（2023 年 7 月 30 日閲覧）より。

ミネルバ・プロジェクトは、営利教育企業であり、他教育機関・組織との連携、ミネルバ・モデルの拡張・普及などを行っている (付論参照)。

　両組織は独立しているとはいえ、創設者はどちらもベン・ネルソンであり、最高責任者も彼が務めている。ミネルバ・プロジェクトは、ミネルバ大学にForum などのツールを提供する一方、ミネルバ大学の成果をふまえて、さまざまな国の高等教育 (大学・大学院)、高校教育、企業研修にそのノウハウを、ローカライズしながら普及させている。両者は、営利、非営利の違いはあるにせよ、姉妹関係にある組織である。

3. ミネルバ大学への関心

　このように、シリコンバレーの実業家・起業家によって創設され、営利教育企業であるミネルバ・プロジェクトと姉妹関係にあることは、賛美と反発の種になりうる。18 歳人口減少のなかで入学者確保に苦労している大学はその手法を称賛し経営の秘密を知りたいと思うかもしれないが、一方、大学の企業化を懸念する人たちからは、大学教育をお金儲けの道具にしていると批判を受けかねない。

　にもかかわらず、なぜ、私たちは、ミネルバ大学に関心をもち、本書の刊行を思い立ったのか。それにはいくつかの理由がある。

(1) コロナ禍による大学を取り巻く状況の変化

　私が、ミネルバについて知ったのは 2017 年のことである。この年の 5 月に当時所属していた京都大学高等教育研究開発推進センターで、ベン・ネルソンらを招いて「大学教育の創造的破壊と未来」というシンポジウムを開催した。当時、すべての授業をフルオンラインで実施することなど、日本の一般の大学ではまったく実現可能性がなさそうに思えた。

　だが、コロナ禍を機に状況は大きく変わった。**図序-2** は、授業様式の好みに関する EDUCAUSE の調査結果を示したものである (調査対象は、アメリカの大学の学部生 820 名)[8]。

8　EDUCAUSE は、IT の活用によって高等教育を進歩させることを使命とするアメリカの

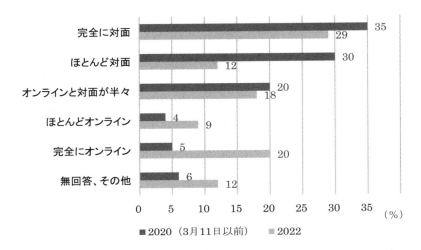

図序-2　コロナ禍前後による授業様式の好みの変化
(出典) Robert (2022) より抜粋して訳出。

　コロナ禍の前後で好みが変化していることがわかる。最も好まれているのは依然として「完全に対面」だが、「完全にオンライン」や「ほとんどオンライン」が大きく伸びている。これはアメリカの調査だが、日本でも似たような状況にある[9]。

　コロナ禍でのオンライン授業は、緊急避難的なものだったが、その中での2年近い経験は教職員にも学生にも経験値を与えた。こうして、オンライン授業、ハイブリッド型授業が、世界中のごく一般的な大学でも、授業法のレパートリーに含まれるようになり、ミネルバの授業法はぐっと身近なものになった。

(2) 大学教育の研究・実践の蓄積

　だが、前にも述べたとおり、ミネルバの特色はフルオンライン授業にとどま

　NPOである。調査結果はRobert (2022) による。
[9]　文科省の調査 (2021) によれば、オンライン授業について、「満足」・「ある程度満足」と回答した「満足群」は56.9%、「どちらとも言えない」が21.0%、「あまり満足していない」・「満足していない」と回答した「不満足群」は20.6%だった。ただし、「対面授業よりも理解しやすかった」の14.7%に対し、「対面授業より理解しにくい」は42.7%であり、理解度においては大きな開きがある。

序章　ミネルバ・モデルとは何か　9

らない。実のところ、フルオンライン授業の部分だけ取り出して導入してもきっとうまくいかないだろう。

　さまざまなミネルバ大学の特色は、どれもイノベーティブに見えるが、実は、その多くは新規の思いつきではなく、大学教育の研究・実践の蓄積を反映したものである。例えば、きわめて斬新に見えるグローバル・ローテーションも、アメリカのリベラルアーツ・カレッジに前例がある（第4章参照）。さらに歴史を遡れば、都市から都市へと遍歴していた中世西欧の大学を連想させるものでもある（吉見, 2021）。

　ミネルバのイノベーションは、それらを組み合わせ、新たにテクノロジーという要素を加えて、一つのまとまった系を創出したことにある。まさに、イノベーションのもともとの意味である「新結合」（これまで組み合わせたことのない要素を組み合わせることによって新たな価値を創造すること）が行われたということができる。

　アメリカでリベラル・エデュケーションの振興に取り組んできた全米大学・カレッジ協会（Association of American Colleges & Universities: AAC&U）[10] の会長リン・パスカレラ（Lynn Pasquerella）は、*Inside Higher Education* の記事の中で、ミネルバは「私たちが最も重要だと感じている学習成果に焦点化している」と語り、その高度に構造化されたカリキュラム、プロジェクトベースの学習は「すべての大学に適用可能だし、採用されるべきである」と高く評価している（Fain, 2018）。実際、ミネルバの取組には、AAC&U が明らかにしてきた高いインパクトをもたらす実践（High Impact Practices）が数多く取り入れられている（第4章参照）。いいかえれば、これまでの大学教育の研究・実践の成果を、現代の大学への要請にあわせて、自分たちの理念の下で一つの大学のかたちに結実させたのがミネルバなのである。

（3）これまでの紹介のしかた

　ミネルバについてはすでに数多くの紹介がなされており、日本の大学・企業にも、ミネルバ大学の考え方を取り入れた例やミネルバ・プロジェクトと連携

10　現在の正式名称は、American Association of Colleges & Universities である。

した例がある（終章・付論参照）。

　しかし、必ずしも、ミネルバ・モデル全体が理解されているとはいえない。ともすれば、「ハーバードより難関」「フルオンラインのアクティブラーニング」「世界7都市をめぐる」「EdTech」といった点にメディアの関心は偏りがちだった。本書では、そうした断片的な部分ではなく、ミネルバ・モデルをなるべく丸ごと扱いつつ、それを大学教育の研究・実践の蓄積と照らし合わせながら解剖していきたい（もっとも、入学者選抜や学費の点については、章を立てて詳しく扱うことはできなかった）。

　もちろん、ミネルバ大学およびミネルバ・プロジェクトのウェブサイトや創設者であるネルソンとコスリンの本（Kosslyn & Nelson, 2017）などには、全体像が描かれている。だが、本書では、発信側の視点や情報だけに頼るのではなく、実際にミネルバ大学がどのように機能しているのか、その教育が学生たちにどう経験されているのかを確かめながら、この「イノベーティブな」大学の実態に迫りたい。

（4）汎用的能力という切り口

　さて、ミネルバ・モデルを丸ごと扱うといっても、解剖するには切り口が必要だ。本書では、汎用的能力を切り口とする。

　汎用的能力とは、分野や場面を問わず、広い適用性をもつ能力のことである。代表的なものに、いわゆる4Csがある。4Csとは、critical thinking（批判的思考）、creativity（創造性）、communication（コミュニケーション）、collaboration（協働）のことである。ミネルバでも、これと似た「コア・コンピテンシー」が目標に掲げられている。Thinking critically（批判的思考）、Thinking creatively（創造的思考）、Communicating effectively（効果的コミュニケーション）、Interacting effectively（効果的インタラクション）の4つだ。だが、これだけならば、他の能力論でもよく見られるものであり（例えば、Fadel et al., 2015参照）、ほとんど何の新しさもない。ミネルバの革新は、これをさらにHCsという目標に具体化した点にある。ミネルバのカリキュラム、授業法、評価はHCsを軸として構成されており、その意味で、汎用的能力、その具体化としてのHCsは、切り口にふさわしいと考える。

序章　ミネルバ・モデルとは何か　II

　以下では、汎用的能力とそれへのミネルバのアプローチについてもう少し深く掘り下げてみよう。

第2節　なぜ、汎用的能力に注目するのか

1.　大学教育における汎用的能力

（1）教育政策での重視

　汎用的能力は、2000年代以降、日本の大学教育に関連した政策でも強調されるようになっている。例えば、2006年に経済産業省が提案した「社会人基礎力」は、「前に踏み出す力」「考え抜く力」「チームで働く力」という汎用的能力で構成されており、2018年に更新された「人生100年時代の社会人基礎力」でも、その基本的性格は変わっていない。また、文部科学省が2008年の中央教育審議会答申「学士課程教育の構築に向けて」（いわゆる「学士課程答申」）で打ち出した「学士力」は、「知識・理解」「汎用的技能」「態度・志向性」「統合的な学習経験と創造的思考力」からなり、なかでも「汎用的技能」や「態度・志向性」といった汎用性をもつ能力が重要な位置を占めている。さらに、2012年の中央教育審議会答申「新たな未来を築くための大学教育の質的転換に向けて」（いわゆる「質的転換答申」）では、「学修者が能動的に学修することによって、認知的、倫理的、社会的能力、教養、知識、経験を含めた汎用的能力の育成を図る」ものとして、アクティブラーニングが大学教育政策に導入された。

　文科省のいう学士力は、全米大学・カレッジ協会（AAC&U, 2007）の"Essential Learning Outcomes（ELO）"を下敷きにしており、そこでは、「知的・実践的スキル」や「個人的・社会的責任」といった汎用性をもつ能力が、学士課程教育において身に付けるべき「本質的な学習成果」とされている。パスカレラのいう「私たちが最も重要だと感じている学習成果」とはこのELOのことである。

　「学士力」の中身、とくに「知識・理解」の部分は、その後、日本学術会議において、分野別参照基準として具体化された。これは、大学教育の質保証のために、各学問分野で教育課程を編成する際の参照基準として作られたものであ

り、2023 年 6 月現在、33 分野で策定・公開されている[11]。そこでは各分野の「基本的な素養」を「基本的な知識と理解」と「基本的能力」に分けた上で、後者の基本的能力を「分野に固有の能力」と「ジェネリックスキル」で示している。「ジェネリックスキル」とはまさに「汎用的技能」のことだが、分野固有性と関連づけられているところに特徴がある。

このように大学教育で汎用的能力が重視されるようになった背景としては、大学進学率が 50％をこえて学力・学習意欲や学習習慣の多様な学生が入学するようになったこと、社会の流動化が進み大学での専門分野と卒業後のキャリアが必ずしも一致しないのが普通になったこと（したがって専門分野の枠をこえた知識・能力が将来への準備として求められるようになったこと）、知識の更新のされ方が急速でインターネットによる外部化も進んだために知識の価値の相対的低下が生じたこと、などを挙げることができる。

(2) 日本の大学教育の現状

では、日本の大学教育の現状はどうだろうか。杉谷 (2019) は、2018 年に実施した学士課程カリキュラムの改革状況に関する調査の結果を報告している。それによると、汎用的能力 (コンピテンシー) がディプロマ・ポリシー（卒業認定・学位授与の方針）に記載される割合は 73.2％に達している。また、汎用的技能（例：情報リテラシー、文章表現など）は教養教育で、汎用的能力は学士課程教育全体でという棲み分けが進んでいるという。

だが、ディプロマ・ポリシーにあげられる能力はふつう数個程度で、数多くの授業科目を幅広くカバーするものであるため、抽象的・多義的で曖昧であることが多い。例えば、「広い視野と異質なものへの理解」「多面的・総合的な思考力と批判的判断力」といった具合だ。一部の大学では、「カリキュラムマップ」で各科目の目標と紐付けたり、「レーダーチャート」を使ってその資質・能力

11　正式な名称は、「大学教育の分野別質保証のための教育課程編成上の参照基準」であり、文科省からの審議依頼を受けて、まず大枠が回答「大学教育の分野別質保証の在り方について」（日本学術会議, 2010）で示され、その後、順次、各分野で策定が進められていった。すべて日本学術会議のウェブサイトで公開されている（https://www.scj.go.jp/ja/member/iinkai/daigakuhosyo/daigakuhosyo.html）（2023 年 6 月 23 日閲覧）。

の育成状況を可視化したりしているが、大学評価対策で作ってはみたものの実際には機能していないという場合も少なくない。

また、汎用的能力の評価では、標準テスト（例えば、PROG（Progress Report On Generic skills）など）や質問紙調査などが使われているが、標準テストは必ずしもディプロマ・ポリシーにそったものではなく、また、質問紙調査は学生自身に汎用的能力が身についたかどうか尋ねる自己報告の間接評価なので、限界がある。

このように、汎用的能力の必要性が叫ばれるわりに、現状はそれに追いついていないというのが実態である。

2. 汎用的能力の育成への批判

(1) 否定的な見方

そもそも、汎用的能力の育成を目標とすること自体に対して批判や懐疑的な見方もある。イギリスの高等教育研究者ロナルド・バーネット（Barnett, 1994）は代表的論者の一人である。彼は、高等教育におけるスキル（能力）を、〈学問の世界－仕事の世界〉、〈特殊的－一般的〉という2軸によって描く（**図序-3**）。〈特殊的－一般的〉は、本章の用語でいえば〈分野固有性－汎用性〉と言い換えら

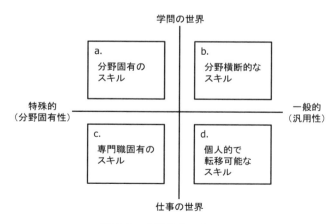

図序-3　高等教育におけるスキル

（出典）Barnett (1994, p.62) より訳出の上、一部加筆。

れる。aは、数学、歴史学、社会学といった各学問分野に固有のスキル、bは、各学問分野の文脈を越えて存在すると主張される高次のアカデミックな分野横断的なスキル（例：分析、論証、文章コミュニケーションなど）、cは医師、建築家、会計士といった大学で養成される専門職に固有のスキル、dはさまざまな種類の仕事の文脈で発揮されると主張されるスキルである。

　このうち、汎用的能力に関係するのはbとdである。バーネットは、これらの能力はどちらも「転移可能なスキル」が存在するという仮定に立っているが、そもそもそのようなスキルが存在するかどうかについて疑義がある、という。「学問の世界と仕事の世界を横断するような転移可能性は存在するのか」「転移可能なスキルに対する労働市場の要求に大学教育は応えるべきなのか」とバーネットは疑問を投げかける。

　認知科学者の鈴木宏昭も汎用的能力に懐疑的な一人である（鈴木, 2017, 2022）。「近年大学教育において論理的思考、創造性、コミュニケーション力、協調性などの習得がきわめて困難と思われる能力を教育目標に掲げることが見受けられる」が、その背後にあるのは、「きちんと教えればできる」という考え方であり、そのような素朴理論が「教育可能性の極めて低い目標を立てさせるとともに、それを要素化して学生に提示をすることで、大学での教育を「ごっこ」遊びに変えてしまい、学生の知的成長を妨げる危険性」をもたらしていると、鈴木は警鐘を鳴らしている（鈴木, 2017, p.12）。ここで「教育ごっこ」として想定されているのは、「目標となる学習事項を要素に分解し、［中略］即時フィードバック、達成の度合いを明示する形成的評価、ルーブリックに基づく評価」（p.13）といった方法である。本書の各章を読めばわかるように、鈴木の批判している「教育ごっこ」の道具立ては、目標も方法もかなりの程度、ミネルバの教育と重なっている。

　鈴木はなぜ、こうした教育を「教育ごっこ」と揶揄するのだろうか。その根拠となっているのは、認知科学における学習転移研究の知見である。「PならばQ」という条件文推論、物体の落下運動、ベイズの定理などの「教える内容が明確であり、それほど複雑なステップを踏むようなものではない」場合でも、大学生は驚くほど応用・転移できない。まして、「論理的思考、創造性、コミュニケーション力、協調性」などの「その内実が誰もまだわからないものであり、

序章　ミネルバ・モデルとは何か　15

それをどう教えるのか、どう評価するのかも未知のものである」場合、そのような教育目標が達成される可能性は、きわめて低いと考えざるをえない、というのが鈴木の見解である。

(2) 汎用的能力の背後にある転移

「転移(transfer)」というのは、学習したことがらを学習した文脈(課題や場面など)とは別の文脈で使うことである。学習した文脈と適用する文脈が近い場合を「近い転移(near transfer)」、遠い場合を「遠い転移(far transfer)」という。汎用的能力とは、前に述べたように、分野や場面を問わず広い適用性をもつ能力のことであるから、いろいろな文脈に転移できる能力といいかえることもできる。

大学を含め学校というところは、学習者が、学校で学んだことを学校外・学校後の社会や人生において、直接的であれ間接的であれ、何らかの形で活かすことをめざしている。したがって、転移、とりわけ遠い転移は学校教育を根本のところで支えている考え方だといえる。だが、転移が可能か、どんな要因でそれが決まるのかは、実は、研究者の間でも見解が一致していない。認知科学者のバーネットとセシ (Barnett & Ceci, 2002) は、過去1世紀の間の主要な転移研究をレビューし、内容(何の転移か)と文脈(いつ・どこから、いつ・どこへの転移か)に関する9つの異なる次元で、転移研究を分類した[12]。そして、同じ転移という現象であっても、文脈の次元や転移の近さ・遠さの程度によって、その研究結果に違いが生まれ、結論に混乱が生じている、と論じた。

ミネルバでは、この転移、とりわけ「遠い転移」という考え方を使って、汎用的能力の育成を図ろうとしている。いいかえれば、ミネルバの教育は、転移の可能性や意義に対する批判や懐疑への挑戦とみなすことができる。鈴木は、転移の生じにくさを根拠にして、汎用的能力の育成を「教育ごっこ」と批判したのだが、ミネルバでは、これまでのやり方では転移が生じにくいということ

12　内容に関する次元としては「学習されたスキル」「パフォーマンスの変容」「記憶への要求」の3つが、また文脈に関する次元としては「知識領域」「物理的文脈」「時間的文脈」「機能的文脈」「社会的文脈」「モダリティ」の6つが挙げられている。〈近い―遠い〉に関わるのは文脈の6つの次元であり、近い転移から遠い転移までが連続体上に5段階で例示されている。バーネットらは、この分類学を使って、転移の代表的な研究がどんなタイプの転移を扱ってきたのかを分析している。

をわかった上で、だからこそ、これまでとは異なるやり方で転移を生じさせ汎用的能力を育成しようとしている。鈴木が、主に実験室環境――つまり、転移の必要性を学習者自身が感じるような文脈やそのための援助となるような道具立てがない環境――での知見を根拠にしているのに対し、ミネルバでは、現実の教室や教室外で、転移が確かに生じ、それが学生の汎用的能力を形成するという事実を創り出そうとしているのだ。

3. 汎用性のタイプ

さて、バーネットは、高等教育で身につけるスキル（能力）を、〈学問の世界－仕事の世界〉、〈特殊的－一般的〉という2軸によって描いていた（図序-3）。〈特殊的（分野固有性）――一般的（汎用性）〉についてはどのように関係づけられるのだろうか。大きく2つのタイプがある[13]（**図序-4**）。

〈1〉分野固有性に依らない汎用性
　　分野を越えた幅広い応用可能性としての汎用性
〈2〉分野固有性に根ざした汎用性
　　特定の分野で獲得・育成された知識・能力が分野を越えて適用・拡張されることで得られる汎用性

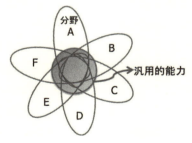
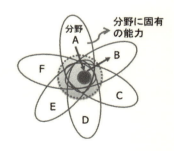

<1>分野固有性に依らない汎用性　　　　<2>分野固有性に根ざした汎用性

図序-4　分野固有性と汎用性の関係―2つのタイプ―

13　松下（2019）では4つのタイプに分類したが、ここでは話をシンプルにするために、対比関係が明確な2つにしぼった。

ミネルバはタイプ〈1〉にあたる。これは、能力の汎用性についての強い主張であり、ミネルバは、そのための理論と方法論を提供し、実践している点で、きわめて野心的であり興味深い。

一方、タイプ〈2〉にあたるものとして、前にふれた学術会議の「ジェネリックスキル」がある。学術会議の分野別参照基準では、ジェネリックスキルを、「分野に固有の知的訓練を通じて獲得することが可能であるが、分野に固有の知識や理解に依存せず、一般的・汎用的な有用性をもつ何かを行うことができる能力」(日本学術会議, 2010, p.18) としている。教育社会学者本田由紀のいう「柔軟な専門性 (flexpeciality)」も、同じくタイプ〈2〉の汎用性といえる。柔軟な専門性とは、特定の分野・テーマを入口としながら、徐々にそれを拡張・転換していくことで、より一般的・共通的・普遍的な知識・スキルやキャリアを身につけていくプロセスのことである (本田, 2008)。

タイプ〈1〉と〈2〉の最大の違いは、タイプ〈1〉が最初から、汎用的能力を抽出し、それを目標化して学ばせるのに対し、タイプ〈2〉は、そうした汎用的能力を初めから想定するのではなく、まず分野固有の知識やスキルを獲得した後、徐々に汎用性を獲得させていこうとする点にある。

タイプ〈1〉は、タイプ〈2〉と比べて、はるかに強い能力の汎用性についての主張であり、転移やそれによる汎用性を否定する見解と真っ向から対立する。それだけに、ミネルバのきわめてユニークな特徴といえる。また、汎用的能力の育成のための理論と方法論はミネルバ・モデル全体に関わるものでもある。こうした理由から、本書では、汎用的能力をミネルバの教育を検討する際の切り口とすることにした。

4. 汎用的能力の育成を問うことの意味

ところで、この節の冒頭で、汎用的能力は、2000年代以降、日本の大学教育に関連した政策でも強調されるようになっていると書いたが、それは「汎用的」という言葉がよく使われるようになったという限りにおいて、である。

実は、汎用的能力の育成を問うことは、一般教育・教養教育と専門教育の関係を問うことであり、まさに大学教育の根幹に関わる問題でもある。

社会学者の吉見俊哉は、現在の日本の大学教育の問題の根本が、戦後の新制

大学が旧制高校の担っていたようなリベラルアーツ教育を取り込めなかったこと、いいかえれば、タテ型の専門教育とヨコ型のリベラルアーツ教育を交差させてカリキュラムを構成するという発想が導入されなかったことにあると指摘している。リベラルアーツ教育にとって重要なのは、「学生たちが異なる分野の知を深い仕方で横断する能力を身に着けること」(吉見, 2021, pp.89f) であるが、実際に行われたのは、当時、ハーバード大学で提案されていた「配分必修制」であった。つまり、科目を人文科学・社会科学・自然科学の3分野に分け、それぞれから所定単位を修得させるというものである。日本の場合は、これに語学と体育も必修科目として付け加えられていた (余談になるが、私の学生時代の一般教育はまさにこのカリキュラムだった。残念ながら、このカリキュラムの下での大講義で身についたものはほとんどない)。このような問題意識に立って、吉見は大学の「未来への設計」として、「大学＝ユニバーシティにおける [ヨコ型の] リベラルアーツ・カレッジと [タテ型の] 専門知の教育機関との関係を長い視野から構造化」することを提案するのである (p.102)。

　ミネルバの「コア・コンピテンシー」やそれを具体化した「HCs」は、「学生たちが異なる分野の知を深い仕方で横断する能力」といえる。それは、「配分必修制」や複数の授業内容を統合した「概説」によって分野を横断する能力を身につけさせようとする、これまでの大学教育を乗りこえようとして提案されたものであった (Kosslyn & Nelson, 2017, ch.4)。

　このように、ミネルバの汎用的能力について検討することは、大学教育の根幹に関わる一般教育と専門教育の関係の再構成の可能性を論じることに他ならないのである。

第3節　ミネルバ・モデルにおける汎用的能力

1.　実践知とコア・コンピテンシー

　では、ミネルバの汎用的能力とはどのようなものなのか。冒頭に述べたとおり、ミネルバ大学は、学生数600名あまりの小規模リベラルアーツ大学である。

　「リベラルアーツ教育の基本的な課題は、さまざまな状況に適用できる、だからこそ実践知として役に立つ、一連の知的ツールを市民に提供すること

だ」とネルソンとコスリンはいう（Kosslyn & Nelson, 2017, p.46）[14]。「実践知（practical knowledge）」とは、「人が変化する世界に適応するために使うことのできる知識」（p.19）であり、それによって人は自らの目標を達成することができる。それは専門職教育の前段階ではなく一般的な職業教育でもなく、広く生成的で、スキルと知識（理論）の両方を含む。また、フランクリンやジェファーソンといったアメリカの建国者たちから教育哲学者デューイまでのアメリカの教育の伝統に根ざしたものだとされる。

　このような実践知として描かれるのが、前述した4つのコア・コンピテンシー──批判的思考、創造的思考、効果的コミュニケーション、効果的インタラクション──である。前にふれたように、ミネルバのコア・コンピテンシー論のオリジナリティは、それをHCsに具体化した点にある。コスリンによれば、コア・コンピテンシーを直接教えることはできない。なぜなら、それぞれのコンピテンシーは、単一のものではないからだ。それは野球において、空振りもファウルも見逃しもすべて「ストライク」だが、それらに共通するものはない、ということに似ているという。これらのコンピテンシーは、「全く異なるさまざまなスキルや能力の緩やかな集合体に割り当てられた名称にすぎない」（p.29）。したがって、「ストライク」を空振りとファウルと見逃しに分けるような作業が必要になる。それがHCsなのだ。

2. HCs

　HCs（habits of mind & foundational concepts：知の習慣[15]と基本的概念）は、各コア・コンピテンシーがもつ複数の側面のいずれかに焦点を合わせたものであり、明示的に教えられる学習目標として設定されている。HCsというコンセプトはどこから来たのだろうか。

14　以下、ページ数のみを記したものはすべて、Kosslyn & Nelson（2017）からの引用である。

15　"habits of mind"は、「心の習慣」や「思考習慣」と訳されることもあるが、私たちは「知の習慣」と訳している。「心の習慣」を避けたのは、アメリカの宗教社会学者ロバート・ベラー（Robert N. Bellah）がアメリカの個人主義について論じた『心の習慣』（原題は"Habits of the Heart"）と訳し分けるためである。mindは頭の働き、heartは心の働きを表わすので、「心の習慣」より「知の習慣」の方がふさわしいと考えた。一方、「思考習慣」と訳さなかったのは、より広い意味をもたせるためである。「思考」はmind（頭の働き）の一部でしかない。

「知の習慣」と「基本的概念」という組み合わせの背後にあるのは、認知科学では古典的ともいえるプロダクションシステムの考え方である。プロダクションシステムでは「条件部」と「行為部」がペアとなっており、「条件部」が満たされた場合、「行為部」が実行されるというルールにもとづいて問題解決がなされると考える。例えば、「雨が降っていたら（＝条件部）、傘を持っていく（＝行為部）」といった具合だ。

ミネルバでは、このプロダクションシステムの考え方を用いることで、実践知を条件部と行為部の組み合わせとして捉える。「知の習慣」は、「実践するなかで自動的に発動されるようになる認知的スキル」(p.25) のことである。ここでは行為部の方に重きがおかれている。一方、「基本的概念」の方は、状況を認識するのに必要なものであり、条件部の方に重きがおかれている。

例えば、#audience（「文脈やオーディエンス（相手）にあわせて口頭や文書での表現の仕方を変える」）は「知の習慣」の例である。条件部は、相手に対して何かの表現を行う状況であって、認識しやすい。だが、行為部、つまり、実際に、文脈や相手にあわせて表現の仕方を変えるのはなかなか困難だ。一方、「基本的概念」の例としては、#correlation（「相関関係と因果関係を区別する」）を挙げよう。人はよく、相関関係と因果関係を混同するが、それはいま扱っている現象に働いているのが、相関関係なのか因果関係なのかの判断が難しいからだ。その判断ができれば、それに見合った処理（行為）をするのは難しくない。

このように、「知の習慣」と「基本的概念」の区別は条件部と行為部のどちらがより難しいか（どちらにより注意を向けなければならないか）による相対的な区別である。重要なのは、実践知という知識が条件部と行為部の組み合わせとして捉えられている点である。各 HC は、#audience や #correlation のように、ハッシュタグをつけて短いフレーズで表される。

表序-1 に HCs の現在のリストを示した[16]。ここには 78 個の HCs がおさめら

---

[16] ミネルバ大学ウェブサイト（https://www.minerva.edu/cornerstone-curriculum-certificate/）（2022年 11 月 19 日閲覧）では 78 個の HCs とそれぞれについての説明が掲載されていた。ただし、現在は見られなくなっており、また、本書への転載についてもミネルバ大学側からの許諾が得られなかった。ここでは、公表されたものの中で最も新しい Ahuja et al. (2022) でのリストと Kosslyn & Nelson (2017) でのリストを組み合わせて掲載している。

表序-1　HCs のリスト

コア・コンピテンシー	コア・コンピテンシーの側面	HCs	追加	説明
批判的思考	主張を評価する	#interpretivelens	*	
		#context		作品をそれが関連する文脈（歴史的、学問分野的、文化的な文脈など）の中に位置づける。
		#critique		テクストや他のコミュニケーション形式に積極的・批判的に関与する。
		#plausibility		仮説がもっともな前提や仮定にもとづいているかどうかを評価する。
		#testability		仮説が検証可能な予測につながるかどうかを評価する。
		#estimation		質的な主張がもっともであるかどうかを決定するために評価技法を用いる。
	正当化を評価する	#evidencebased	*	
		#sourcequality		出典の質を決定するためにカテゴリーと情報のタイプを区別する。
		#deduction		形式的な演繹的論理を適用し解釈する。
		#induction		入手可能な証拠（エビデンス）から、複数のもっともな仮説を立てる。
		#fallacies		論理的誤謬を特定し修正する。
	データを分析する	#descriptivestats		記述統計を適切に用いる。
		#probability		確率の基本的概念を適用し解釈する。
		#distributions	*	
		#confidenceintervals		信頼区間を適用し解釈する。
		#correlation		相関関係を適用し解釈する、相関関係と因果関係を区別する。
		#regression		回帰分析を適用し解釈する。
		#significance		統計的有意性を適用し解釈する。
	決定を分析する	#psychologicalexplanation	*	
		#purpose		根底にある目標、それが基づいている価値観、ならびに、個人・集団がいかにその目標を達成しようとするかを規定している主導的な原則を特定し評価する。
		#utility		すべてのステイクホルダーにとって将来生じるさまざまなタイプの費用と便益を考慮する。
		#biasidentification	*	
		#biasmitigation	*	
		#decisiontrees		代替案の帰結を探索するために決定木を適用し解釈する。
	問題を分析する	#rightproblem		問題の性格を特徴づける。
		#breakitdown		問題を扱いやすい要素に編成し、解決をデザインする。
		#gapanalysis		創造的な解決がどこで必要とされるのかを明らかにしてくれる、（知識、マーケット・オファリング、さまざまなアイデア等における）ギャップを特定する。
		#variables		問題の変数や媒介変数を特定し分析する。
		#gametheory		ゲーム理論的なモデルを適用し評価する。
創造的思考	発見を促進する	#hypothesisdevelopment	*	
		#dataviz		データ可視化を解釈し、分析し、創造する。
		#modeling		
	研究方法を適用する	#observationalstudy	*	
		#interventionalstudy	*	
		#casestudy		ケーススタディをデザインし解釈する。
		#interviewsurvey	*	
		#studyreplication	*	
		#controlgroups	*	
		#sampling		さまざまなタイプの分布からのサンプリングを認識し分析する。

	問題を解決する	#scienceoflearning	*	
		#analogies		適切に問題を解決する上でアナロジーを用いる。
		#constraints		問題を解決するための制約充足を確認して適用する。
		#heuristics	*	
		#algorithms		現実世界の問題を解決するためにアルゴリズム的な方略を適用する
		#optimization		最適化技法を適切に評価し適用する。
		#designthinking		プロダクトや解決策を思いつき洗練させるために反復的...デザイン思考を適用する。
効果的コミュニケーション	言語を使用する	#professionalism	*	
		#thesis		よく定義された論文を作成する。
		#organization		コミュニケーションを効果的に編成する。
		#composition		明瞭で正確なスタイルでコミュニケーションする。
		#connotation		コノテーション（言外の意味）、トーン、スタイルを理解し使用する
		#audience		文脈やオーディエンス（相手）にあわせて口頭や文書で...表現の仕方を変える。
	非言語的コミュニケーションを使用する	#medium	*	
		#expression	*	
		#communicationdesign		口頭やマルチメディアによる発表やデザインにおいて、...覚と認知の諸原理を適用する。
		#multimedia		マルチメディア作品の可能な意味を推論するために、作...の特徴を特定、分析、体系化する。
効果的インタラクション	複雑系の内部で相互作用する	#multipleagents		複雑系の構成要素への分解を適用し解釈する。
		#levelsofanalysis		現象の解釈を生成するために、分析のさまざまなレベル...事象間、特徴間の相互作用を記述する。
		#emergentproperties		複雑系の創発的な特性を特定し、それにあわせて反応する
		#multiplecauses		複数の原因が相互作用し複雑な結果を生み出す様子を特定する
		#networks		ソーシャル・ネットワークを含め、ネットワークの一次的...二次的、さらにそれ以上の効果を特定する。
		#systemdynamics		複雑系の行動においてアトラクターの役割と多様な条件...の感受性を認識する。
	交渉する・説得する	#negotiate		望ましい目標に達するために、交渉に対して構造化され...アプローチを用いる。
		#nudge		他者の決定を「ナッジ」する。
		#carrotandstick		強化と罰がいかに行動を変えるかを特定し分析する。
		#cognitivepersuasion		説得するために認知的ツールを用いる。
		#emotionalpersuasion		説得の感情的ツールを理解し用いる。
		#confidence		適切なレベルの自信をもって見解や作業結果を提示する。
	他者と協働する	#leadprinciples		効果的なリーダーシップの原則を適用する。
		#powerdynamics		さまざまなタイプの力を行使することで、グループ内の...ンタラクションに影響を及ぼす。
		#srategize	*	
		#differences		人々のさまざまなスキル・能力・特性・態度・信念を認識し用いる
		#conformity		グループ設定において一致度の役割を減じる。
		#selfawareness		自分の強みと弱みを特定し、謙遜の態度を取り、自信過...につながったり効果的なパフォーマンスを害したりする...動や習慣を減じる。
		#emotionaliq		効果的にインタラクションするために感情的知性を用いる
		#responsibility		一貫してコミットメントし続け、先を見越した積極的な...度を取り、責任をもつ。
	倫理的問題を解決する	#ethicalframing		倫理的問題を特定し、それを解決するよう枠づける。
		#ethicalconflicts		優先すべき文脈を用いることによって、倫理的な諸原則...間のコンフリクトを解決する。

(出典) HCs のリストは、Ahuja et al. (2022) Supplementary Table 2 より抜粋。＊は、Kosslyn & Nelson (2017) からの追加を示す。＊のない（つまり創設当初からの）HCs の説明は、Kosslyn & Nelson (2017) の Appendix A での説明を用い

れている。コア・コンピテンシーのうち上の2つ（批判的思考と創造的思考）は個人的能力（personal abilities）、下の2つ（効果的コミュニケーションと効果的インタラクション）は対人的能力（interpersonal abilities）である。

コスリンは、ミネルバのカリキュラムに含まれるべきHCsの選定基準として、以下の5つの条件を挙げている（Kosslyn & Nelson, 2017, pp.28f）。

① 4つのコア・コンピテンシー（批判的思考、創造的思考、効果的コミュニケーション、効果的インタラクション）のうち1つの中のある側面から導き出されたものであること

② 学生が、卒業後の日常生活において何か役立つことを行うことができるようにするものであること

③ 広く適用可能であり、そのことが、ミネルバの専攻のうち少なくとも2つで提供される科目で用いられるという事実によって示されること

④ 実証的な知見、証明、確立したベスト・プラクティス（とくに、グローバルな文脈において、倫理的に活動することを支えてくれるもの）のいずれかによって正当化されていること

⑤ ルーブリックで評価が可能な特定の振る舞いにつながること（HCsは、システマティックに信頼性をもって評価することができないような、一般的なものでも曖昧なものでもありえない）

HCsのリストを眺めてみると、実証科学やビジネスに関連したものが多いと感じられる。ミネルバには、人文学、コンピュータ科学、自然科学、社会科学、ビジネスの5つの専攻があるが、選択する学生が多いのはコンピュータ科学とビジネスである。HCsの偏りは、その原因でもあり結果でもあるといえよう。

HCsは、学生、教職員、雇用主、インターンシップ先のスーパーバイザーといった人々からのフィードバックにもとづいて、たえず改訂されている。Kosslyn & Nelson（2017）では、114個のHCsがリストに挙がっていたが、統合・削除・追加を経て、現在では約80個になっている。HCsの修正が行われたときには、学期や年度の始めに、学生に対して説明があるそうだ（学生へのインタビューより）。

3. カリキュラム

では、このHCsをミネルバではどのようにして身につけるのか。ミネルバのカリキュラムでは、1年生で一般教育を受け、2年生から専門教育に入る。HCsは、1年生の4つのコーナーストーン科目（形式的分析、実証的分析、多モードコミュニケーション、複雑系）で一通りすべて学ぶ。例えば「実証的分析」の最初の単元「問題解決」では、「どうすれば世界の人々に食料を供給することができるのか」というビッグ・クエスチョンについて考えながら、#breakitdown（問題を扱いやすい要素に編成し、解決をデザインする）など5つのHCsを学ぶ。HCsは学習目標だが、あくまでもビッグ・クエスチョンへの解決を探るための認知的ツールとして位置づけられている。

2年生からは、専攻に分かれるが、ダブルメジャー（2つの主専攻）やメジャー・マイナー（主専攻・副専攻）の選択も推奨されている。専門科目では、専門の内容に即した知識やスキル（Learning Outcomes: LOs）を学んでいくが、HCsもあわせて使い続ける。HCsはさらに、正課のカリキュラムだけでなく、滞在都市で行われる準正課活動の中でも使われる。例えば、サンフランシスコでは、市当局との協働でゴミ問題についての調査を実施して削減案を提案するといった準正課活動が行われている（第4章参照）。

このようにHCsは、1年次にすべて一通り学ぶものの、最初から汎用性をもつのではなく、多様な文脈に適用される中で、徐々に汎用性を獲得していくと考えられている。

4. 授業法

授業のすべてをオンラインのフル・アクティブラーニング（fully active learning）で行うというのも、よく知られたミネルバの特徴だ。コロナ禍を通じて日本の大学でもオンライン授業は身近になった。だが、何でもありの日本の大学のオンライン授業とは違って、ミネルバでは、①同時双方向、②徹底した反転授業（radically flipped classroom）、③1クラス20名未満（全員ビデオオン）、が守られている。学生たちは1学年150名程度で、しかも寮生活や滞在都市でのプロジェクトを共にしているので、オンライン授業のために友達ができず悩むといったことは少ないようだ。授業で使用される言語は英語のみだ

序章　ミネルバ・モデルとは何か　25

が、教員は多国籍で世界各地に住んでいる。その点でもグローバルな学習環境である。

5. 学習評価

　さらにユニークなのはその学習評価の方法である。HCs は卒業するまであらゆる科目やプロジェクトで評価され続ける。ただし、それは成績評価という以上に、学習の進捗に対するフィードバックとしての意味をもつ。

　ミネルバの授業では Forum という独自の学習プラットフォームが使われており、教員は、授業中の学生の参加の度合いをモニターするとともに、授業後、録画にコメントする形ですぐにフィードバックが行われる。それぞれの HCs は、知識の理解の深さや活用の仕方に関する 5 段階のルーブリック（評価基準表）を使って評価される。活用する HCs は教員から指定されるが、学生が自分で申告することもできる。教員が指定していなかった HCs を学生が適切に活用できていれば、評価は高くなる。

6. カリキュラム・授業法・評価

　前に、ミネルバ・モデルとは一つの系（まとまり）であると書いた。いま述べてきたカリキュラム・授業法・評価のまとまりを表しているのが、**図序-5** である。

　この図では、Forum が、カリキュラムと授業法と評価を結びつける要として描かれている。確かに、学生たちは、Forum を通じてカリキュラムの中身を認識し、授業に参加し、評価課題を提出しフィードバックを受ける。オフィスアワーも Forum の中に設けられる。学生同士や現地スタッフとは対面での交流もあるが、教員とはほとんど Forum を介した関係に限定される。そういう意味で、Forum は単なる LMS（学習マネジメントシステム）以上のものであり、いわばバーチャルなキャンパスのような性格をもっている。

　とはいえ、カリキュラム・授業法・評価をつなぐのは Forum だけではない。テクノロジーの面でミネルバ・モデルにまとまりをもたらしているのが Forum だとすれば、中身の面でまとまりをもたらしているのが HCs なのである。

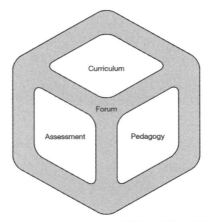

図序-5　カリキュラム・授業法・評価の関係

(出典) ミネルバ・プロジェクトのサイト (https://www.minervaproject.com/our-approach/)（2022年3月17日閲覧）より抜粋。

第4節　本書の目的・方法・構成

1. 目的

　以上をふまえて本書の目的をあらためて述べよう。本書は、汎用的能力の育成という切り口から、ミネルバ大学とミネルバ・モデルを解剖しようとするものである。

　汎用的能力は、異なる分野の知を横断する能力であり、さまざまな文脈への転移を重ねることによって身につく能力でもある。汎用的能力の育成は大学教育政策で重視され、一般教育と専門教育の関係という大学教育の根幹に関わるテーマであるものの、一方で、その可能性や意義については、批判や懐疑的な見方がある。そんななかで、ミネルバ大学は、汎用的能力をコア・コンピテンシーやHCsといった形で目標に掲げ、それを育成するためのカリキュラム・授業法・評価を構築し実践するという壮大な教育実験を行っている。私たちはその教育実験の成り行きを、自分たちの目で見届けたいと考えた。

　実業家ベン・ネルソンによって創設され経営されている大学であるだけに、ミネルバ大学はブランディング戦略に長けている。開校して間もないうちに、世界中から優秀な学生を集めることに成功したのは、その中身もさることなが

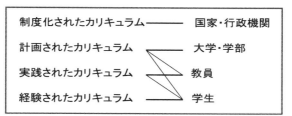

図序-6　カリキュラムの重層性

(出典) 松下 (2012, p. 28) より抜粋。

ら、ブランディング戦略によるところも大きい[17]。だが、そうした戦略のフィルターを通して書かれたり語られたりしているミネルバ大学の姿は、実態を表しているのだろうか。

　カリキュラム研究では、カリキュラムを「学習者に与えられる学習経験の総体」と定義し、**図序-6**に示すような重層性をもつものとして捉えてきた（松下, 2012）。制度によって定められたカリキュラム、それに従いながらも各大学・学部で計画されるカリキュラム、それぞれの教室や実験室・フィールド等において教員と学生の相互作用として実践されるカリキュラム、そして、その連続によって実際に学生が経験していくカリキュラム ── これらのカリキュラムは、重なりをもちつつもズレを含む。

　ミネルバの検討では、制度化されたカリキュラムはさしあたって考えなくてよい。ミネルバ大学の設計書ともいえる *Building the Intentional University* (Kosslyn & Nelson, 2017) に描かれているのは、主に計画されたカリキュラムである。では、実践されたカリキュラム、経験されたカリキュラムはどうだろうか。私たちの知りたい実態は、これらの層に現れるはずだ。

2.　方法

(1) インタビュー調査と訪問調査

　ミネルバ大学の実践されたカリキュラム、経験されたカリキュラムを知るた

---

[17]　Kosslyn & Nelson (2017) にも、「新たなビジネス・経営モデル (A Novel Business and Operating Model)」という章がある（第27章）。

めに、私たちはインタビュー調査と訪問調査を行ってきた。

　学生・教職員・関係者へのインタビュー調査は計 35 回（訪問調査での 14 回を含む）、インタビュイーは計 25 名（学生 20 名、教職員 3 名、関係者 2 名）に及ぶ（**表序-2**）。いずれも事前に質問項目を送って回答を準備してもらったが、その場で追加質問も行うという、半構造化インタビューであった。学生のうち 4 名については、1 年次ないし 2 年次から 4 年次・卒業後までの複数回、追跡調査を実施した。

　前にも述べたように、ミネルバ大学のウェブサイトにも多くの学生の動画や文章が掲載されている。また、学生自身も YouTube や Twitter（現 X）などの SNS でミネルバでの学生生活を積極的に発信している。しかし、ミネルバの広報という枠を外れた多様な学生たちの生の声を、こちらの関心に対する応答によって知るには、また、学生たちが、ミネルバの教育を通して長期的にどう学び成長したかを知るには、インタビュー（しかも縦断的なインタビュー）が必要だった。こうしてまとめてみると、よくこれだけの回数実施したものだと思うが、それはそれだけ、学生たちの語りが刺激的で興味をそそられるものだったからだ。彼らはまさに #audience を実践していた。また、2022 年 10 月から 11 月にかけてはミネルバ大学ブエノスアイレス校、2023 年 3 月には台北に出かけて訪問調査を行った（**表序-3**）。コロナ禍の中でも、ミネルバのグローバル・ローテーションは滞在する都市の順序を変えながら続けられていた。私たちが追跡してきた学生たち（2019 年入学生）は、サンフランシスコ→ソウル・ハイデラバード→ベルリン・ロンドン→ブエノスアイレス・台北と移動しながら学生生活を送ってきた。本来のローテーションと比べると、ロンドンとブエノスアイレスの順序が入れかわり、また現地でのプロジェクトをオンラインに切り替えるなどの対応がとられていた。

　私たちはソウル以降、訪問の機会をうかがっていたが、コロナ禍により希望がかなわなかった。ようやく出入国の規制が緩和された 2022 年の秋にブエノスアイレス校への訪問調査が実現し、その後台北調査も実施できた。

　ブエノスアイレス校といってもキャンパスがあるわけではなく学生寮のみで、それも市街地にあるタワーマンションを借りているにすぎない。それでも、学生寮の訪問、ようやく対面でできるようになった現地での経験学習の見学、

序章　ミネルバ・モデルとは何か　29

表序-2　インタビュー調査等のリスト

No.	日付	対象	役職等	備考
0	2017.5.30	創設者	Founder, Chairman, and CEO	国際シンポジウム「大学教育の創造的破壊と未来―世界最先端の次世代大学が仕掛けるエリート教育を探る―」(対面)
		教職員 A	Managing Director, Asia	
		関係者 A	日本側関係者	
1	2019.10.29	関係者 A	日本側関係者	授業のゲストスピーカー（対面）
2	2020.1.21	教職員 A	Managing Director, Asia	授業のゲストスピーカー（オンライン）
		教職員 B	Manager, Student Professional Success	
3	2020.7.14	学生 A	ミネルバ大学 1 年生	授業のゲストスピーカー（オンライン）
4	2020.7.21	学生 A	ミネルバ大学 1 年生	授業のゲストスピーカー（オンライン）
5	2021.2.16	学生 A・B・C	ミネルバ大学 2 年生	グループ・インタビュー（オンライン）
6	2021.5.23	学生 A	ミネルバ大学 2 年生	ミネルバ・シンポジウム (オンライン)
7	2021.6.18	学生 D	ミネルバ大学 2 年生	（オンライン）
8	2021.7.1	学生 E	ミネルバ大学 2 年生	（オンライン）
9	2021.11.4	学生 F	ミネルバ大学 1 年生	（オンライン）
10	2021.11.30	学生 G	ミネルバ大学 3 年生	授業のゲストスピーカー（オンライン）
11	2021.12.12	学生 G	ミネルバ大学 3 年生	（対面）
12	2021.12.14	教職員 C	教務関係 (授業デザイン、教員採用等) のリーダー	授業のゲストスピーカー（オンライン）
13		学生 E	ミネルバ大学 3 年生	
14	2022.1.17	学生 G	ミネルバ大学 3 年生	（オンライン）
15	2022.1.17	学生 A	ミネルバ大学 3 年生	（オンライン）
16	2022.1.18	学生 E	ミネルバ大学 3 年生	（オンライン）
17	2022.1.31	学生 H	ミネルバ大学 3 年生	（オンライン）
BA	2022.10.28 〜 11.4	学生 A・D・E・G など 17 名、教職員 D	ミネルバ大学 3・4 年生、Student Life Staff	ブエノスアイレス訪問調査
18	2022.12.19	学生 E	ミネルバ大学 4 年生	（対面）
19	2023.2.15	関係者 B	ミネルバ・モデルを用いた社会人向け研修プログラム提供組織の代表	（オンライン）
TP	2023.3.9 〜 3.11	学生 A・D・E・G	ミネルバ大学 4 年生	台北訪問調査
20	2023.5.12	学生 G	ミネルバ大学 4 年生	（オンライン）
21	2023.6.11	学生 A・D・E	ミネルバ大学 4 年生	（オンライン）

(注) 役職等はすべて当時のもの。

　対面による現地スタッフや多くの学生たちへの集中的なインタビューなどを行うことができたのは収穫だった。ちょうど3年生もブエノスアイレスに滞在していたこともあり、学年、国籍、専攻など多様性に富むインタビュイーを得ることができた。詳しくは「エッセイ：ミネルバ大学訪問記―ブエノスアイレス調査―」を参照していただきたい。

　なお、どちらの調査についても、参加者全員に調査の概要を説明し、研究協力同意書に署名してもらった。また、情報の公開にあたっては、内容について

表序-3-1　ブエノスアイレス訪問調査

No.	日付	内容
BA-1	2022.10.28	Integrated Learning Course（3年生）の授業観察
BA-2	2022.10.31	Student Life Staff 1 名へのインタビュー
BA-3	2022.10.31	学生 A・D・E・G・K（4年生）、F・I・J（3年生）へのグループ・インタビュー
BA-4	2022.11.1	学生 A・L・M・N・O（4年生）へのグループ・インタビュー
BA-5	2022.11.2	学生 D・P・Q（4年生）へのグループ・インタビュー
BA-6	2022.11.2	学生 G・R（4年生）へのグループ・インタビュー
BA-7	2022.11.2	学生 D・G（4年生）へのインフォーマル・インタビュー
BA-8	2022.11.3	学生 E・S・T（4年生）へのグループ・インタビュー
BA-9	2022.11.3	学生 A・E（4年生）へのインフォーマル・インタビュー
BA-10	2022.11.4	City Experience（3・4年生）の参与観察

表序-3-2　台北訪問調査

No.	日付	内容
TP-1	2023.3.9	学生 A（4年生）へのインタビュー
TP-2	2023.3.9	学生 D（4年生）へのインタビュー
TP-3	2023.3.11	学生 G（4年生）へのインタビュー
TP-4	2023.3.11	学生 E（4年生）へのインタビュー

本人からも確認を得るとともに、本人の希望にしたがって匿名化を行った。

　本書でのインタビューの引用にあたっては、学生、学年、インタビュー番号（学生 X、Y 年次、Int. Z）という形式で表している。

(2) 文献調査

①ミネルバ関係者による著作・論文

　文献調査も並行して行った。まず、ミネルバの関係者による著作・論文には次のようなものがある。

- Kosslyn, S. M., & Nelson, B. (Eds.). (2017). *Building the intentional university: Minerva and the future of higher education*. The MIT Press.
- Goldberg, R., & Chandler, V. (2021). Measurement of student learning out-comes-Minerva Schools at Keck Graduate Institute: A case study. In C. Hughes, & M. Tight (Eds.), *Learning gain in higher education* (pp.153-167). Emerald Publishing.
- Gahl, M. K., Gale, A., Kaestner, A., Yoshida, A., Paglione, E., & Bergman, G. (2020). Perspectives on facilitating dynamic ecology courses online using active learning.

Ecology and Evolution,11, 3473-3480. doi: 10.1002/ece3.6953

- Goldemberg, D., Genone, J., & Wisor, S. (2020). *How do disruptive innovators prepare today's students to be tomorrow's workforce?* (Minerva's Co-op model: A pathway to closing the skills gap.) Inter-American Development Bank. doi: 10.18235/0002630
- Ahuja, A., Netto, C. L. M., Terrana, A., Stein, G. M., Kern, S. E., Steiner, M., Kim, R., & Walsh, K. K. (2022). An outcomes-based framework for integrating academics with student life to promote the development of undergraduate students' non-cognitive skills. *Frontiers in Education,* 7:782214. doi: 10.3389/feduc.2022.782214

このうち最も重要なのは、Kosslyn & Nelson (2017) である (邦訳『ミネルバ大学の設計書』東信堂)。大学の理念、設立時の苦労からブランディング・経営戦略、アクレディテーションまで、およそ大学をゼロから立ち上げるときに必要なことがらが網羅されている。Goldberg & Chandler (2021) は、学生経験 (滞在都市でのプロジェクトなど) の最高責任者を務めるロビン・ゴールドバーグと、以前は自然科学部長、現在はプロボストを務めるヴィッキ・チャンドラーとの共著により、学習成果の測定・評価について書かれた論文である。

Gahl et al. (2020) は、ミネルバ大学の自然科学部の教員・学生、社会科学部・人文学部の教員、ミネルバ・プロジェクトのメンバーの共著論文である[18]。生態学のアクティブラーニングをいかにオンラインで行うかについてのケーススタディとなっている。フィールドやラボがないのは自然科学を学ぶ上で致命的なように思われるが、著者らは、オープンソース化された観察データを用いることで、データ収集よりも、生態学者の科学的スキルと批判的思考を教えることに時間をかけられると、むしろ肯定的に捉えている。さらに、フィールドやラボを使った活動については、休暇期間の研究インターンシップにおいて、研究者との協働によるフィールド調査やプロジェクトに取り組むことで補うことができるという。

Goldemberg et al. (2020) は、ミネルバ大学のビジネス学部・人文学部の教員、

---

18 ケストナーが学生、ガールは自然科学部の教員とミネルバ・プロジェクトのスタッフ、バーグマンは社会科学と芸術・人文学の教員を兼ねる。他は自然科学の教員である。

およびアカデミック・プログラム部門の副部長（ミネルバ・プロジェクト兼任）による共著論文で、中南米諸国での3年制のコーオプ教育の構想を論じたものである。コーオプ教育（co-operative education: co-op）とは、教室で行う教育と実践的な職業体験を組み合わせた手法であり、インターンシップ、サービスラーニング、臨床実習・教育実習などとならぶ職業統合的学習（work-integrated learning: WIL）の一つである。ミネルバ・モデルが地域やタイプの異なる教育にどう拡張されているのかを知ることができる（詳しくは、付論参照）。

Ahuja et al. (2022) は、ミネルバ大学の教職員による共著論文であり、ミネルバでは、「人格的成果（character outcomes）」とも呼ばれる非認知能力を、正課と正課外を統合することでいかに育成しているかを詳しく説明している。HCs のリストやルーブリックの具体例も紹介されており、資料的価値が高い。

これらの文献に共通してみられるのは、学部をこえた教職員間の（ときには学生も加わった）協働やミネルバ・プロジェクトとの連携であり、それによって、ミネルバ大学の教育課題やミネルバ・モデルの拡張に取り組んでいるということである。なお、最新の情報を得るには、Minerva University や Minerva Project のウェブサイトが役立つ。

②日本における先行研究

ミネルバ大学については、日本でも、すでにいくつかの本で紹介・論評がなされてきた。

よく知られているのは、元日本連絡事務所代表の山本秀樹による『世界のエリートが今一番入りたい大学ミネルバ』『最難関校ミネルバ大学式思考習慣』の2冊だろう（山本, 2018, 2019）。とくに1冊目は日本にミネルバの名前を広めるきっかけになった。2冊目はミネルバの HCs について紹介しその使い方を述べた本だが、一部のみ抽出されて独自の解釈がなされている点には注意すべきだろう。

社会学者の吉見俊哉もミネルバについてしばしば論評を行っている。『大学は何処へ』（吉見, 2021）では、大学を、都市から都市へと遍歴していた第一世代、近代国家に取り込まれた第二世代、オンラインを取り入れた第三世代に分けた上で、オンライン授業によって「学費の低廉化と新しい教育法の全面展開、そして実社会との連続的な関係形成と真に多文化的な学び」（p.128）を同時に実現

序章　ミネルバ・モデルとは何か　33

させたミネルバ大学を、第三世代を代表する事例として取り上げている。とりわけ、キャンパスをもたない選択をしたミネルバが世界各地に「学寮」を確保したことに、リベラルアーツ教育の核を見出している。

　同じくリベラルアーツ教育とDXによる大学教育の未来をミネルバに見ているのが、高等教育研究者土持ゲーリー法一の『戦後日本の大学の近未来』(土持, 2022)である。この中では、私たちのグループの議論も受けて、ミネルバの「核心」としての汎用的能力の育成にも目が向けられている。

　本書では、こうした先行研究をふまえつつも、汎用的能力を切り口に、学生の声を反映させながら、ミネルバ大学について解剖していきたい。

3.　各章の問い

　この後の各章では、ミネルバ・モデルの各要素について、以下のような問いを立てて論じていく。

カリキュラム：ミネルバのカリキュラムはどう編成されているのか？　汎用的能力は、正課教育(一般教育・専門教育)のカリキュラムにどう組み込まれているか？(第1章)

学習評価：ミネルバの学習評価の特徴は何か？　汎用的能力をどう評価しているのか？(第2章、コラム)

授業法：Forumを活用したオンライン授業にはどんな特徴があるのか？　コロナ下で広がった一般的な同期型オンライン授業とどう異なるのか、また、フルオンラインでのアクティブラーニングはいかにして可能になっているのか？(第3章)

準正課・課外活動：どんな準正課・課外活動が行われているのか？　アメリカの先行事例(学生寮やグローバル・ローテーション)との異同はどこにあるのか？(第4章)

教職員：汎用的能力の育成・評価に教職員はどう関与しているのか？　その教職員の質はどう担保されているのか？(第5章)

学生：学生はミネルバの教育をどうみているか？　彼らはミネルバ大学での4年間でどう成長したと感じているか？(第6章、エッセイ)

ミネルバ・プロジェクト：ミネルバ大学とミネルバ・プロジェクトはどんな関係にあるのか？　ミネルバ大学の成果は、ミネルバ・プロジェクトを通じて、他の大学や教育段階にどう普及しつつあるのか？（付論）

日本の大学教育への示唆：結局、ミネルバ・モデルとはどのようなものか？　ミネルバ・モデルは日本の大学にどのようなインパクトをもたらすのか？（終章）

これらの問いへの応答を通して、ミネルバ・モデルとは何かが描き出されるはずである。そして、それは大学教育の一つの未来形を描くことになるだろう。

文献

Association of American Colleges & Universities. (2007). *College learning for the new global century: A report from the National Leadership Council for Liberal Education & America's Promise.* Washington, DC: AAC&U. (https://secure.aacu.org/AACU/PDF/GlobalCentury_ExecSum_3.pdf) (2023 年 7 月 30 日閲覧)

Barnett, R. (1994). *The limits of competence: Knowledge, higher education and society.* Buckingham, UK: The Society for Research into Higher Education & Open University.

Barnett, S. M., & Ceci, S. J. (2002). When and where do we apply what we learn? A taxonomy for far transfer. *Psychological Bulletin, 128* (4), 612–637.

中央教育審議会 (2008)「学士課程教育の構築に向けて（答申）」2008 年 12 月 24 日.

中央教育審議会 (2012)「新たな未来を築くための大学教育の質的転換に向けて―生涯学び続け、主体的に考える力を育成する大学へ―（答申）」2012 年 8 月 28 日.

Fadel, C., Bialik, M., & Trilling, B. (2015). *Four-dimensional education: The competencies learners need to succeed.* Boston, MA: The Center for Curriculum Redesign.

Fain, P. (2018, December 5). Minerva Project draws notice for its practical, rigorous curriculum and student learning results. *Inside Higher Ed.* (https://www.insidehighered.com/digital-learning/article/2018/12/05/minerva-project-draws-notice-its-practical-rigorous-curriculum) (2023 年 7 月 30 日閲覧)

本田由紀 (2008)『軋む社会―教育・仕事・若者の現在―』双風舎.

Kosslyn, S. M., & Nelson, B. (Eds.). (2017). *Building the intentional university: Minerva and the future of higher education.* Cambridge, MA: The MIT Press. S. M. コスリン，B. ネルソン編 (2024)『ミネルバ大学の設計書』(松下佳代監訳) 東信堂 .

松下佳代 (2012)「大学カリキュラム」京都大学高等教育研究開発推進センター編『生成する大学教育学』ナカニシヤ出版 , pp.25-57.

松下佳代 (2019)「汎用的能力を再考する―汎用性の 4 つのタイプとミネルヴァ・モデ

ル一」『京都大学高等教育研究』(25), 67-90.

文部科学省高等教育局総合教育政策局 (2021)「新型コロナウイルス感染症に係る影響を受けた学生等の学生生活に関する調査等の結果について (令和 3 年 5 月 25日)」(https://www.mext.go.jp/content/20210526-mxt_kouhou01-000004520_1.pdf) (2023 年 6 月 24 日閲覧)

日本学術会議 (2010)「回答：大学教育の分野別質保証の在り方について」(https://www.scj.go.jp/ja/info/kohyo/pdf/kohyo-21-k100-1.pdf) (2023 年 7 月 30 日閲覧)

Robert, J. (2022). Students and technology report: Rebalancing the student experience. EDUCAUSE. (https://library.educause.edu/resources/2022/10/2022-students-and-technology-report-rebalancing-the-student-experience) (2023 年 7 月 30 日閲覧)

杉谷祐美子 (2019)「学部調査にみる日本の教養教育の動向」『IDE』610 (2019 年 5 月号), 35-40.

鈴木宏昭 (2017)「教育ごっこを超える可能性はあるのか？―身体化された知の可能性を求めて―」『大学教育学会誌』39(1), 12-16.

鈴木宏昭 (2022)『私たちはどう学んでいるのか―創発から見る認知の変化―』筑摩書房.

土持ゲーリー法一 (2022)『戦後日本の大学の近未来―外圧の過去・混迷する現在・つかみ取る未来―』東信堂.

山本秀樹 (2018)『世界のエリートが今一番入りたい大学ミネルバ』ダイヤモンド社.

山本秀樹 (2019)『次世代トップエリートを生み出す最難関校ミネルバ大学式思考習慣』日本能率協会マネジメントセンター.

吉見俊哉 (2021)『大学は何処へ―未来への設計―』岩波書店.

第1章　目標とカリキュラム

田中孝平

はじめに

　大学のカリキュラムを編成するにあたっては、(1)教育目的・教育目標、(2)構造(スコープとシークエンス)、(3)時間区分、(4)履修原理、(5)集団編成、(6)編成主体、(7)評価という構成要件を考慮する必要がある(松下, 2012)。このうち、(1)教育目的・教育目標、(2)構造、(4)履修原理という3つの要件は特に重要である。以下では、3つの構成要件に即して、大学のカリキュラムを編成する際、いかなる点に留意しなければいけないのかについて、簡単に触れておくことにしよう。

　まず、(1)について、カリキュラム編成の第一段階として、教育目的を実現するための教育目標を設定することは「タイラー原理」と呼ばれ、学校教育に大きな影響を及ぼしてきた。とりわけ、わが国の大学教育においても、このような風潮は例外ではなく、3つのポリシー(ディプロマ・ポリシー(DP)、カリキュラム・ポリシー(CP)、アドミッション・ポリシー(AP))の策定が義務づけられている。つまり、卒業時に何を身につけていればよいのかを表すDPと、そのために入学時に何を身につければよいのかを示すAPとの関係の中で、CPが定められ、そのCPの下でカリキュラムを編成しなければいけない。要するに、各大学が定める教育目的・教育目標にしたがって、いかにしてカリキュラムを構造化すればよいのかを検討することが求められているのである。

　次に、(2)について、スコープとはどのような範囲の授業科目を設けるのかということであるのに対して、シークエンスとはその科目をどのような順序で配列するのかということである。例えば、シークエンスに関わる問題として大

学教育で議論されてきたことの代表例は、一般教育と専門教育の関係である。日本の大学では、1991年の「大綱化」で、授業科目の制度区分（一般教育、外国語、保健体育、専門教育）が廃止されて以後、大学の早期から専門基礎教育が実施されたり、専門教育を学んだ後、大学院において高度教養教育が実施されたりするなど、さまざまなタイプがみられるようになった。つまり、一般教育と専門教育をどのように関係づけるかという点が問われているのである。

　最後に、(4)の1つとして「必修と選択の関係」を挙げることができる。大学の教育課程は、必修科目、選択科目、自由科目で構成されている。一般に、日本の大学では、低年次では選択科目の割合が高いのに対し、高年次になると必修科目の割合が高くなる構造がとられる。教育目的にしたがって、教育課程を編成したとしても、選択の自由を大きくすれば、学生が実際に経験するカリキュラムをコントロールする力は弱まる一方、必修ばかりにすれば、学生が自律的にカリキュラムを構成することができなくなる。したがって、必修科目と選択科目（あるいは自由科目）の間でどのようなバランスをとるのかという点が鍵を握るのである。

　このようなカリキュラム編成に関わる3つの構成要件に対して、ユニークな提案を行っているのが、ミネルバにおけるカリキュラムである。

第1節　ミネルバにおけるカリキュラムの全体像

　序章で概観したように、ミネルバ大学は、最終的に育成を目指す実践知を4つのコア・コンピテンシーへと分類した上で、それらをHCs（habits of mind & foundational concepts）へと要素にわけ、目標化している。それぞれのHCは、#audienceのようにハッシュダグ（#）をつけて表現される。このように、抽象的で曖昧な汎用的能力を細かい粒度で具体化し、カリキュラムを構造化した点が、ミネルバ大学におけるカリキュラムの最大の特徴である。

　ミネルバ大学の正課教育では、1年次に一般教育が行われ、2年次以降は専攻ごとに専門教育が実施される。専攻は、人文学、ビジネス、コンピュータ科学、自然科学、社会科学の5つからなる。

　1年次の一般教育科目は、コーナーストーン科目（cornerstone courses）と呼ばれ、

形式的分析（Formal Analysis）、実証的分析（Empirical Analysis）、多モード・コミュニケーション（Multimodal Communication）、複雑系（Complex Systems）という4つの必修科目から構成される。コーナーストーン科目では、それぞれの学問分野固有の知識伝達を目指すのではなく、約80個のHCsを徹底的に育成することに主眼が置かれる。

　これに対し、2年次以降の専門教育においては、主に2年次には専攻コア科目（major core courses）を、3年次には専門領域科目（concentration courses）を受講する形で、複数の選択科目を履修することになる。加えて、3年次になると、これらの科目以外に、キャップストーン・プロジェクト（以下、キャップストーン）という、日本における卒業研究や卒業論文に相当するような科目が始まり、4年次になれば、シニア・チュートリアルやマニフェストが設けられる。以上の通り、ミネルバの専門教育には、学問分野ごとに教員から与えられた特定のトピックを学ぶ専門教育（第1の専門教育）と、学生が自らテーマを発見し探究を進める専門教育（第2の専門教育）という2つの系統がある。

　以上のミネルバ・カリキュラムは、1年次が基礎（Foundation）、2年次が方向づけ（Direction）、3年次が焦点化（Focus）、4年次が統合（Synthesis）と形容されている[1]。こうしたミネルバ大学におけるカリキュラムの全体像は、**図 1-1** のように描くことができる。

　しかし、ミネルバ大学のカリキュラム編成の独自性はこのような点に限定されない。結論を先取りして言えば、ミネルバ大学のカリキュラム編成の独自性は、以下のような点にある。第1に、1年次の一般教育ではHCsの育成のみが目標とされるのに対し、2年次以降の専門教育では1年次に導入されたHCsの「遠い転移」を目指しつつ（序章参照）、専門分野固有の知識やスキルであるLOs（Learning Outcomes）も育成していくことが目指される点、第2に、1年次の一般教育科目はすべて必修科目であるのに対し、年次が上がるにつれて選択科目の幅が広がっていくという構造をとっている点である。このようなミネルバ大学における特徴的な目標とカリキュラムの対応関係については、**図 1-2** のように

　1　ミネルバ大学の4年間のカリキュラム（https://www.minerva.edu/undergraduate-program/academics/four-year-curriculum/）（2023年6月23日閲覧）より。

40

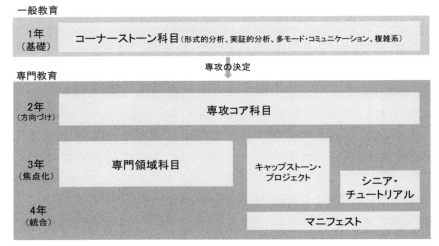

図1-1　カリキュラムの全体像

(出典)筆者作成。

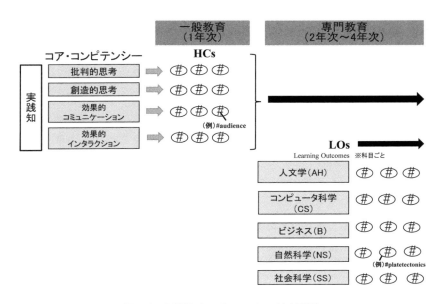

図1-2　目標とカリキュラムの対応関係

(出典)筆者作成。

第1章　目標とカリキュラム　41

整理することができる。

　ただし、これまでの説明だけでは、ミネルバにおけるカリキュラムの表面を
なぞったにすぎない。本章では、学生によって「経験されたカリキュラム」の
次元も含めて、ミネルバにおけるカリキュラムの特質について包括的に迫って
いくことにしよう。

第2節　一般教育——コーナーストーン科目——

　先に述べたように、コーナーストーン科目は、形式的分析、実証的分析、多
モード・コミュニケーション、複雑系で構成される。これらの科目は、学問分
野ではなく、コア・コンピテンシーに即してカリキュラムが編成される。具体
的にいえば、形式的分析では主に批判的思考を、複雑系では主に効果的インタ
ラクションを育成するといった具合である。しかし、ミネルバの場合、各科目
とコア・コンピテンシーが完全に一対一で対応してコア・コンピテンシーがそ
のまま科目化されている、ということではない。4つのコア・コンピテンシー
が HCs という要素に分散されて各科目に埋め込まれているのである。

1.　カリキュラムの実態——実証的分析「問題解決」単元を例に——

　コーナーストーン科目のカリキュラムには、どのような特徴がみられるだろ
うか。ここでは、実証的分析の科目を事例として取り上げて、実際に HCs が
どのように導入されながら授業が展開されていくのか眺めてみよう[2]。

　実証的分析の科目では、いくつかの単元が設定されるが、初めの2週間のカ
リキュラムとして「問題解決」という単元がある。問題解決の方法を教えるこ
とは複雑なプロセスを伴うものであり、容易ではないが、ミネルバでは、問題
解決の方法を教える際に、①問題の特徴づけ、②解決策の特定と評価という2
つのパートに分けて指導が行われる(p.99)。この単元のうち、最初の2週間の「問
題の特徴づけ」に関するカリキュラムは**表1-1**のように展開される。

　2　第2節から第3節の内容について、松下(2019)の記述をもとにしつつ、大部分の加筆を施した。

表 1-1 「実証的分析」の問題解決の単元（最初の 2 週間）

単元	導入される HCs	ビッグ・クエスチョン
問題解決	#selflearning #rightproblem, #breakitdown #gapanalysis, #constraints *統合 : #rightproblem, #breakitdown,* *#gapanalysis, #constraints*	どうすれば世界の人々に食糧を供給することができるのか？

（出典）Kosslyn & Nelson（2017, p.61, Table4.3）より訳出。

　まず、この単元では、#selflearning（特定のタイプの題材について自分自身に教えるための効果的な方略を適用する）という自己学習を促進する方法についての HC が導入される。その上で、問題を扱いやすい大きさにするために、#rightproblem（問題の性格を特徴づける）や #breakitdown（問題を扱いやすい要素に編成し、解決をデザインする）といった HC が導入される。これらの HC では、フィッシュボーン図やドリルダウン技術、なぜなぜ分析（5 Whys）など、いわゆるシンキングツールも活用されている。

　さらに、可能な解決策を限定し、潜在的な制約を特定して問題の設定と既存の解決策が十分かどうかを確認するために、#gapanalysis（創造的な解決がどこで必要とされるのかを明らかにしてくれるギャップを特定する）と #constraints（問題を解決するための制約充足を確認して適用する）という HC が示される。

　そして、単元の最後には、これらの 4 つの HCs を統合することになる。それぞれの HC を統合する際、「ビッグ・クエスチョン（big questions）」が学習の文脈として提供され、このビッグ・クエスチョンを解決するための知的ツールとして HCs が位置づけられることになる。例えば、この単元では、学生は「どうすれば世界の人々に食糧を供給することができるのか？」というビッグ・クエスチョンを考えることになる。ビッグ・クエスチョンとは、「水はどのようにして分配すればいいか？」「戦争は回避することができるか？」などの現代的で永続的な一連の問いのことである。

　このような「ビッグ・クエスチョン」による教育内容の体系化は、全米大学・

第1章　目標とカリキュラム　43

カレッジ協会 (Association of American Colleges & Universities: AAC&U[3]) が 2007 年に報告している「リベラル教育とアメリカの前途」(Liberal Education and America's Promise：LEAP) に含まれる 7 つの提言に由来している。この提言の中に「ビッグ・クエスチョンに取り組む」という項目が掲げられており、「カリキュラムを通じて、科学と社会、文化と価値観、グローバルな相互依存、変化する経済、人間の尊厳と自由など、現代的かつ永続的な問題を、広く教えていくべきだ」と記されている (AAC&U, 2007, p.26)[4]。

　ビッグ・クエスチョンを下位の問いへとブレイクダウンする練習を通じて、学生は HCs への理解を深めていくことになる。例えば、学生 A はこの単元において、どのようにしてビッグ・クエスチョンと向き合い、問いをブレイクダウンしたのかについて次のように振り返っている (語り 1-1)。

語り 1-1　ビッグ・クエスチョンと問いのブレイクダウンの方法

――授業のなかで特に HCs を学ぶ際に、どのような題材を用いて授業が行われるか改めてお伺いしてもいいですか。
学生 A：……どのようにして世界の食糧難を解決するのかっていうので、問題分析するときに、この食糧難って、まずそもそも、食糧の生産量が追いついてないっていう生産での問題もあれば、保存できてないから、そもそも食糧は行き渡らないよねって問題もあれば、それって運搬の問題でもあるよねみたいな。このような、アクティビティっていうのを、食糧難を使ってやったりとかします。（学生 A、1 年次、Int. 3）

　学生の語り 1-1 からも、実証的分析において、学問分野固有の知識によって教育内容が体系化されるのではなく、さまざまな視点から問題を分析する能力（批判的思考力）を軸としてカリキュラムが構成されていることがわかる。一方、このような HCs の育成を徹底的に重視する初年次のカリキュラムに対して不満を感じる学生も存在するという (語り 1-2)。

3　現在は、American Association of Colleges & Universities に改称。
4　また、ミネルバ大学の教員であるジョシュア・フォスト (Fost, 2013) が執筆した論考には、ビッグ・クエスチョンのその他の例や、ビッグ・クエスチョンを軸とした異なるカリキュラム編成が紹介されている。

44

語り 1-2　コーナーストーン科目に対する学生の印象

ミネルバのような、どちらかというと、あまり内容とかっていうのにフォーカスせずに、本当に HCs を養成するためのディスカッションベースの授業を好んでるような人は、もちろんミネルバの授業に対しても好意的なんですけど、**少し不満みたいな感じもあって。** 1 年目では HC を学ぶための内容であったりとか、その問題解決のシチュエーションとかっていうのをやるので、**時間的な観点でもなかなか、例えば食糧難の話であっても、90 分間でもっと深い話をしたいのにできなかったっていうようなことがあったりはします。……**そういった、**もうちょっと深くディスカッションしたいよねっていうような不満を持ってる人はいたりします。**（学生 A、1 年次、Int. 4）

　この語り 1-2 からは、「食糧難」という問題が問題解決のための題材としてしか扱われず、その問題の背景や前提についての学習が含み込まれていない点に不満を感じている学生の存在が浮かび上がってくる。

　つまり、教員は問題解決のための枠組みである HCs を徹底的に教えることを意図している一方、学生の中には、その枠組みを用いて実際的に問題を解決したいと考える学生も存在している。この点で、両者の間には学習内容の価値の重みづけには違いがみられる。ただし、これらのカリキュラム上の課題については、教員側も自覚的であり、一定の説明も加えている（語り 1-3）。

語り 1-3　カリキュラム上の課題に対する教員の対応

時間の関係とか、そもそも問題解決をするために授業をやるのか、その問題解決のフレームワークを学ぶために授業をやってるかの違いがあるので、そこで**オフィスアワーを活用してくれみたいなことを教授とか大学側は一応言ってる**（学生 A、1 年次、Int. 4）

　もちろん、オフィスアワーでの短期的な対応によって、カリキュラム上の課題のすべてを解決することができるとは考えにくいが、ミネルバ側も学生が抱える課題に対して自覚的なのは注目すべき点である。

2.　コーナーストーン科目が有する専門教育への導入的な性格

　以上の通り、コーナーストーン科目では、個別の HCs を学際的・横断的なビッ

第1章　目標とカリキュラム　45

グ・クエスチョンで統合するという点で、一般教育的な志向性が重視されている。しかし、コーナーストーン科目の詳細を深く分析すると、一般教育と同時に、各専攻における専門教育科目への導入的な性格を有していることも窺える。

　ミネルバ大学のすべての科目には、「科目コード (course code)」と呼ばれる科目ナンバリングが付されている。特に、コーナーストーン科目における科目コードの特徴について、学生 A は以下のように説明している (語り 1-4)。

語り1-4　コーナーストーン科目における科目コードの特徴

科目コードっていう形で省略されている場合は、Complex Systems（複雑系）っていうのが、SS [＝ Social Science] って書かれていたりとか、EA [＝ Empirical Analysis (実証的分析)] が NS [＝ Natural Science] って呼ばれていたりするんで、僕たちはこっちの科目コードの方を見るっていうことが比較的多い学生生活を送っているため、……NS だったりという、[学問] 分野にそった区分で呼んでいるのかなぁと思います。(学生 A、1 年次、Int. 3)

　これまで繰り返し述べてきたように、コーナーストーン科目の正式な名称には、「社会科学 (Social Science)」や「自然科学 (Natural Science)」といった、学問分野の名称は使われていない。しかし、学生 A の語りから、コーナーストーン科目には学問分野を表す科目コードが付されていることが読み取れる。すなわち、コーナーストーン科目は、4 つのコア・コンピテンシーを具体化した要素としての HCs を導入するだけでなく、ミネルバで選択することのできる専攻の学習内容のショーケース的な性格ももっているのである (p.56)。

　ここで、コーナーストーン科目と科目コードの対応関係を整理してみよう (**表1-2**)[5]。複雑系の科目の場合、前期であれば SS50、後期であれば SS51 といった具合に、学生の Forum 上の画面では、科目名が表示される。そのため、学生は複雑系の科目のことを指す場合、SS と呼称し、社会科学の授業を受けていると考えるのが一般的なようである。

　とはいうものの、ミネルバ大学における複雑系の科目は、一般的な大学で

---

[5]　ミネルバ大学のコースカタログ (https://www.minerva.edu/academics/course_catalog/)（2023 年6 月 23 日閲覧）より。

表1-2 コーナーストーン科目と学問分野の対応関係

科目名称	科目コード名	対応する学問分野
複雑系	SS50/SS51	社会科学 (Social Sciences)
実証的分析	NS50/NS51	自然科学 (Natural Sciences)
形式的分析	CS50/CS51	コンピュータ科学 (Conputer Sciences)
多モード・コミュニケーション	AH50/AH51	人文学 (Arts & Humanities)

(出典) 筆者作成。

実施されているような「社会科学」の授業というわけではない (p.62)。「複雑系」の科目では、社会科学で引用されるHCsばかりではなく、その代わりに、応用数学の授業で導入されるようなシステムダイナミクスや創発特性 (emergent properties)、哲学の授業で扱われるような倫理、ビジネスで議論される交渉といった概念など、実に多岐にわたる学問分野から概念が取り出され、科目が構成される。つまり、社会科学寄りの内容にウェイトが置かれているが、一般教育科目として、他の分野の内容も扱われているということである。他の3つの科目についても同様のことがいえる。

第3節　専門教育——専攻コア科目・専門領域科目——

次に、専門教育に話を移すことにしよう。ミネルバには、人文学、ビジネス、コンピュータ科学、自然科学、社会科学という5つの学部 (college) があり、各学部に1つの専攻が設けられている。専攻ごとに専門教育が展開されるが、ミネルバにおける第1の専門教育は、専攻コア科目と専門領域科目で構成される。この2つのタイプの科目にはどのような特徴がみられるのか、具体的な事例に基づいて概観してみることにしたい。

1. 専攻コア科目

各専攻には、それぞれ3つの専攻コア科目が設定されており、学生は主に2

第1章　目標とカリキュラム　47

年次に受講する。専攻コア科目は、異なる3つのスケールのレベル（ミクロ・ミドル・マクロ）の現象を扱うように設定される。例えば、自然科学であれば、ミクロ（例：素粒子）－ミドル（例：細胞）－マクロ（例：地球システム）といった形で3つのスケールが設定される（pp.123-124）。さらに、学生は、ダブルメジャーとするか、あるいは副専攻をとるよう奨励されており、こうした専攻コア科目を6科目～8科目履修することが求められる。

2.　専門領域科目

　3年次になると、専攻の下に置かれている専門領域科目を受講することになる。専門領域科目では、専攻コア科目の3つのスケールのレベル（ミクロ・ミドル・マクロ）に加え、アプローチの違い（理論・データ・応用）が加わり、3×3のマトリクスで9つの専門領域科目が構造化されている（**表 1-3**）。1つの列または行にある3科目が1つのまとまりとなっているので、学生は自分の興味に応じて、1つの専門領域（例：理論の SS142・SS144・SS146）ともう1つ別の専門領域を選択するか、あるいは、1つの専門領域といくつかの選択科目を受講する。

　ミネルバでは、自分の専門分野に特化して深めるだけでなく、同時に、幅を広げることも重視される。そのため、ある学生にとっての必須科目が、別の学生にとっては選択科目になるという「選択科目モデル」が採用されている（p.125）。

（1）自然科学部における「生態学・保全生物学」の授業の例

　ここで、専門領域科目の具体を把握するために、自然科学部（College of Natu-

表 1-3　社会科学の専門領域科目

アプローチ／スケールのレベル	【理論】社会科学における理論と分析	【データ】社会科学への実証的アプローチ	【応用】社会をデザインする
【ミクロ】認知・脳・行動	SS142（認知と感情の理論）	SS152（認知的神経科学）	SS162（個人的・社会的動機づけ）
【ミドル】経済と社会	SS144（経済学の理論とツール）	SS154（計量経済学と経済システム）	SS164（グローバルな発展と応用経済学）
【マクロ】政治・政府・社会	SS146（よい政府の理論を構築する）	SS156「世界の政治体制の実際」	SS166（憲法をデザインする）

（出典）松下（2012, p.75）より抜粋。もとは、Kosslyn & Nelson（2017, pp.125f, Table9.1）より作成。

ral Sciences) における「生態学・保全生物学」の授業の一例を取り上げてみることにしよう (Gahl et al., 2021, pp.3476-3478)。まず、授業前に事前学習用の課題としてリーディング課題を出し、学生には研究から引用したシナリオを与え、予測と検証について質問する。その上で、授業において、学生は小グループを構成し、予測したことや研究のデザインを議論し、論文から図（または方法）を提示し、数値を分析し、予想の正否を判断した上で、研究デザインについて議論を行う。

例えば、火災の攪乱生態学に関する授業では、授業前に攪乱生態学の概念と火災形態に焦点化した事前学習文献を用意し、授業では、学生たちがまだ読んでいない査読付き研究の実験計画を、元の研究の図も含めて紹介する。この実験計画（前後比較対照実験）は、研究者がオーストラリア中央部の草原で、さまざまな群集の多様性に及ぼす野焼きと山火事の影響の違いを評価しようとしたものである。学生には、ブレイクアウトルームで、山火事の前、直後、1年後に、植物とトカゲの群集の α と β の多様性のパターンを予測するよう指示する。ブレイクアウトルームの後、自分たちの予測の概念的根拠について話し合い、その後、オリジナルな研究の結果の図を示す。学生たちは結果を解釈し、オリジナルな研究の結果と自分たちの予測を比較し、可能であれば研究デザインを改善するための提案をする。

以上の事例が示すように、自然科学部における専門領域科目では、これまでの先行研究における実験結果を再解釈したり、批評したりすることによって、研究の追体験が行われる。キャンパスをもたず、実験設備が存在しないミネルバ大学では、このような授業方法を用いることによって、自然科学的な方法論や考え方を身につけることが目指されるのである。

(2) 自然科学専攻の学生に生じる課題とその克服

とはいうものの、自然科学を専攻する学生は、実験設備が大学内に存在しないミネルバ大学の学習環境の中で、自然科学的な方法論や考え方をはたして身につけることができているのだろうか。また、自然科学的な方法論や考え方を身につける上でミネルバの学習環境は障害とならないのだろうか。自然科学を専攻する学生のインタビューの一部を紹介しながら、これらの問いについて考えてみることにしよう（語り 1-5）。

第1章 目標とカリキュラム 49

語り1-5 自然科学専攻の学生における自身の専攻と実験環境との関係

――ミネルバ大学における「実験」についてのお考えを教えてください。

学生H：私は量子物理学を勉強したことがあるので、実験をすることは可能ですが、ごく入門的なレベルで勉強しているので、実験をする必要はあまりありません。実際に授業では、シミュレーション（模擬実験）でできるようなテーマを選んでいると思います。ですから、実験が必要な場合は、シミュレーションを行うということが多いので、パラメータを設計して実践することができるのです。私の専門分野も理論的なものと実践的なものがありますが、**実験はできても自分には必要ない**ということなのだと思います。（学生H、3年次、Int. 17）

――ミネルバの研究設備や施設、環境についてどう思いますか。

学生R：私たちは大学にラボを持っていません。しかし、いくつかの都市、例えばソウルやブエノスアイレス、台北とはパートナーシップを結んでいます。地元の大学とパートナーシップを結んでいますが、学生が応募できるような実習先はほとんどありません。ですから、……**学生はこれらのラボの既存のプロジェクトに参加することになります。**この科目ラボ（course lab）があれば、多くのテクニックを学ぶことができるんですが[6]。（学生R、4年次、Int. BA-7）

――自然科学の学生は主にキャップストーン・プロジェクトやシニア・チュートリアルでどのような方法論をとっているのでしょうか。

学生P：私のグループには、魚の一次研究をしている人がいて、彼女は［大学の外の］ラボと一緒に仕事をしています。自然科学を専攻していると、特にウェットラボ［＝特定の装置や薬品を用いて、物理・化学の実験を行うための研究施設］での研究、化学薬品の調合など、大変なこともあります。特段、必要な研究スキルを身につけるようアドバイスされるので、大変なこともあります。**技術ではなく、夏の間に研究室で経験を積み、ミネルバに関連する研究室で働いた学生もいますね。**

……

特にウェットラボでの研究が好きな人は、学期中はリソースがないので、少し制限を感じることもあるかもしれません。しかし、ミネルバの重要な方法論は、何をどのように**学ぶべきかを教えてくれ、そして、実践的な反復のために学ぶべきことの背景、理論的なプロセスとその実践を多く教えてくれます。**……研究内容によって大変なこともあると思います。ウェットラボでの研究を多くしたいのであれば、理論を掘り下げるのはもちろんですが、［ミネルバの授業は］実践にも役立つと思います。（学生P、4年次、Int. BA-5）

6　学生Rはラボ科目のことを、lab course を couse lab としばしば言い換えていたが、両者に意味的な差異はないために区別せずに表記した。

まず、学生 H の語りによれば、自身の専攻内での授業の中では、基本的にはシミュレーションによって設計を行っているため、特に実験を必要とせず、大きな障壁にならないと語っている。また、学生 R も、地元の大学とのパートナーシップを利用して、ラボを活用しながら研究を進めている。

一方、学生 P のグループの中には、魚の一次研究をテーマとする友人が、夏季休暇の間、研究室の中で研究し続けなくてはいけないという苦労を抱えていたことを紹介している。学生 P の友人のように、一部の自然科学を専攻する学生にとっては、キャンパス不在のミネルバの学習環境が学習の制約となることもあるが、それでも、正課カリキュラムにおいて、実践にも活かすことができる方法論を学ぶことができると学生 P は捉えている。

他方、学生 G は、自分自身による実験を通じたリアルな体験が不足していることに問題意識をもち、ミネルバのグローバル・ローテーションを一定期間外れ、他大学に科目等履修生として所属してフィールドワークや実験などを行い、論文を書く体験を得ている (語り 1-6)。なお、語り 1-6 が示すように、ミネルバ大学では、グローバル・ローテーションを外れ、異なる場所で学びを進めるケースは、学生 G に限られた特例というわけではない。

語り 1-6　グローバル・ローテーションから外れた研究活動の実態

> 学生 G：自分で、学外で、その時間を作ってやりなさいとか、必要なことをやりなさいっていうのが、この学校 [＝大学] のポリシーだと思うんですけど。どうしてもやっぱり、**そういう常に現場の経験とか、自分で何かを作るっていう経験はすごく大事だなと。**だからそれはアートに限らず、理科もそうなんですけど、結構、科学では、……他の論文のクリティークをしてたんですけど、literature review や replication study, study design など部分的な分析が多く、**自ら計画してペーパーにまとめるまでの経験がなくて。**……自分でちゃんと 1 回何かをフルで書くっていう体験をしたいなと思って、○○大学の先生にお願いしました。
> ……
> ──ミネルバでは、学生 G みたいに、皆さんとちょっと離れて、自分でロケーションを見つけて [研究を] やってる方っていうのは、結構いらっしゃるんですか。
> 学生 G：毎年数人いて、僕の他に 4、5 人ぐらいいると思うんですけど。その子たちは、基本、例えば**サンフランシスコで他のインターンシップをしてるとか、あるいは別の研究をしているから都市を外れてるっていう人たち**がいます。
> (学生 G、2 年次、Int. 10)

以上のように、ミネルバ大学では、実験設備の欠如によって生じるカリキュラム上の課題を乗り越えるために、学生がグローバル・ローテーションを外れ、自身の関心にそった研究活動を行う機会など、自律的に学ぶ学習機会を保障している。つまり、正課カリキュラムでは、HCs の徹底的な育成を目指すためにカリキュラムが強固に構築される一方、学生の自律的な学びを支援するためにカリキュラムの柔軟性を備えているという両面を持ち合わせている。これらの支援方策がとられていることは、実験を必要とする一部の自然科学専攻の学生が、オンライン授業の利点を活かして自身に必要な研究を進められる点で、特に重要な意味をもつ。ただし、いずれにせよ、ミネルバのカリキュラムには、このような特性があることに対して、学生は自覚的である必要があるだろう。

3. 専門教育における LOs の位置づけ

専門教育では、HCs に加えて、各専門分野における知識やスキル（Learning Outcomes: LOs）が導入される。例えば、NS111「地球サイクルの影響（Implications of Earth's Cycles）」では、科目目標（Course Objectives）が提示され、その科目目標ごとに #systemthinking といった、複数の LOs が導入される（**表 1-4**）[7]。表 1-4 の上段が科目目標であり、下段で # をつけて表示されているのが LOs である（なお、

表1-4 「地球サイクルの影響」科目の科目目標および学習成果

地球サイクルの影響：科目目標（course objectives）および学習成果（Learning Outcomes）
時間と空間の異なるスケールで動作するシステムの科学を学ぶ。さらに、フィードバックとエネルギー源が、安定ではあるが平衡からは程遠いシステム状態をどのように生み出すかを学ぶ。 ・#feedback：地球システムにおける正と負のフィードバックの例、そのようなフィードバックに対する摂動（perturbations）、およびその影響を分析する。 ・#scale：時間と空間の両方を考慮してスケールを決定し、そのスケールの中で人類の文明を適切に位置づけることができる。 ・#systemthinking：世界に対する還元主義的なアプローチと「システム思考」的なアプローチを区別することができる。

（出典）Kosslyn & Nelson（2017, p.131）より一部抜粋して訳出。

7　各専攻における LOs の個数について、2021 年 8 月 6 日に学生 A、D、E に追加質問をメールで送付したところ、学生 A と学生 E から返信を受けた（学生 A は 2021 年 8 月 8 日受信、学生 E は 8 月 6 日受信）。学生 A からは 1 つの授業につき、LOs は平均で 5 個、学生 E からは 10 ～ 12 個示されるという回答を得ている。このことから、専門教育科目ごとに示される LOs の数は異なると推測される。

同科目の LO である #redox のルーブリックについては第2章参照)。

このように、LOs は個々の学問分野における専門的な知識・スキルとして取り出され、特定の専門教育科目内における適用が目指される。それに対して、HCs は、あらゆる学問分野に共通する汎用的能力を同定した上で、HCs が導入される一般教育科目をこえて4年間という長期間で、正課内外のさまざまな文脈での適用が求められる。つまり、両者の適用範囲は、時間的・空間的な視点からみたとき対比的に捉えることができる。

では、学生は HCs と LOs の関係をどのように捉えているのだろうか。まず、学生 E は、LOs を HCs の定義を限定させたものであると捉えている (語り 1-7)。

語り 1-7　HCs と LOs の関係

> LO というのは、大体 **HC の延長のような感じ**で、名前が似ていたりして、**HC の定義をもう少し狭くした**のが LO なので、LO は実際にすごく使いますし、授業でもよく出てきます。(学生 E、2年次、Int. 7)

HCs と LOs の関係について、学生 E は、#bias という HC と、#historicalperspectives という LO (歴史学における異なる見方や考え方を示す LO) 及び #historicalsilences (歴史の中でどのような人の声が聞こえて、どのような人の声はメディアで消されているかを示す LO) の関係を例示している。元々、#bias という HC は、自然科学の学問分野の区分と対応する実証的分析の中で導入されるが、学生 E の語りによれば、#bias という HC は、人文学の歴史学分野における専門的な LO である、#historicalperspectives や #historicalsilences と同じ文脈で使うことがあるという。つまり、自然科学という学問分野の区分で導入される #bias という考え方が、異なる学問領域である人文学において、#historicalpespectives や #historicalsilences として再解釈されているとみることができる。言い換えれば、特定の学問分野で導入された HC が、別の学問分野の LO として採用されているのである。

一方、HC が導入された同一の学問分野内で発展形として LO が位置づけられる場合もある。例えば、学生 E の語りをふまえると、#medium という、人文学の学問分野と対応する多モード・コミュニケーションで導入される HC は、#mediumanalysis という LO として、人文学の専門教育科目の中で再登場する。

つまり、初年次に導入された HC の発展的な知識やスキルとして、専門分野の中で登場するのである。

以上の学生の語りから、HCs と LOs の関係には、特定の HC の考え方を異なる学問分野の LO として採用する場合と、HC の考え方を専門的に深めて位置づける場合があることがわかる。これ以外には、#platetectonics のように、専門教育科目に独自に存在する固有の概念として、特定の HC との関連づけが意識されず、参照する HC が特別に存在しないと考えられる LO もみられる。

第4節　専門教育——キャップストーン、シニア・チュートリアル、マニフェスト——

本節では、ミネルバにおける第2の専門教育であるプロジェクト系科目、すなわち、キャップストーン、シニア・チュートリアル、マニフェストにはどのような特徴がみられるのかについて迫っていくことにしたい[8]。

1. キャップストーン・プロジェクト

ミネルバでは、3年次になるとキャップストーンという科目が設定される。これは日本の卒業論文・卒業研究に相当する科目であり、学生は2年間かけて取り組む。3年次では、チームでプロジェクトテーマを探索することが求められるのに対し、4年次では個人でプロジェクトを遂行していくことが要求される（Int. BA-4、BA-5）。特に、キャップストーンの指導においては、一貫して学士課程研究（undergraduate research）としてふさわしい研究の水準なのかが問われる。3年次には、学士課程の研究のサイズとしてふさわしいトピックを学生が選択できるよう、丁寧な指導が行われ、その後、学生は4年次でプロジェクトを遂行していく。このような指導方針のもと、3年次にブレインストーミングを繰り返し、学生自身の新規性のある発想を活かすことができる具体的な研究テーマを探索していく（語り 1-8）。

8　ミネルバのプロジェクト系科目であるキャップストーン、シニア・チュートリアル、マニフェストについて、Kosslyn & Nelson（2017）では、出版当初は構想段階であったことから、詳細はほとんど述べられていなかった。そのため、ブエノスアイレスでの訪問調査では、これらの科目に対する事実確認を行ったうえで、これらの科目に対する捉え方を尋ねた。

語り 1-8　キャップストーンにおけるテーマ設定

――キャップストーン・プロジェクトでどのようなテーマを研究していますか。また、なぜそのようなトピックを選んだのか、その理由も教えてください。

学生 O：トピックの選び方ですが、まず、十分に充実した内容で、かつ、与えられた時間内でできるような小規模なものであることが必要です。……私の場合、このプロジェクトは 3 年生の時に研究用のミニプロジェクトのような形でスタートしました。3 年生になると、各学期でキャップストーンを履修することになります。最初の学期は、基本的に小さなプロジェクトに取り組むことになります。そして、**1 年間のプロジェクトに十分な大きさのギャップを見つけ、そのギャップを [4 年生で] 埋めようとする**のです。(学生 O、4 年次、Int. BA-4)

……

学生 M：キャップストーンは画期的なこと (groundbreaking) をしなければならないという大きなプレッシャーがあるので、多くの人は自分がとても熱意を持てるもので、かつ新しいものを考えようとしますよね。そして、それは本当に難しいことなのです。私の場合は、ブレインストーミング、ブレインストーミング、ブレインストーミング。新しいアイデアを思いついては消し、思いついては消し、ということを繰り返していました。(学生 M、4 年次、Int. BA-4)

学生 T：私は芸術とビジネスのダブルメジャーなので、キャップストーンは芸術とビジネスの両方につながるものでなければなりません。……イギリスという地域を選び、Financial Times, Wall Street Journal, Bloomberg という**最も人気のあるビジネス誌を 3 つ選び、基本的にはノーム・チョムスキーのレンズを通して分析します**。また、彼らの財務戦略を分析し、メディアの世界の変化に伴い、彼らが今どのように財務戦略を変えているのかも分析しています。(学生 T、4 年次、Int. BA-8)

　以上の通り、キャップストーンでは、自身の専攻内容に関係したテーマを設定することが必要となる。副専攻がある場合やダブルメジャーの場合、両専攻を紐付けたテーマの設定が求められる (Int. BA-2、BA-5、BA-8)。例えば、語り 1-8 内の学生 T の事例が示すように、人文学とビジネスのダブルメジャーである学生 T は、自身のテーマについて、人文学的なレンズを通してビジネス戦略を分析する研究を構想している。

　では、キャップストーンを進めるにあたって、どのようにして指導教員が決定されるのだろうか。まず、学生は大学側から提供される教員リストを参照し、教員の経歴を調査し、教員の得意とする分野などによって指導教員を選択する。その上で、指導教員も学生の提案に応じて学生を選択することになる。このよ

うなマッチングを経て、3年次の後期に研究指導を担当する2名の教員が決定される（Int. BA-4、BA-5）。この2名の指導教員のうち、1人目の指導教員はキャップストーン・アドバイザー（Capstone Adviser）と呼ばれ、専門的な指導を行うのに対して、2人目の指導教員はセカンドリーダー（Second Reader）と呼ばれ、主に技術的なアドバイスを担当する（Int.BA-4）。

　ここで、自然科学と社会科学のダブルメジャーであった学生Pの例を紹介しよう（学生Pのキャップストーンの詳細についてはエッセイ参照）。学生Pは、アフリカ地域におけるラッサ熱（エボラ熱に類似した出血性熱病）の蔓延に寄与する生物学的・心理学的要因を探ることをテーマとしていた。そのため、キャップストーン・アドバイザーは、生物学専門の教員であり、生物学の側面から直接、専門的なフィードバックを受けたという。一方、セカンドリーダーは、社会科学の教員であり、自身の研究対象とする地域についてのバックグラウンドを共有している教員で、論文の書き方や文献の探し方などの間接的なフィードバックを受けた。

　また、キャップストーンを指導する2名の教員と学生との間では、定期的なミーティングが行われるが、ミーティングの頻度は、学生・教員によって異なる（Int. BA-4、BA-6）。授業時間の中で十分に議論ができない場合は、オフィスアワーを活用した追加のやりとりも可能になっている（Int. BA-5、BA-9）。

　こうしたプロセスを経て、学生は、キャップストーンを遂行していくことになるが、キャップストーンの中で特筆すべき点は、ミネルバの教員が定める合格基準を満たすだけでなく、学術的新規性（科学界の基準）も満たさなければいけないという点にある（語り1-9）。ただし、この点については学生ごとに認識が異なっていたため、解釈には注意を要する。

語り1-9　キャップストーンで重視されること

大まかに言えば、キャップストーンの旅を通して、自分自身を専門家として、もう少し考えることができるようになったと感じています。このトピックではかなり深く掘り下げる必要があるので、疫学（感染症、グローバルヘルス）の議論に非常に貢献できると感じています。教授を納得させ、ミネルバの基準を満たし、**ミネルバ以外の専門的な基準、つまり科学界の基準を満たすもの**、特に、研究のギャップを埋めるものであり、実世界に影響を与える可能性を秘めたものでなければなりません。（学生P、4年次、Int. BA-5）

さらに、キャップストーンにおいて注目すべき点は、最終的なアウトプットが多様であるという点である（Int. BA-2、BA-4、BA-8）。一般的な研究論文のみならず、Podcast やガイドライン、YouTube 動画、さらには小説など、学生が取り組んだ個性的な成果物が並んでいる（語り 1-10）。

語り 1-10　キャップストーンにおける成果物の多様性

> キャップストーン・プロジェクトとは、ミネルバの 4 年生の時に 1 年間取り組むプロジェクトを学生が自分で選ぶもので、学位論文のようなものです。しかし、**エッセイである必要はありません。クリエイティブなプロジェクトでもいいし、映画や短編映画でもいいし、ビジネスの提案でもいいし、スタートアップでもいい。**……私のプロジェクトの創造的な側面は、小説を書くことです。研究に基づいて、これらのアイデアを物語の中で探求したいと思いますので、キャップストーンではその両方を行います。（学生 E、4 年次、Int. BA-8）

では、キャップストーンを通じて、ミネルバの学生はどのようなことを学んでいるのだろうか。学生 G の語りからは、学生が 4 年間の学びを自分なりに捉え直したり、再解釈を図ったりすることで、学びを統合する機会を得ていることが窺える。一方、ミネルバのキャップストーンには、HCs や LOs をさまざまな文脈に適用させる形で、4 年間の学びを統合する機能以上の役割があると、学生 D は考えている（語り 1-11）。

語り 1-11　キャップストーンに対する学生の印象

> 学生 G：人によって考え方はバラバラだと思うんですけど、僕は新しい論文を探しに行くっていうよりは、3 年間学んできた、すでに 1 回読んだことある論文とか読み直して、自分が当時答えていたポール（poll）［＝授業中の記入提出］とかで、こういう見方もあるのかとか。**だから新しいことをやるというよりも、これまでの 4 年間の振り返りとしてキャップストーンを使っています。**（学生 G、4 年次、Int. BA-7）
>
> 学生 D：私は、キャップストーンを、ミネルバで学んだスキルを発揮する機会として捉えていたんです。でも、いざキャップストーンを始めてみると、そう簡単にはいかないんです。……**新しいことを学ばなければならないことがあるんです。**……絞り込みは、私が本当に取り組むべきことで、どこで止めるべきかを見極めることだと思います。……大きなプロジェクトに取り組むことで、**自分の期待とできることのギャップを埋めることができました。**（学生 D、4 年次、Int. BA-5）

第1章　目標とカリキュラム　57

　以上の学生の語りから、キャップストーンは、4年間の学びを統合し、創造的な成果物を作り上げる機会としての役割を果たすことに加え、試行錯誤が繰り返される学術研究の経験としても機能することが窺える。

2. シニア・チュートリアル

　次に、4年次（ビジネス専攻を除く）で行われるシニア・チュートリアルの特徴についてみていこう。シニア・チュートリアルは、オックスフォード大学のチュートリアル（ケンブリッジ大学ではスーパービジョン（supervision）と呼ばれる）のモデルを参考にして作成されている（p.128）。

　チュートリアルは、元々、① 1〜4人の学生主体に対して行われる授業形態、② 課題としてエッセイが課されることが多く、それをもとにディスカッションを行うのが一般的な形式、という特徴を備えている（竹腰, 2017）。

　では、既存のチュートリアルと比較したとき、ミネルバにおけるシニア・チュートリアルにはどのような特徴が含まれているのだろうか。後述する学生の語りからみれば、ミネルバのシニア・チュートリアルは、既存のチュートリアルのシステムとはかなり異なることがわかる。

　まず、シニア・チュートリアルの開講プロセスから確認してみることにしよう。ミネルバでは、3年次になると、ビジネスを除く4つの専攻の学生は、自分の興味のあるテーマをエクセルシートに記入する。その後、学生間での共通テーマが探索され、5人以上の学生が同じテーマに関心を示し、そのクラスを希望した場合、シニア・チュートリアルリストに掲載される（Int. BA-4）[9]。つまり、5人以上が登録したクラスのシニア・チュートリアルが開講されることになり、結果的に、約40個のクラスが開講されるという。このようにして、開講されるシニア・チュートリアルにはさまざまなタイプがみられる（語り 1-12）。

9　Kosslyn & Nelson（2017）は、3年次の終わりに、自分の専攻および専門分野に関連した4つのテーマを提出し、興味が重なる3名の学生を適切な教員とグループ化し、4名で2週間かけてシラバスを設計し、学生が授業を受けると説明している（p.128）。しかし、学生の語りの方が、現在のミネルバの状況をより正確に説明していると考えられる。

語り 1-12　シニア・チュートリアルのタイプの具体例

学生 T：私は、今、フィルムに関するチュートリアルを受けていて、……フィルムに関するチュートリアルは7人くらいでやっています。元々、私たちはただ会って、以前のフィルムに関するチュートリアルのシラバスを調べ、**他の学生が何をしたかを確認し、何を議論するのか、私たちの興味は何か、例えば、ドキュメンタリーや長編映画に興味があるのか、それはなぜかなどを決めました。**そして、教授がいる中で、**自分たちでシラバスを作り、プリプロダクション、プロダクション、ポストプロダクションなど、自分たちがフォーカスしたい一般的なトピックだけを学びました。**そして、具体的に何を学びたいのか、どのように学びたいのか、そして、誰が何に一番興味があるのか、ということに分けました。（学生 T、4年次、Int. BA-8）

学生 L：今、私と学生 O が受講しているのは、コンピュータ科学と自然科学が交わる分野です。物理学の要素とコンピュータ科学の要素があり、どちらの専攻の学生も、この科目を受講することができます。また、**自分が選んだ分野の中だけのことではなく、これらの分野が交わるところにあるものを探求することができる**のです。そういう意味で、重なり合う授業があるのは本当に面白いですね。（学生 L、4年次、Int. BA-4）

　シニア・チュートリアルの1つ目のタイプとして、学生 T が言及しているような分野固有の専門的なシニア・チュートリアルが挙げられる。このタイプのシニア・チュートリアルでは、各専攻の学びをさらに深めるような内容が用いられる。フィルムに関するそれぞれの学生の興味を深く掘り下げるといった形のシニア・チュートリアルがその代表例である。

　一方、2つ目のタイプとして、学際的なシニア・チュートリアルもみられる。学生 L が例示しているように、物理学とコンピュータ科学を統合したようなセッションがその最たる例である。このシニア・チュートリアルでは、自然科学の学生であっても、コンピュータ科学の学生であっても、受講できるような入門レベルの内容が設定される。

　この他にも、学生 M が述べた「社会貢献のための科学」というシニア・チュートリアルでは、「卒業生が科目に戻ってきて、現在の仕事で何をしているのか、あるいは生涯を通じてどんなサブプロジェクトを行っているのか、自分が本当にやりたいことをやろうとしているのかについて話してくれる」機会もあるという (Int. BA-4)。

こうした多様なタイプをもつシニア・チュートリアルは、どんなタイプであれ、原則以下の手順で進められるのが一般的である (Int. BA-5)。まず、各シニア・チュートリアルのはじめの2回では、どのトピックについて扱うのかをあらためて議論し、次に、3回目以降に各自が選択したトピックについて、順に学生が講師となって授業を行う。1人あたり、2科目のシニア・チュートリアルを受講することができ、ダブルメジャーの場合は4科目を受講することになる (Int. BA-5)。

3回目以降の授業部分の進行にあたっては、学生が、シラバスから課題(事前課題など)までを作成し (Int. BA-2、BA-8)、1クラスあたり4名程度の学生が順にForumを用いて授業を担当する (Int. BA-5)。つまり、ほとんどが学生主導型の授業で進められることになるのである。そのため、教員に代わって教えることの難しさを学生は実感している (語り 1-13)。

語り 1-13　シニア・チュートリアル遂行にみられる困難

> ほとんどが学生主導の授業なので、学生は授業の準備をしなければなりません。学生向けのゼミのようなものですね。「これは私が学んだことです」と言っても、今週の授業のために、私自身の研究から学んだことを話すのではありません。「私が読んだ資料はこれです。それについてどう思いますか？　どのように使うことができると思いますか？」自分たちが学んだ知識を伝えるというよりも、むしろ、自分たちが学んだ直観をクラスの学生たちに伝えようと誘導するのです。**まさに、逆転授業 (reverse class)** です。同じことなんです。誰が授業を進めるかだけです。**[教える役割が] 代わりに、学生になっただけなんです。でも、「教えるのはとても難しい」**と思っています。(学生 N、4 年次、Int. BA-4)

他方、シニア・チュートリアルは、「自分が探求したいトピックを選ぶことができます。とても順応性が高く、柔軟性があるところが気に入っています」(Int. BA-8) と学生 S が語るように、ミネルバにおいて、かなり柔軟性のある科目として認識されている。例えば、シニア・チュートリアルでは、教員に対しても、課題やリーディングを課すことができ (Int. BA-4)、その点でも興味深い。

以上のように、シニア・チュートリアルは、少人数の学生が興味をもつテーマの共通部分を探索し、教員とのやりとりを通じて、学生主導で授業を計画し、実施するといった科目として特徴づけることができる。このような学生の一連の語りから、シニア・チュートリアルの多様性が浮かび上がってくると同時に、

既存のチュートリアルのシステムとの対比も明確になる。まず、活動形態の差異を挙げることができる。既存のチュートリアルでは、エッセイとそれに基づく学生主体のディスカッションが中心であったのに対して、ミネルバにおけるシニア・チュートリアルでは、もっぱら学生主体の授業実施に主眼が置かれる。「学生主体」の活動形態という点では共通性をもつが、その内実はかなり異なる。次に、取り上げられる題材についてである。既存のチュートリアルでは、特定の専門的な学問分野の題材が中心となるが、シニア・チュートリアルでは、特定の専門的な学問分野だけでなく、他の専攻の学生を対象とした入門的な内容や社会との接続を意識したテーマも取り上げられることがあるという点に、特殊性をもっている。

3. マニフェスト

　学生は卒業前月にサンフランシスコに戻り、最後の科目であるマニフェストに約3週間かけて取り組む (Goldberg & Chandler, 2021)。マニフェストは、主に3つのパートによって構成される (Int. 21)。1週目に、主にコミュニティに関する各種のイベントに参加しながら今までのコミュニティを振り返り、これからのつながり方について考える。なお、コミュニティイベントへの参加と並行して、2週目に行うクラスセッションに向けた授業資料や事前課題を準備する。2週目には、アカデミックパートとして、実際に自分たちがデザインした授業を実施したり、他の学生がデザインした授業に参加したりする。そして、第3週目には、ミネルバ大学のカリキュラム上の課題などに関して教員へ直接フィードバックを行うイベントが行われる。

　これらのマニフェストのうち、特に中核的な位置づけを占めると考えられるのが、2週目に行われるアカデミックパートである。アカデミックパートにおいて、クラスセッションはどのように作成され、学生はどのようにマニフェストに参加しているのかといった、概要について以下の語りからみていこう (語り 1-14)。

語り 1-14　マニフェストにおけるアカデミックパートの概要

――2週目のアカデミックなところが実際にどういう感じのタスクが与えられて、どういう感じで、みんなで、アカデミック・エクスチェンジみたいなのをす

るかっていうところの概要とかを教えてもらってもいいですか。

学生 D：はい。2 週目の月曜日から木曜日までが、毎日自分以外の生徒［＝学生］の授業を受けなきゃいけなくて。1 日 4 人なので、**4 人× 4 日で 16 人分の枠**があるんですけど。そのうち 1 つが、自分が教える授業で、あとの 15 人は、誰かの［授業］を聞くっていうので。それは、でも、**大学がランダムに決めた人のクラス**なので、その授業に参加する形で、それが午前 2 コマ、午後 2 コマみたいな感じで分かれていて。2 時間の授業です。

――ちなみに、構成は、本当に分野とかをあえてこうミックスしてる感じなんですか。

学生 D：どう決まってるかわかんないですけど、私の場合は、結構ランダムに、ビジネスからコンピュータサイエンス、AH［＝人文学］までありましたね。ただ、もともとミネルバの学生が CS［＝コンピュータ科学］が多いので、どちらかというと CS［＝コンピュータ科学］系の授業が多かった印象です。

――みんな、その授業ってどんな感じでやるんですか。

学生 D：なんか、担当教授、これもやっぱりグレードされるので、担当教授の expectation にもよるんですけど、私の教授は、**大まかなルールとしてはキャップストーンに少し関係してなきゃいけないっていうのがあって。**なので、キャップストーン［の内容］自体を紹介するみたいなクラスをする子もいるし。私の場合は、教授は、そこまでこだわりがなかったので、キャップストーンでやったトピックを、科学制作とか、それに関して自分が知ってることとか、なんかもう少しインタラクティブにできることを授業にするみたいな感じでした。（学生 D、卒業後、Int. 21）

　この一連の語り 1-14 から、マニフェストは、いわば、キャップストーンとシニア・チュートリアルが融合された科目であるという特色が浮かび上がってくる。その上で、特色をより具体的に述べるならば、参加する授業がランダムに決定されるということ、また、実施する授業内容はキャップストーンの内容に直接的・間接的に関連する内容の設定が求められることが挙げられるが、そのレベルには多様性がある。

　では、マニフェストに対して学生はどのような印象をもっているのだろうか。学生の語りの一部を紹介してみよう（語り 1-15）。

語り 1-15　マニフェストに対して学生が抱く印象

——ここは［マニフェストで］やってよかったなとかっていうところはあったりするんですか。あと、例えば、よりこういうアクティビティを取り入れた方がよかったんじゃないかみたいなことと絡めて。例えば、こういうところはちょっと有意義だったから、もうちょっと拡張して、やった方がいいじゃないかっていうようなことに対して意見とかありますか。

学生D：私は、みんなのキャップストーンを知りたかったです。多分、私の受けた授業の中で、**自分のキャップストーンのことを話してる子いなくて。**一応、マニフェストクラスの中で、2つ絶対に用意しなきゃいけない、事前課題が prospectus っていう授業の pre reading みたいなものと別に、executive summery を出さなきゃいけないので、それは全員分読んだんですけど。それ読むだけじゃわからないし。で、なんか聞いた話では、友達の1人が、自分のキャップストーンで作ったウェブサイトをみんなに見せて、それのフィードバックをもらうみたいな授業をしたらしいんですけど。そういうのも私にはなかったので、もう少し他の学生のキャップストーンの内容を知りたかったなって思います。自分ももう少し自分のキャップストーンについて話したかったなって思うんですけど。やっぱり、授業を受けている人たちに合わせると、全部話すのは難しいとわかるし、1時間しかないっていうのもわかるし、**授業の組み立て方とか、どれだけアクティブになるのかってされるとか、本当にいろんなことを考えなきゃいけないのでしょうがないのかなと思います。**

——じゃあ、結構その点でいうと、いわゆるキャップストーンの話をするってよりかは、どちらかというと、授業は、ミネルバ的に良いとされる授業を展開する方法の方に、評価のフォーカスがやっぱり重かったから、みんなそっちにアジャストして、授業を作ってたっていう印象が大きいということですかね。

学生D：絶対そうだと思います。

——やっぱ、そこのグレーディングの重みの問題も結構絡んでいる。

学生D：**重みの問題もだし、全部が transfer［＝転移］になるっていうのも大きくて。**で、今回のマニフェストのやつ［＝得点］が、1年生のとき、あの1年生のグレードが、またどんどん変わっていくので、これが最後のチャンスですごく高いんですよ、times 8 なので。1回3か、4をとったら transfer［＝転移］成功になっちゃうので。だから、なんだろう、先生たちもそんな感じなんですよ。……もうなんか、ストレスを感じないで、HC をなんかいっぱいアプライしてみたいな。なんか、全然アカデミックって感じよりかは「HC アプライ大会」みたいな感じになってる。でも、ミネルバは、それを4年間やってきて、HC をアプライ、いろんなコンテクストでできるかっていうのを求めるならそれでいいと思うんですけど。私はそれよりはみんながやったことを知りたかったなって。（学生D、卒業後、Int. 21）

第1章　目標とカリキュラム　63

　この語り 1-15 から、マニフェストの目的が成果物の内容に関する最終発表としての性質ではなく、4 年間学んできた HCs をいかにしてさまざまな文脈に適用できているかを示すことに主眼が置かれていることがわかる。一方、最終評価の大部分をマニフェスト内での HCs の適用が占めること（評価システムについては第 2 章参照）、それを前提とした授業展開が求められることに対しては、最終成果物の発表とその共有を望む一部の学生から否定的な声が向けられている。とはいうものの、学生は、ミネルバ大学が汎用的能力である HCs の「遠い転移」を目指してカリキュラムを構造化していることに自覚的であり、ミネルバの理念には共感を示している。

第 5 節　HCs を基軸に据えたカリキュラム編成 [10]

　本節では、HCs を基軸に据えたカリキュラムがいかにして計画されているのか、また学生はそれをどのように経験しているのかについて、「計画されたカリキュラム」と「経験されたカリキュラム」の両視点から検討していくことにしたい。

1.　汎用的能力としての HCs とカリキュラムの関連づけ

　それでは、ミネルバの「計画されたカリキュラム」において、学生が HCs をどのように活用しながら、身につけていくことが目指されているのかについてみていくことにしたい。ここでは、Ahuja et al. (2022) で取り上げられている #biasmitigation を事例として紹介してみることにしよう。

　まず、学生は「実証的分析」の科目において、確証バイアスや注意バイアスなど、さまざまな認知バイアスや、リフレーミングなど、組織や団体のレベルでバイアスの影響を軽減するトピックを学ぶことで、#biasmitigation（バイアスに気付き、特定の状況下でバイアスの影響を軽減、排除する方法を決定する）を習得する。そして、この #biasmitigation という HC を法医学や刑事司法制度におけるバイアスの役割の分析など、さまざまな文脈で適用する。

　次に、2 年次の心理学の科目では、内集団／外集団のバイアスに関する研究

10　本節 2 については、田中・松下 (2021) の内容の一部に大幅な加筆を加えたものである。

を評価し、カスタマイズされた体系的なトレーニングや日常業務における暗黙のバイアスの統合的な考慮が、バイアス軽減のためには、単発のトレーニングよりも優れている理由を考察する。さらに3年次のバイオテクノロジーの科目では、確証バイアスを軽減するための戦略として、盲検化(blinding)や無作為化(randomization)について学ぶことによって、HCsを実験や臨床試験デザインの文脈に適用する。

　最後に、キャップストーンでは、プロジェクトマネジメントの文脈において、まず計画の誤り(楽観主義バイアスとも呼ばれる)の例を分析し、次に、目的のプロジェクトに必要な時間を見積もる技術を適用する。その結果、学生はプロジェクトの目的をより適切な時間に合うように修正することができるようになる。

　このように、ミネルバのカリキュラムでは、1年次から4年次のさまざまな科目の中で、HCsを適用することによって、学生によるHCsの獲得が目指される。すべてのHCsについてこの方針がとられてきたのである。では、学生は「経験されたカリキュラム」の次元で、実際にどのようにHCsを獲得し、自分のものとしているのだろうか。

2. HCsを自分のものにしていくプロセスとその課題

(1) 専門教育および正課外におけるHCsの活用

　学生の語りをみると、専門教育では、1年次に学んだHCsを自発的に活用することが求められると多くの学生が考えている。例えば、学生Aは「やっぱりHCを学んでいるんじゃなくて、HCを使う段階に入っているので、そこはやはり意識的に自分でやっていかないといけないかな」(学生A、2年次、Int. 5)と語る。さらに特筆すべき点は、HCsが専門教育科目をこえてさまざまな場面において活用されていると語っている点である(語り1-16)。学生Cは、1年目の最初、日常生活における会話の冗談として使用していたHCsが、今では真剣な議論をするための道具として用いられていると話す。また、学生Bも、HCsがミネルバ生どうしの共通言語としての性質を帯びるようになり、HCsを提示することによって、問題解決を行う場面など、さまざまな場面で何をすればいいのかが明確になったと語る。

第1章　目標とカリキュラム　65

語り 1-16　冗談としての使用から真剣な議論のための道具への転換

学生 C：たしかに、1 学期の最初の方はそれを**ジョークのように使っていました。**
本当に面白かった。[でも今]もし歩いているときに誰かが #breakitdown と言っ
ている声が聞こえてきたら、それはもうジョークではありません。私達はみな
それ[＝ HC]を真剣に話しているわけで、それ[＝ HC]は本当に便利です。で
も、それ[＝ HC]がどれだけ重要なことなのかを理解する前に、**[HCs で]ふ
ざけるというのは、学習経験の一部**だと思います。(学生 C、2 年次、Int. 5)

学生 B：他のミネルバの学生と一緒に何をするにしても、何をする必要があるかを
説明するのではなく、HCs の名前を伝えるだけで、**どのようなステップを踏
む必要があるのか、何に焦点をあわせるべきなのかを誰もが知ることができま
す。**そして、それはまた、問題を解決しようとしているとき、またはボランティ
アや何かをしようとしているときに役立ちます。(学生 B、2 年次、Int. 5)

　つまり、これらの一連の学生の語り 1-16 から、授業以外での議論や問題解
決場面など、さまざまな文脈においても HCs が適用可能であり、また HCs を
適用すればするほど、学生は HCs の有効性を理解するようになることが窺え
る。以上のように、個々の学生にとっても HCs が自分のものになっていき、
ミネルバ・コミュニティ内でも HCs が「共通言語化」していくと考えられる。

　なお、HCs がミネルバ・コミュニティ内で、「共通言語化」していくことは、
ミネルバ側が意図してきたものでもある。Kosslyn & Nelson (2017) によれば、「[知
の]習慣や[基本的]概念にハッシュタグ名を付与する呼称の過程は、そのコミュ
ニティに共通言語を提供するものである。実際、私たちが教え始めて 1 年目で
も、そして学生が入学して 3 年目の現在でも、何気ない会話の中で HCs の名
前が投げかけられるのはよくあることである」(p.67) という。学生の一連の語
りは、ミネルバが目指してきたカリキュラムが、「経験されたカリキュラム」
の次元で表出された証左とみることができるだろう。

(2) HCs を自分のものにしていく際に生じる難しさ

　一方、学生は HCs を自分のものとしていく際に、難しさに直面することに
なる。ここでは、学生の語りから示された難しさを 2 つに分けて述べてみたい。
　第 1 に、同じ学問分野内での HC の転移については比較的容易であるものの、
異なる学問分野間での HC の転移については難しさが伴うという点である。こ

の点に関して、例えば、人文学専攻の学生 E は、多モード・コミュニケーションで学んだ HCs と形式的分析で学んだ HCs の活用のしやすさが異なる点を指摘しており、HC ごとの活用のしやすさの違いについて語っている。さらに、学生 B は、これまで受けてきたコンピュータ科学における専門教育科目の多くは、使用する HCs が限定されていることを指摘している。このように、特定の HC の活用のしやすさは、専攻ごとに異なることが読み取れる（語り 1-17）。

語り 1-17　専攻ごとの HCs の活用のしやすさの差異

学生 E：これも多分、**HC によって全然違う**のですが、私の場合、**例えば AH［＝人文学］の HC はすごく使いやすくて**、例えば初対面の人と話すときになって、このオーディエンスは誰だろうとか、私は何を伝えたいのだろうとか、#psychologicalexplanation であるとか、実際に本当に使える HC もたくさんあるのですけれども、**CS［＝コンピュータ科学］の専攻でないと CS［＝コンピュータ科学］のハッシュタグ、#algorithms などはすごく使いにくくて、多分、一切使っていません。活かされやすい HC と活かされにくい HC で結構、差が生じます。**（学生 E、2 年次、Int. 8）

学生 B：私が取っているのは、CS ■■■ と CS □□□［＝科目名］で、今は名前がついていると思いますが、同じようなことを何度も繰り返しているだけなので、**ある特定の HCs しか使われていません。**だいたい #algorithms とか、#breakitdown みたいな感じなので、それはとても**限定的**です。たまにランダムに他の HCs も出てきますが、それはごく稀です。（学生 B、2 年次、Int. 5）

　以上の通り、HCs の活用のしやすさが異なる要因として、HCs が個々の学問分野の性格を反映している点が挙げられる。そのため、それぞれの HC は専攻ごとに活用頻度や活用方法が異なり、HC の習熟度にも差がみられると考えられる。このように、HCs の転移を考える上では、学生が専攻する学問分野が重要であり、同じ学問分野内での HC の転移については比較的容易であるものの、異なる学問分野間での HC の転移については難しさが伴うことが予想される。

　第 2 に、「浅い戦略的アプローチ」へ転化する危険性である。その典型といえるのは、学生 A や学生 G が述べている、好成績を取得するために、「遠い転移」ができていることを示す発言は何かを考え、授業内で発言している様子である（語り 1-18）。

第1章 目標とカリキュラム　67

語り 1-18　HCs の戦略的アプローチとしての使用

> 学生 A：実際に、この HCs を応用しよう、みたいな成績を取りに行こうみたいな
> 感じで意識的に使ってるっていうのは、個人的にはあまりなくて。ただ、けっ
> こうやってる生徒［＝学生］もいて。この **HCs の far transfer ［＝遠い転移］**
> **を目指すために、わざとこの発言をする**っていうのは、けっこう聞く話だっ
> たりする。（学生 A、3 年次、Int. 15）
>
> ——得点を上げたいっていう、そういう目的のために、HC をどこで使ったら取れ
> るかなみたいなことをしゃべったりするんですか。
> 学生 G：特に入学当初は、1 年目、2 年目とかは。……そういうこと、最初はすご
> く細かく、やってたなと思います。（学生 G、3 年次、Int. 14）

　「なぜこの発言をすれば高い得点が得られるのか」という点を十分に理解し
ないまま、好成績を取得することをねらい、テクニックだけで HCs を活用し
ようとすれば、内容理解は十分にできていないにもかかわらず、試験勉強に長
けているような学習者がとる「浅い戦略的アプローチ」と呼ばれる学習アプロー
チへと転化してしまう（Entwistle, 2000）。

　ただし、好成績を取得するための戦略的な学習アプローチが必ずしも悪いと
いうわけではない。現に、学生 G は、戦略的に HCs を活用したと語る一方で、
別の部分では「HC を使う時は、やっぱりそういう細かい仕組みまで行って、1
つ 1 つ調べて丁寧に積み重ねて行くっていう HC のアプリケーションをやりた
い」（Int. 14）と語るように、HCs の意味内容を深く理解した上で、HCs を活用
している様子も窺える。このような点からは、学生 G は、内容や意味に十分
な注意を向け、メタ認知や学習の調整を自覚的に行うアプローチである「深い
戦略的なアプローチ」と呼ばれる学習アプローチをとっているとみることがで
きる（Entwistle, 2000）。

　もっとも、学生 A が取り上げた学生の中にも「深い戦略的アプローチ」をとっ
ている学生も少なからずいるだろう。しかし、学生が「深い戦略的アプローチ」
を目指すことなく、「浅い戦略的アプローチ」によって HCs を適用し続けるこ
とになれば、十分な学びの深まりを得られるとは考えにくく、汎用的能力の獲
得という点でも、大きな支障となるおそれがある。

第6節　ミネルバにおけるカリキュラムの特質

　ここまで、ミネルバにおけるカリキュラムに関して、一般教育から専門教育へと時系列にしたがって概観してきた。これを踏まえて、ミネルバにおけるカリキュラムの特質をまとめることにしたい。

　まず、ミネルバにおけるカリキュラムの最大の特質として、目標に即してカリキュラムが徹底的に構造化されている点を挙げることができる。ミネルバ大学では、卒業時の目標を「実践知の育成」として掲げ、実践知を4つのコア・コンピテンシーに分類した上で、それを約80個のHCsという要素に分け、目標化している。学生には、1年次の一般教育科目において一通りHCsを身につけることが要求されるが、2年次以降の専門教育科目でも、HCsの「遠い転移」が求められる。このように、ミネルバでは、HCsを育成するためにカリキュラムが強固な形で構築されている。

　それは、「経験されたカリキュラム」の次元においても確認された。学生は、細分化されたHCsを、1つ1つ学ぶだけではなく、さまざまな文脈へ意識的・無意識的に適用することを通じて、HCsの有用性を理解していく。そして、高年次の専門教育内でのプロジェクト系の科目では、HCsや専門教育で学んだLOsを統合し、集大成として成果物を完成させる。こうして、要素に分けられた汎用的能力が長い時間をかけて学生自身のものになっていくとともに、ミネルバ・コミュニティ内での「共通言語」としての性質を帯びていくのである。

　また、ミネルバ・カリキュラムは強固に構造化されている一方、カリキュラムの柔軟性を備えている点も特筆すべき点である。ミネルバ大学には、キャンパスが存在しないことで生じる実験環境の欠如によって学生自身で実験を遂行しながら進める研究活動を制限されるのではないかという批判がしばしば向けられる。しかし、本章でみたように、インターンシップ先や地域の大学との連携によって、さまざまな研究活動を提供していたり、学生の関心や能力にあわせて、グローバル・ローテーションを外れ、選択的な研究機会やインターーシップ機会を保障したりして、かなりの部分が補われているという点で、この批判を乗り越えようとしている。このように、強固なカリキュラム構造のもとで、個々の学生の主体的な学習活動を尊重する柔軟性が担保されているという点に、

ミネルバのカリキュラムの独自性を見出すことができる。

おわりに

　最後に、「はじめに」で紹介したカリキュラム編成に関わる3つの構成要件からみたとき、ミネルバにおけるカリキュラムの独自性はどのような点にあるのか、それぞれの要件に即して順にみていくことにしよう。

　第一に、目標とカリキュラムの構造化についてである。「はじめに」で紹介したように、日本の大学では、最終的な卒業要件となる DP を設定して、そこから CP を策定することが一般的になっているが、多くの場合、DP や CP で記述される能力はかなり抽象的かつ曖昧で、どのような目標なのかについて共通理解を得ることは難しい。それに対して、ミネルバでは、「実践知の育成」を最上位の目標に掲げ、実践知を4つのコア・コンピテンシーに分類し、それを HCs という要素に分け、HCs をカリキュラムの中に位置づけている。つまり、抽象的で曖昧な目標を、そのままカリキュラムの中に位置づけるのではなく、教員・学生双方にとって了解性の高い目標（HCs）へと具体的に落とし込んだ上でカリキュラムの中に位置づけている。この点に、ミネルバ・カリキュラムの独自性がある。

　第二に、一般教育と専門教育の関係についてである。ミネルバにおける一般教育科目は、HCs の育成という基本的な性格に加え、各専攻の専門分野のショーケース的な性格を併せ持つことで、専門教育への橋渡し的な機能も担っている。一方、2年次以降の専門教育科目では、各学問分野における HCs の位置づけや適用方法が説明されるだけでなく、分野固有の知識やスキル（LOs）の一部は HCs との関連の中で導入されることがある。一般教育では、専門教育における学習内容の一部がショーケースとして紹介され、専門教育では、専門的な知識・スキル（LOs）のうち、一部の LOs は HCs と関連づけられながら導入されるというように、一般教育と専門教育が部分的な重なりをもちながら、相互に有機的に関連づけられている。これは、一般教育と専門教育の新たな関連づけの仕方を提起している点で意義がある。

　第三に、必修と選択の関係についてである。ミネルバ大学の1年次には、日

本の大学で一般的にみられる多数の科目から選択するという方式ではなく、4
つの一般教育科目すべてが必修科目に設定されている。その後、2年次以降の
専門教育科目において選択科目の割合が高くなっていく。とりわけ、キャップ
ストーンでは、3年次にはグループで、4年次には2名の教員と個別のやりと
りを行う形での選択科目が設定され、シニア・チュートリアルでは、関心が比
較的近い数名のグループで選択科目が構成される。このように、必修から選択
へと学年を追うごとに推移し、その中で、教員や学生間での個別のメンバーで
構成される選択科目の割合が多くなっていく。この点にも、ミネルバ・カリキュ
ラムの特徴が表れている。

　以上のように、カリキュラム編成に関わる3つの構成要件に照らしてみても、
ミネルバは、これまでの大学カリキュラム編成にみられなかった挑戦的で新規
性のある論点を提起しているといえるだろう。

文献

Association of American Colleges & Universities. (2007). College learning for the new global century: A report from the National Leadership Council for Liberal Education & America's Promise. Washington, DC: AAC&U. (https://secure.aacu.org/AACU/PDF/GlobalCentury_ExecSum_3.pdf) (2023年4月21日閲覧)

Entwistle, N. (2000). Promoting deep learning through teaching and assessment: Conceptual frameworks and educational contexts. Paper to be presented at TLRP Conference, Leicester, November, 2000 (http: // www.tlrp0.rg/ acadpub/Entwistle2000.pdf) (2023年4月21日閲覧)

Fost, J. (2013). Semantic technology and the question-centric curriculum. *Innovative Higher Education 38*, 31-44.

Gahl, M. K., Gale, A., Kaestner, A., Yoshida, A., Paglione, E., & Bergman, G. (2020). Perspectives on facilitating dynamic ecology courses online using active learning. *Ecology and Evolution,11*, 3473–3480.

Goldberg, R., & Chandler, V. (2021). Measurement of student learning outcomes-Minerva Schools at Keck Graduate Institute: A case study. In C. Hughes., & M. Tight. (Eds.), *Learning gain in higher education (International Perspectives on Higher Education Research, Vol. 14)* (pp.153-167). Bingley, UK: Emerald Publishing.

Kosslyn, S. M., & Nelson, B. (Eds.) (2017). *Building the intentional university: Minerva and the future of higher education.* Cambridge, MA: The MIT Press. S. M. コスリン , B. ネルソン編 (2024)『ミネルバ大学の設計書』(松下佳代監訳) 東信堂.

松下佳代 (2012)「大学カリキュラム」京都大学高等教育研究開発推進センター（編著）『生成する大学教育学』ナカニシヤ出版, 25-57.

松下佳代 (2019)「汎用的能力を再考する―汎用性の4つのタイプとミネルバ・モデル―」『京都大学高等教育研究』(25), 67-90.

Minerva (n.d.). Course catalog(https://www.minerva.kgi.edu/academics/course_catalog/)（2023年4月21日閲覧）

竹腰千絵 (2017)『チュートリアルの伝播と変容―イギリスからオーストラリアの大学へ―』東信堂.

田中孝平・松下佳代 (2021)「ミネルヴァ大学の正課教育における汎用的能力の育成―ミネルヴァ大学生へのインタビュー調査を通して―」『京都大学高等教育研究』27, 1-12.

第2章　学習評価

石田智敬

はじめに

　本章では、ミネルバ大学における学習評価が、どう構想・展開されているのかをつまびらかにし、その特質について分析を行う。ミネルバの実践は、大学教育における従来の慣行や常識にとらわれることなく、ミネルバが目指す目標を実現するために、すべてゼロから創り上げられている。ミネルバのこの特徴は、本章で焦点を合わせる学習評価のデザインにもよく表れている。

　なぜ、学習評価のデザインにこだわることが大切なのか。教員が何を教えたのかではなく、学生が何を学んだのかが重要であることに異議を唱える人はほとんどいない。ただし、学生が実際に何を学んだのかは、評価を通して可視化しなければわからない。したがって、目標として掲げた学習成果を達成することに、真剣にコミットするのであれば、学習評価は欠くことができない。

　また、評価は、教えることと学ぶことという営みを調節し改善していく上で欠かせない。どこに強みがあり、どこに弱みがあるのかを認識することは、実践を理知的に導くために不可欠である。要するに、評価は、教育と学習という実践の羅針盤として機能する。評価活動を通して、教員と学習者が協働的に教育や学習を改善していく形成的アセスメントの考え方は、教育実践においてとりわけ重要である。

　より本質的なことを言えば、評価とは価値づけのシステムであり、よって実践の根本を規定するということがある。換言すれば、評価システムのデザインが、どのような学習、そして学習成果を生み出すことを促すのかを規定するのである。

「優れた評価は、優れた教え (teaching) の付属物ではなく、それ自体が優れた教えなのである」(Sadler, 1983, p.63)。オーストラリアの評価研究者ロイス・サドラー（D. Royce Sadler）は、評価が、教えることの外縁に従属的に位置づくもの（教育実践の終わりに付帯的に行われるもの）ではなく、優れた評価を行うことそれ自体が、優れた教えの中心にあることを強調している。

とはいえ、教育実践の現場に目を向けてみると、評価は最も疎かにされがちな側面である。そして、どうあるべきかの理論と現状どうなのかの実践が乖離してしまっている。評価は、教員にとっては、一連の指導が終わった後の煩わしい雑務でしかなく、学習者にとっては、ある種のアメとムチ、ないしは単なる脅威でしかない。本来、評価とは教員と学習者の両者にとって、味方となるべき存在であるにも関わらず。

このような学習評価が抱える課題に対して、ミネルバは、どのような評価のデザインを最適解として提示するのか。ミネルバの学習評価は、学生のコンピテンスの形成と改善において中心的役割を担うとともに、コンピテンスの習熟度合いを卒業後に裏づける証明機能を果たしているという意味で、一つの範を示している。ただし、我々は、ミネルバの事例が、すべての大学に対する万能解、ないしは最適解であると言いたいわけではない。端的に言って、ミネルバの学習評価はとんがっている。あくまで、それはミネルバが目指している目標や理念を念頭に置いて、鋭く最適化されている。

本章は、ミネルバ大学を解剖するという本書の趣旨を踏まえ、ミネルバの学習評価システムがいかなるものかをつまびらかにし、分析することを試みる。ミネルバにおける学習評価の特質は何か。そこにどのような可能性と危うさがあるのか。ミネルバから我々は何を学べるのか。

どのような評価システムが構想・実装されているかを分析することは、ミネルバというコミュニティに内在する価値規範の体系に迫ることである。なぜなら、どのような評価課題を課して、学生のパフォーマンスをどう評価しているかということは、ミネルバが「何に価値を置いているか」の実際を如実に反映するからである。

第2章 学習評価 75

第1節 ミネルバにおける学習評価の全体像

　本節では、ミネルバの学習評価を概観し、その全体像と中核となるアイデアを示す。

1. 学習評価における常識を転換する

　大学における評価といえば、どのようなものを想起し想像するだろうか。日本の大学における成績評価の方法は、レポートないしは筆記試験が主だろう。授業におけるコメント・ペーパーや授業への参加状況が加味される場合もある。授業科目ごとに成績評価が行われ、学期末に評語か評点が与えられる。

　筆記試験の答案やレポートが返却される場合もあるが、評点や評語のみが付記されていることがほとんどだろう。どのような評価規準・基準で評価されたのかも不透明な場合が多い。たとえ同じ授業科目名であっても、教員によって「好み」があり成績評価の「当たり外れ」があるというのは、大学生にとってのいわば常識である。また、大学での学習評価が、自身の学習の改善や力量形成に寄与すると感じている学生はほとんどいない。実際、レポートの書き方などについて、評価を通して十分にフィードバックをもらえることは稀だ――オフィスアワーに、研究室に個別訪問することを除けば。

　ミネルバの景色は、このような大学の評価のあたり前とは全く異なる。ミネルバでは、従来の慣習や常識にとらわれず、約束された学習成果の達成にコミットした新しく斬新な学習評価が、ゼロから設計・実装されている。

　　学生の学習を評価・測定することの重要性については、世界中の大学やカレッジの教育関係者の間で強い合意が得られている。けれども、そうした最善の意図を実践に移すことは、既存の教育機関では難しい。ミネルバでは、新しい大学をゼロから創るという贅沢な時間を過ごした。私たちは、特定の学習成果を実現するために教育機関を設計し、この追求において教員と学生を支援するために必要なすべての運営方法とシステムを構築した。（Goldberg & Chandler, 2021, p.153）

ミネルバは学習評価における常識をどのように転換したのか。結論を先取りすれば、ミネルバが行った斬新な発想の転換の核心は端的に2点で指摘できる。第一に、学習評価を、授業科目単位で行うだけではなくて、約80個（2023年現在は78個）あるHCs（habits of mind & foundational concepts）という学習目標を単位として行うということ（後述するが、2年次以降の専門科目ではLOs（learning outcomes）という学習目標も含まれる）。第二に、在学中のHCsの評価は、常に暫定的で形成的なものであり、最終の成績評価は卒業時に与えるということである（タイムトラベル・グレード）。

このように発想を転換することで、在学中の4年間、すべての履修科目において、HCsの習熟度合いを直接的に評価し追跡するという学習評価のデザインが可能となる。そして、4年間かけてすべてのHCsがしっかりと習熟されるように、学生に詳細なフィードバックが提供される。このようにして、ミネルバでは、4年間の学位プログラムを通して、掲げられた学習成果（HCsやLOs）を達成していくための一貫した学習評価が構想・実装されているのである。

後述するが、教員によって評価がバラバラという問題も生じておらず、それぞれのHCsのパフォーマンスに対する評価規準・基準が、教員らと学生らの間で共有されている。成績インフレという状況にも陥っておらず、こうした意味でも、望ましい学習評価が実現されている。ミネルバでは、学生を育てるための評価と学生のコンピテンスを裏づける評価が、二項対立ではなく不離一体のものとして成立しているのである。

ミネルバでは、学習評価をデザインしていく上で、6つの原則を掲げている（**図2-1**）。これら6つの言明が、どのように具現化されているのかについては、第2節で詳しく見ていくこととしよう。

2. 何を目指して学習評価をデザインするのか

(1) 実践知を授ける

なぜ、このような学習評価が構想・実装されているのか。それはひとえに、ミネルバが「実践知」を、すべての学生に対して授けることに強くコミットするからである。目標と評価は表裏一体である。

ミネルバは何をゴールとするのか。ミネルバは、「実践知」を授けることを、

第 2 章　学習評価　77

1. ［意図された］学習成果を実施する（学生の評価は十分に定義された学習成果に基づいて行われるべきである）。
2. 一貫性をもって評価を行う（学生は正確かつ最小限のバイアスで評価されるべきである）。
3. 文脈の中でフィードバックを提供する（教員が学生にフィードバックを行う際は、評価の対象となった具体的な内容と結びつけた上で、改善に向けた形成的なフィードバックを提供すべきである）。
4. 意味のあるやり方で集約する（科目の成績は正確に学生の習熟度を測定する方法で集約されるべきである）。
5. 進捗を表示（および共有）する（学生の成果得点の意味を理解し、長期的に成長過程を追跡し、学生へのアドバイスを促進するために、学生と教員が評価データにアクセスし、細かく調べられるようにすべきである）。
6. 外的尺度で補完する（私たちのカリキュラムの効果を評価する際、学生の学習は外部で開発されたツールによって測定されるべきである）。

図 2-1　学習評価の 6 つの原則

(出典) Kosslyn & Nelson (2017, p.240) より訳出。

その公理的目標と位置づけ、それに専ら焦点を合わせたカリキュラム設計を行っている。要するに、「実践知」の育成を念頭において、「成果への執拗なまでのこだわりを実現する」(Goldberg & Chandler, 2021, p.154) ために設計された学習評価なのである。

　　私たちの目標は、知識やスキルを教えることではなく、変化する世界に適応し、目標を達成するために使える知的ツールを学生に提供することである。……非常に幅広いリベラルアーツ教育を提供し、変化する世界に適応するための知的ツールを学生に提供している。そして、まだ世の中に存在しない仕事においても成功できるようになってほしいと願っている。
(Kosslyn & Nelson, 2017, p.7)

　ミネルバにおいて、公理的目標とされる実践知は、4 つのコア・コンピテンシー（「批判的思考」「創造的思考」「効果的コミュニケーション」「効果的インタラクション」）で構成されると理解されている。これらのコア・コンピテンシーは、抽象

度が高い概念であって、これらを直接的に教授・学習・評価したりすることはできない。そこでミネルバでは、コア・コンピテンシーを、その下位階層の学習目標群、すなわち HCs として構造的に整理していく。ミネルバにとって HCs とは、これからの世界を生き抜いていくために、すべての学生が身につけるべきミニマム・エッセンシャルズである。

(2) 遠い転移を実現する

このようにミネルバは、特定領域における専門的知識・スキルではなくて、人生の成功を導く上で基盤となる汎用的能力としての実践知の育成を目指す。そこで鍵となるのが、「遠い転移 (far transfer)」という考え方である。ミネルバでは、ある文脈や領域で学んだことを、他の遠い文脈でもうまく適用できることを目指す。これは、学校や大学で学んだことが卒業後の社会で活かされない (学習の転移が生じない) という、教育学の最難題への挑戦とも言える。ミネルバでは、「遠い転移」を実現するために、学習した HCs を学習した文脈とは異なる文脈に適用することを促す学習評価が設計されている。

後述するが、ミネルバの1年次では、約80の HCs が特定の文脈で導入され、同一または類似の文脈でそれを適用できるかが評価される。ただし、2年次以降は、学生がさまざまな専門科目を履修していく中で、学習した文脈とは異なる文脈で HCs を適用していくことができるかも、積極的に評価されていく。このように、遠い転移を促す仕掛けが施されているのも、ミネルバにおける学習評価の注目すべき点である。

3. 各年次における学習評価の展開

ここで、4年間のミネルバ・カリキュラムにおける学習評価の展開について、簡潔に概観しよう (カリキュラムの全体像については第1章を参照)。第1章で示した通り、全ての HCs は、1年次の4つのコーナーストーン科目において導入される。コーナーストーン科目では、先述の通り、もっぱら HCs を確実に定着させ基礎とすることを促すための学習評価が行われる。

2年次以降、1年次において導入された HCs は、学生が特定の学問分野を専攻する中で適用されながら、その洗練と転移が目指される。比喩的にいえば、

1年次がHCsの「守」を実現するための学習評価であるのに対し、2年次以降はHCsの「破離」をも射程に含める学習評価が構想されていると言える。

では、学習した文脈とは異なる文脈でHCsを適用していくとはどういうことか。通常、課題への取り組みにおいては、教員からどのHCsを適用することが期待されているかが示される。しかし、そこで提示されていないHCsを、課題で適用する（学習した文脈とは異なる文脈でダイナミックに活用する）ことも求められる。このように、指定されたHCsをうまく適用できたかのみならず、自らHCsを選択し異なる文脈でうまく適用できたか（学習の転移）についても評価される（ただし、より多くのHCsを適用すれば良いというわけではない）。

2年次以降の専門科目（2年生〜4年生が履修できる科目群）では、専門科目における独自の科目目標（course objectives）とその学習成果（LOs）が導入される。したがって、2年次以降は、HCsに加えて、各科目で独自に設定されているLOsに対しても学習評価が行われる。なお、LOsは、専門科目を担当する教員が設定する科目固有のものであり（詳しくは第1章を参照）、HCsのように成績が学期をこえて更新されたりすることはない。

3・4年次に取り組んでいくキャップストーン（一般的な大学の卒業研究に相当する）は、ミネルバにおける学習経験の集大成となるものである。キャップストーンの学習評価は、学生が指導教員と相談して評価に用いる学習成果（HCsやLOs）を自ら特定する点に特徴づけられる。これらの学習成果は、専門科目のLOsから取り入れられるものもあれば、新たに作成される場合もある。例えば、ある自然科学専攻の学生は、自身のキャップストーンの学習成果について**図2-2**のように定めた。

学生自らが指定したLOsやHCsに加えて、キャップストーン固有の学習成果であるキャップストーンLOs（#curation［情報の収集・整理］, #navigation［作成プロセス（フィードバックを反映しているか）］, #outcomeanalysis［分野の伝統にそった課題になっているか］, #qualitydeliverables［成果物の質］）が加えられ、それらに対しても学習評価が行われる。これらのキャップストーンLOsは、キャップストーンにおける統合的な成果や質を見取ろうとするものである。なお、それぞれの比重は、HCsの適用度合い（25%）、LOsの適用度合い（60%）、キャップストーンLOs（15%）となっている（Int. BA-2、BA-7）。

- 13 個の HCs（#modelling, #algorithms, #dataviz, #sourcequality, #evidencebased, #context, #composition, #analogies, #biasmitigation, #plausibility, #purpose, #levelsofanalysis, #medium）
- 6個の LOs（#ns111systemsthinking, #ns144evolutionarythinking, #cs110pythonprogramming, #cs110codereadability, #cs162abstraction, #cs162communication）

(Int. 20)

図 2-2　ある学生のキャップストーンにおける学習成果の特定

　語り 2-1 は、3・4 年次の学生に対するインタビューの一場面である。学生らの語りからは、2 年次以降は専門科目群を履修していくために、学習評価においては LOs にフォーカスが向けられていくものの、基盤としての HCs を一貫して意識し駆動させていることがわかる。また、キャップストーンは、鍛えてきた HCs を総動員することができるかが試され、評価される場であると認識していることがわかる。

語り 2-1　各年次における HCs と LOs への意識

――「皆さん、HC と LO だったら、どちらにフォーカスを置いていますか。レポート書くときとか。」
学生 F：「LO ですね。」
――「明らかに LO ですか。」
学生 I：「みんなが意識しているのは LO のほう。」
学生 D：「絶対 LO。」
学生 I「課題とか、その授業受けるときとかやっぱり、ずっと LO 意識しながらやっていると思います。」
――「コーナーストーン科目のときは HC だけど、それ以降は、どちらかというと LO 中心にフォーカスを向けていく傾向性があるというのは、一致している感じですか。」
学生 J：「そうですね。」
学生 K：「ただ、4 年目は、HC かな。」
学生 D：「4 年目は HC。キャップストーンは HC です。15 個から 25 個、絶対アプライしないといけないというのが決まっているので。さすがに最初から考えておかないと、最後になって、これ付けられるとか、もう難しいので。」
学生 K：「ただ、HC は、コンスタントに裏側にあるっていう感じです。なので、2、3、4 年生になったときに、LO に、ガッといくのではなくて、HC があるのはもう当然で、その上に LO が乗っかってくるっていうイメージです。」(Int. BA-2)

第2節　学習評価の内実

　本節では、ミネルバの学習評価のさまざまな具体的側面についてフォーカスし、学習評価がどのように具現化され実践されているかの内実を示す。

1. どのような場面・課題で学生のパフォーマンスが評価されるか

(1) 2つの評価場面

　ミネルバの学習評価は、主に、(1) 授業でのパフォーマンスに対する評価と、(2) 評価課題でのパフォーマンスに対する評価の2つで整理できる。これら2つの場面で、HCs がどれほどうまく適用できているか (専門科目では、LOs の評価も含む) という視点で、学生のパフォーマンスが評価される。これら両者が成績づけの対象に含み入れられるものの、授業でのパフォーマンスに対する評価は、評価課題でのパフォーマンスに対する評価と比較して、比重がかなり低く設定されている。その理由は、授業では形成的なフィードバックを提供することに焦点を向け、学生が間違いから学ぶことを奨励し、間違いを犯すことのコストを低くするためである。

　このように、授業は、あくまで、HCs (ないしは LOs) の日常的な練習の場として捉えられている。比喩的に言えば、前者が毎日の練習であり、後者が他校との練習試合といったところであろう。いずれも、力が試される場であると同時に、改善に向けての練習の場でもある。

　図 2-3 は、教員視点での Forum の表示画面であり、まさに、授業における学生の HCs のパフォーマンスについて評価を行っている際の画面である。Forum では、対象の学生を選択し、対象の HCs を選択し、5段階の評価を与え、パフォーマンスの改善に資するフィードバックを記述できるようになっている (図2-3右側)。なお、HCs や LOs に対しては、授業と評価課題のいずれにおいても、レベル1〜5の5段階で評価が行われ、加えて、改善に向けてのフィードバック (「何ができていて何ができていないか」「どう改善できるか」などについてのコメント) が提供される。学生は、授業でのパフォーマンスをも評価対象になることについて、次のように語る (語り2-2)。学生らは、評価されることが授業に緊張感を与えていることを指摘している。

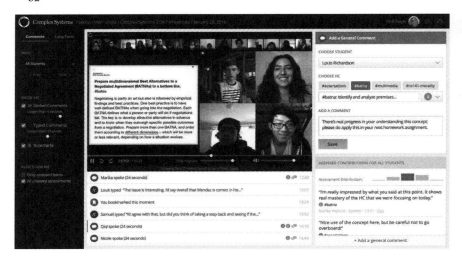

図 2-3 授業での学生のパフォーマンスを評価する際の Forum 画面
(出典) Bader-Natal, A.（n.d.）. Minerva Nurturing critical wisdom for the sake of the world（2012-2019）
（https://aribadernatal.com/projects/Minerva/）（2023 年 6 月 23 日閲覧）

語り 2-2　授業でのパフォーマンスが評価対象となること

学生 L：「単に試験だけでなく、**セメスターを通しても常に評価されること**についての話題になったようですが、ほとんどの場合、**これは本当に良いこと**だと思います。ただ、**場合によっては疲れることも**あります。普通の大学では、少なくとも私の出身地では、色々と授業をサボっても、追いつけば問題ないと思います。だけど、ミネルバでは授業に出なければならないし、出なければ補習を受けなければならない。**そして、常に評価され続け、毎回の授業で成績がつけられるので、疲れることもあります。それでも、試験よりは好きかな。**セメスターを通してしっかりとしたペースで取り組むには、このシステムの方がずっといい。でも、時には疲れることもあるし、それがデメリットのひとつだと思います。」(Int. BA-4)

学生 M：「最も緊張感のある授業は、Forum をうまく使っている授業で、**リラックスすることができず、発言されていることすべてに注意を払う必要**があります。ストレスになることもあります。常に評価されているとはいえ、成績の重みはそれぞれだと思う。**授業では１倍、課題では８倍というように、重みづけにとても大きな差をつけて評価される**ことがあります。……私にとってはそれほど大きな問題ではありませんが、常に小さなストレスがあります。」(Int. BA-4)

(2) 評価課題の種類と特質

　ミネルバにおける評価課題は、学生が関連する HCs を統合的に集約して適用する機会である。これらは、よりオープンエンドなプロジェクトベースの課題であり、学習した HCs や LOs の発揮を披露する場となっている。

　ミネルバの評価課題は、主に「居住地に根ざした課題 (location-based assignments：LBA)」と「一般的な課題 (general assignments)」の２つで区別することができる。一般的な課題と LBA は、課題形式という点において大差はない。ただし、LBA は、学生がその時々に居住する都市を題材・文脈として展開する学習・評価課題であり、この意味でミネルバらしい課題である。

　LBA では、実際にフィールドに足を運び、何らかのフィールドワークを行うことが求められる。LBA は、オンライン空間における学習とリアルな世界を舞台にした学習とを架橋する役割を果たす。LBA は、コーナーストーン科目はもちろん、２年次以降のさまざまな専門科目においても実施され、１科目１セメスターで概ね１つ設定されることが多い。一般的な課題と LBA を合わせて、１科目１セメスターで概ね３〜４つ程度の評価課題が課されるという。

　では、具体的に、どのような LBA が課されているのか。ある学生は、コーナーストーン科目において、例えば「フェルミ推定を用いて、実際の都市の何らかの概数を算出する課題 (科目「形式的分析」)」、「ある企業におけるチーム内協力の内実と業績との関係性を分析する課題 (科目「複雑系」)」、「サンフランシスコにおける海抜上昇の影響に関するシミュレーションを行う課題 (科目「実証的分析」)」などの LBA に取り組んだことがあると語る (Int. 10)。

　このような LBA は、ミネルバの現地職員である SL (student life) スタッフの手を借りて開発されている。ブエノスアイレスの SL スタッフの一人は、教員からの依頼に基づいて、現地都市のリソースを紹介するなど、LBA の準備を手伝っていることを次のように語る (語り 2-3)。ブエノスアイレスには、市内の近くに市民に開放された自然豊かな生態系保護区 (Costanera Sur Ecological Reserve) があり、例えば、この保護区において生態系に関する調査やフィールドワークを実施する LBA を開発したという。

84

語り 2-3　LBA の概要

> 教職員 D：「…学生の皆さんは、地元の自然の素晴らしさを実感することを目的と
> した体験に参加することになります。例えば、［自然科学専攻の］144 の科目で
> は「参加型課題：あなたは植物学者としてフィールドに出かけ、驚くほど多様
> な植物を観察します」と書かれています。この課題では、あなたが現在住んで
> いる地域に生育する花木種の価値パターンを決定し、それを説明するための
> 仮説を提案することが求められます。」(Int. BA-3)

　学生は、LBA に対してどのような印象を持っているのか。語り 2-4 は、LBA
に対する学生の印象を示している。語りからは、LBA が学生と滞在都市との
つながりを生み出す契機になっていること、リアルな文脈の中で学習した事柄
を活かしていくことの面白さを学生が実感していることが読み取れる。

語り 2-4　LBA に対する学生の印象

> 学生 E：「今、タンゴの LBA に取り組んでいます。……LBA はその街を知る上でとて
> も役立つものだと思います。**この課題がなかったらタンゴの歴史なんて知らない
> し興味もなかった。「ああ、きれいだなあ」と思うだけだった。でも実は、その
> 裏にはとても大きな意味が隠されていて。**［LBA なしに］それを知ることはあっ
> ても、深く知ることはなかったと思います。自分が今いる街のことを考え、その
> 街にいる間にチャンスをつかめるような課題だと、本当にうれしく思います。」
>
> 学生 T：「……現実世界に出て LBA をするときに、**教室の外で HCs や LOs を使
> うことは、異なるステップというか異なる例**のような気がします。というの
> も、私がインターンシップをしたとき、多くの HCs を使ったと感じましたし、
> それは、LBA のときに感じたこととよく似ていると思ったからです。つまり、
> **ミネルバの文脈の外で実際にやってみる**ということなのです。」
>
> 学生 S：「それに加えて、通常、私の側から、さまざまな種類のデータを調べてみたり、
> 自分でデータを選んだりすることができます。ガイドラインがあるとはいえ、
> **自分で課題を設計するようなもの**です。LBA に取り組むことは、**通常の課題
> よりも少しエキサイティングな感じ**がします。」(Int. BA-8)

2. 学生のパフォーマンスはどのように評価されるか

(1) HCs や LOs のパフォーマンスを個別的に評価する

　一般的に、大学における評価課題（例えば、レポート課題など）では、提出物の

全体に対して評語（グレード）、ないしは、評点が与えられることが多い。他方、ミネルバでは、提出されたレポート全体に対してA、B、Cといった評語が与えられることはない。そうではなくて、レポート課題の中で発揮されたHCsやLOs、それぞれに対して個別的に評価が行われる。

まず、学生は評価課題に取り組む際に、どのHCs（ないしはLOs）をどう適用したのかを、脚注（footnote）に明示することが求められる。なお、先述したように学生は、適用することを求められたHCsに加えて、任意のHCsを追加的に適用することも求められる。この意味で、学生は評価課題においてどのHCsが評価されるのかを部分的に選択することができると言える。

教員は、それら学生が示した脚注の提示に基づいて、HCsがどの程度うまく適用できているのかを5段階で評価し、フィードバックを与える（図2-4）。なお、LOsも原則として脚注をつけることが求められるものの、一部の教員は、レポート全体においてLOsを適用してほしいという意図から、特定の位置に脚注を付けないように指示をする場合もあるという。「学生D：私のEconのクラスでは、教授がLOにタグをつけないようにと言いました……というのも、教授はエッセイ全体でLOを使うことを望んでいるからです（Int. BA-5）」。ただし、

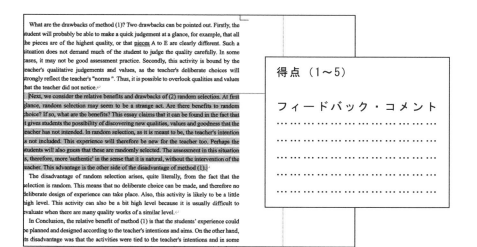

図 2-4　課題における HCs の評価のイメージ

（出典）Int. 11 における学生の語りを参考に筆者作成。

LOs ごとに評価が行われるということに変わりはない。

　まとめると、ミネルバでは、評価課題の成果物全体に対して単一の評価を行うのではなくて、課題において適用された HCs や LOs ごとに評価が行われる。この意味において、ミネルバの学習評価は、個別的で分析的な性質を有している。この点について、学生は次のように語る（語り 2-5）。

語り 2-5　HCs や LOs を単位とした学習評価

学生 R：「ミネルバのシステム、評価にはユニークな特徴があって、**特定の課題でどれだけの情報を網羅できるか**ということではなくて、**その文脈の中で LO や HC をどのように適用するか**ということに関心が向けられます。そのため、少なくとも私が課題を行う際には、そのように**焦点のシフト**が生じます。」(Int. BA-8)

学生 R：「トピックが細分化されることで[＝ HC や LO ごとに評価が行われることで]、**課題への取り組みがしやすくなります**。なぜなら、書くことすべてに留意するのではなく、その課題の**いくつかの行の箇所への適用に細分化**できるからです。また、特定の学習成果に対してどのような構造でフィードバックするのかという点でも役立ちます。教授はそのようにフィードバックしてくれます。このように、**ナビゲーションを少し簡単にするツール**のようなものです。」(Int. BA-8)

学生 E：「良い面も悪い面もあると思います。高校時代、エッセイがうまくできたとき、先生は 100 点をつけてくれた。そうすると、すごく嬉しいんです。でもミネルバでは、**同じエッセイで 4 点を取ることも 2 点を取ることもある**。だから、そのような満足感はほとんどありません。たとえ、本当にうまくできたとしても、本当にうまくいったとは思えない。**いつも何かが足りない気がする。**」(Int. BA-8)

　ミネルバでは、どのような学習成果を導きたいのかということを、HCs や LOs として明確に定義する。そして、明確に定義された学習成果がどの程度達成されているかをしっかりと捉え、さらに伸ばしていくために学習評価を実践する。このように、目指すべき学習成果の焦点が定まっているからこそ、評価が分析的に鋭く行われるのである。

　ミネルバの学生は、このような学習評価について、高校時代の経験や以前の大学での経験と対比して、次のように語る（語り 2-6）。学生の語りから、ミネルバは、特定の内容に関する知識を評価し深めるというよりも、思考の方法を評価し鍛えることに重点があると捉えていることがわかる。この焦点化は、ま

さにミネルバが意図していたことでもある。

語り 2-6　ミネルバで何を学んだか

学生 E：「高校では、「今学期は何を学びましたか」と聞かれたとき、私はその学期に学んだ人物の名前をいくつか挙げていました。例えば、政治なら、カール・マルクスとか。でも、ミネルバの授業では、そんなことは言えない。**「この授業でこの人を学びました」とは言えなくなるけど、「政治の考え方、歴史の勉強の仕方、物事の進め方について学びました」とは言えるようになります。**とてもとても抽象的で、そこから得た濃縮された完全な知識というのはあまりないんです。でも、自分で研究することに自信はあります。」(Int. BA-8)

学生 N：「LO はそうではないかもしれませんが、HC は habit と concept のことです。思考です。**概念や学習内容よりも、思考がどう動くか。**以前に在籍していた大学では暗記を要求され、どれだけ知っているか、どれだけ理解しているか、ということを試されました。……たいていは「どれだけ暗記したか？」というものでした。その点が私はあまり好きではありませんでした。」(Int. BA-4)

　適用された HCs や LOs に対してもっぱらフォーカスして評価するという特徴は、ミネルバの評価課題デザインの特質とも連動している。語り 2-7 が示す通り、ミネルバの評価課題のデザインは、適用すべき HCs や LOs に主なフォーカスが向けられており、それらを適用する内容、テーマ、文脈はかなり自由であるという。一般的な大学の評価課題がしばしば、「○○について論じよ」など、講義内容を指定して自由に考察することを求める形式であることと対照的である。

語り 2-7　評価課題における HCs へのフォーカス

学生 G：「ミネルバはすごい自由だとは思うんですけど、**テーマは自由**に選べるけどあくまでもそこに具体的な手法を、このミネルバで教わってる HC とか LO の手法を自由なテーマに当てはめなさいっていうプレッシャーがすごくあった……」

学生 G：「はい、結構ざっくりしてます。**手法は細かいけど、テーマはざっくり**してます。例えば、フェルミ推定をしなさいっていう具体的な手法は決まってますけど、そのフェルミ推定の対象を何にするのかっていうのは自由です……」

学生 G：「特にコーナーストーンの場合だと、生徒［学生］に**学んでほしい手法っていうのがかなり明確**なので、手法もより具体的に縛られています。」(Int.10)

このような課題デザインは、HCs を育もうとするミネルバの意思を反映したものである。HCs ないしは LOs を適用するためには、それを具体的な文脈の中に位置づけなければならない。例えば、相手に応じて適切な表現を用いるといった HC (#audience) を試す場合には、特定の内容を扱う必要があるといったように。けれども、内容はあくまで手段に過ぎず、主眼は HCs にある。このような強調が評価課題デザインにもよく表れているのである。

3. どのようなフィードバックが学生に提供されるか

意図された学習成果を達成する上で、学習評価を教員と学生の両者で形成的に有効化させることは重要なことである。ミネルバでは、授業中におけるパフォーマンスと評価課題におけるパフォーマンスに対して、評点とともにフィードバック・コメントが与えられる。また、Forum を通して、学習成果に対する学生の達成状況が常に総覧できるようになっている。ミネルバは、詳細なフィードバックを学生に提供することは、膨大な時間と労力がかかることを認めつつ、それほどの時間と労力をかける価値があると考えている。

　　私たちは、評価を用いて形成的なフィードバックを学生に直接提供することの価値を痛感した。学生が直面している問題点を早い段階で特定し、形成的フィードバックを提供することで、学生は自らのパフォーマンスと学習を向上させる力を得ることができる。（Goldberg & Chandler, 2021, pp.157-158）

では、学生は教員からのフィードバックをどのように受け止めているのか。フィードバックに対するさまざまな学生の印象について見ていこう（語り 2-8）。

語り 2-8　フィードバックに対する学生の印象

学生 D：「私にとっては、学期末にしか成績がつかない高校と比べ、ミネルバのシステムは、**自分の悪いところも、良いところもわかる**ので、より気に入っています。そして、まだ**成績を上げるチャンスがある**点が気に入っています。」(Int. BA-5)

学生 L：「私はフィードバックを得られる方法がとても好きです。ただし、教授によってそのやり方はさまざまだと思います。本当に役に立つフィードバックをたくさんし

てくれる教授がいます。……しかし、教授が「よくやった」と評定し、それ以上
何も言わないこともあります。このような評価システムを使って価値あるフィー
ドバックを与えるかどうかは、**教授次第**だと思います。課題が返却されたときに、
**PDF の特定の部分をハイライトして、その部分に対して具体的なフィードバッ
ク**をすることができるので、フィードバックがどこに対するものかを正確に知
ることができます。課題の**この部分は良かったが、この部分はもっと推敲や工
夫が必要**だといったことがわかるので、本当に助かります。」(Int. BA-4)

学生 P：「**具体的なフィードバックは本当にありがたいです**。具体的には、毎回の
授業、毎回の課題で LO を適用に基づいて、教授がフィードバックをしてくれ
ます。教授によってはたくさんのコメントを入れてくれます。これはとても良
いアプローチだと思います。テクニカルなフィードバックとは別に、一般的
なフィードバックとして、「私がやったことはとても理にかなっている」「この
アプローチはとても有用だ」といったことを教えてくれたり、時には**「この論
文を見てみたら」**といったようにリソースやコメントを提供してくれたりする
こともあります。このような具体的なフィードバックは、私の受講した科目
のほとんどでありましたが、すべてではありません。でも、私が受講してい
る授業のほとんどで、教授が具体的なフィードバックをくれるのは本当にあ
りがたいことです。……**具体的なフィードバックを 1 つの場所にタグ付けし
てもらうこと、特に、そのことで自分のやったこと、使った方法、主張、コミュ
ニケーションの取り方などの長所や改善点について強調してもらえることは
有益です。**」(Int. BA-5)

学生P：「概して、私は 1 年目の時は、文化的なことかもしれませんが、**オフィスアワー
に行ったり、教授とフィードバックについて話し合ったりするのは、あまり気
が進まなかった**。ただし、何年もかけて学んだことは、**教授たちは学生とフィー
ドバックについて議論することを望んでいる**ということです。もしあなたが、
これは理解できないとか、あの教授のコメントは理解できないとか、それが私
がしたこととどう関わってくるのかわからないと思ったとき、教授たちはた
いていの場合、話し合いに応じてくれます。そうすることで、コメントの意
味がよくわかってないときに、**自信をもって自分に必要な指示や指導を求め、
自分の作品がどのように改善できるかを理解する**ことができます。」(Int. BA-5)

学生 P：「**私が LOs や HCs にタグ付けしていないところでも、フィードバックし
てくれる教授もいます**。「ああ、これはいいアイデアだね」「これは一つの分野
のコメントに過ぎない」「もっとこうすればよかったと思う。この部分を改善
するためにこういう方法があると思う」などなど。たとえそれが LO にタグ付
けした箇所でなかったとしても、その課題に対して何が改善できるかという全
体的な考えを持ってほしいという思いから、共有するんだと思います。私はそ
のようなフィードバックが好きで、**それは点数そのものよりも役に立ちます。**」
(Int. BA-5)

学生 R：「フィードバックがあることで、個人的にはどうでもいいような単なる数字
ではなく、**なぜこの成績なのか、この種のツールの一般的な優れた使い方は何
なのかを考えることができます。**4点であったとしても、どうすれば改善でき
るのか、丁寧なフィードバックがある場合があります。**数字は誤解を招きやすく、
その分野の専門家が何かを教えてくれるよりも役に立ちません。**」(Int. BA-6)

　このようにミネルバでは、HCs や LOs を基本的単位としつつ、時には、そ
れに囚われないようなフィードバックが提供されている。学生らの語りからは、
(1) 単なる数値での評価ではなくて、明確なコメントによる評価が有益である、
(2) どのように改善できるかを示唆するような提案ベースのフィードバックが
役立つ、(3) フィードバックの質は教員にある程度依存する、(4) オフィスアワー
などを利用し、教員とフィードバックの内容について議論して理解を深めるこ
とが大切だ、などと認識していることが読み取れる。

　教育学研究においては、フィードバックを提供することの意義に注目が向け
られてきた。ただし、書面ベースでのフィードバックの効果は限定的であると
いう批判も根強い (石田, 2021)。というのも、フィードバックは受け取り手がそ
の意味を理解して実際に改善に活かされて初めて有効となるからである。けれ
ども、教員からのフィードバックの内容や意図を、学生が適切に解釈できなかっ
たり、改善に活かせなかったりすることは珍しくないのである。

　対して、ミネルバの学生らはフィードバックの提供に対して好意的な語りを
全面的に示している。なぜ、これほどフィードバックを好意的に受け止めてい
るのか。その理由の一つは、脚注で固定された HCs や LOs に対して、具体的
なフィードバック・コメントを提示しているからだと考えられる。というのも、
具体的な場面や記述とそれに対するフィードバックが分離せずにしっかりと結
びつけられることで、フィードバックの内容が特定的となり、教員と学生間で
の形成的コミュニケーションが有効となりやすくなっているからである。

4. コミュニティ内で評価基準を統一する

(1) ミネルバ・ルーブリックの具体と特徴

　ミネルバでは、教員間で評価がバラバラという状況は生じておらず、各 HC
のパフォーマンスに対する評価規準・基準が、学内の教員間・学生間である程

度一致するようキャリブレーションがなされている。すなわち、ミネルバでは、(1) 各 HC の適用において発揮されるパフォーマンスがどのようなものであるかという理解と、(2) 1〜5 の各レベルのパフォーマンスがどの程度のものなのかという理解が、コミュニティで統一して共有されている。

このようにコミュニティの内部で評価の間主観性を確立させ、一貫した評価を行うことは、適切な総括的評価を実施することの条件であるとともに、学習評価を形成的に機能させる上でも重要となる。このような統一的な理解を図る上で、鍵となる役割を果たしているのがルーブリックである。

ミネルバでは、ルーブリックを用いて評価規準(＝クライテリア)と評価基準(＝スタンダード)を明確に定義することで、学習評価における一貫性を向上させようとしている。評価規準とは、パフォーマンスを評価する際に用いられる側面、観点、枠組みを指す。評価基準とは、パフォーマンスがどの程度優れているか、つまり達成の度合いや、その水準・レベルを指す。ルーブリックは、HCs や LOs ごとに設定されており、定められたルーブリックに準拠して HCs や LOs のパフォーマンスは評価される。それぞれの HCs や LOs のルーブリックを開

表 2-1　習熟度ルーブリックテンプレート

	レベル	記述語
1	知識の欠如 (Lacks)	促されても学習成果を思い出したり使用したりしない。あるいは、していてもほとんど／全体的に不正確。
2	浅い知識 (Superficial)	部分的に引用／言い換え／要約／概説／応用し、ある程度正確に学習成果を思い出したり使用したりする。あるいは、それらを思い出したり使用したりしているものの、関連する問題や目標に対処できていない。
3	知識	学習成果を正確に思い出して用い、言い換え／要約／概説し、あるいは標準的な／簡単な例示を行い、関連する問題や目標に対処している。
4	深い知識 (Deep)	学習成果を説明する／使用して、洗練され標準を超えた例示を行う／構成要素に分解する／決定的に重要な区別に適用する／構成要素間の関係を分析することによって、深く理解していることを示している。
5	深遠な知識 (Profound)	学習成果を、斬新な (つまり科目の教材の中にはない、あるいは関連文献から簡単に導かれないような) 視点に依拠して創造的・効果的な方法で使用することによって、既存の問題解決手法を改善／より効果的な手法を発案したり、標準よりもエレガント／美しい解決策を考案したり、非常に巧妙で効果的な応用を生み出したりする。

(出典) Kosslyn & Nelson (2017, p.242) より訳出。

発する基盤として、「習熟度ルーブリックテンプレート」がある（**表2-1**）。

　では、このテンプレートをもとに、どのような HCs や LOs のルーブリックが開発されているのか。**表2-2** は、HC #selfawareness（科目「効果的インタラクション」）のルーブリックである。**表2-3** は、自然科学専攻の 2 年次科目（NS111「地

表2-2　HC（#selfawareness）のルーブリック

#selfawareness（自分の強みと弱みを特定しモニターする。効果的パフォーマンスを損なう行動や習慣を減らす）	
人間は、一般に、自分の特性やパフォーマンスについて過度に楽観的な評価を下し、それに反するエビデンスを無視する。「自分を知る」ことの一部は、自分の能力や特性を正確に評価し、目標を達成する妨げとなっている悪い習慣や悪い行動を特定することである。これを行うためには、まず「自分の知らないことを知る」ことを学ぶことで自分の盲点を見極め、自分の行動やその効果に関するエビデンスを無視しないような習慣を形成する必要がある。また、そのためには、客観性、知的な勇気、謙虚さが求められる。そして、自分の強みと弱みを正確に評価し、自己改善策を練ることができるようになる。また、自己認識することで、他人がどの程度の自己評価をしているのかに敏感になり、それに応じて他者とのやりとりを調整できるようになるというメリットもある。	
1	促されたときに、メタ認知を行うためのストラテジーを思い出したり使ったりしない。あるいは、ほとんど不正確である。個人の能力や特性を正確に評価するためのストラテジーを思い出したり使ったりしない。あるいは、ほとんど不正確である。自己評価に重大な欠陥や誤りがある。
2	メタ認知や正確な自己評価を行うためのストラテジーが、文脈に即していなかったり、効果が限定的であったりする。やや正確であるが、偏った、あるいは不完全な自己評価を示している。特定の文脈においてソーシャル・ダイナミクスを形成する際の自己認識の役割について詳しく説明していない。
3	自己認識の欠如やメタ認知の失敗の原因や結果を正確に特定している。個人の能力や特性を評価するためのストラテジーを正確に、または、効果的に想起している、もしくは、使用している。（関連があるとき）メタ認知に取り組むための、または、バイアスのない自己評価を行うための、効果的なストラテジーについて提案している。
4	ある文脈における自己認識を促進または阻害する根本的な要因について説明している。社会システムにおけるメタ認知または自己認識の影響を分析している。（関連があるとき）特定のストラテジーがメタ認知または自己認識を効果的に促進する理由を説明している。（関連があるとき）特定の文脈や目標に関連する、とりわけバイアスのない包括的な自己評価を生成することができている。
5	個人の能力や特性を正確に評価するためのストラテジーに関する知識を、新しい視点に基づいて、創造的かつ効果的な方法で使用している。メタ認知または正確な自己評価を促進するための斬新なストラテジーを生み出している。社会システムの洞察に満ちた分析を可能にする、自己認識の斬新な特徴づけを生み出している。

（出典）Ahuja,et al.（2022, p.3）より訳出。

第 2 章 学習評価 93

表 2-3 自然科学専攻の 2 年次科目における LO（#redox）のルーブリック

#redox（「生命と地球表面の共進化」すなわち、生命を育む酸化還元反応の重要な役割と、地球表層の環境の根本的な変化について分析する）	
1	地球上の生命にとって酸化還元反応が重要な役割を果たすことを説明していない（あるいは、ほとんど、ないしは、まったく不正確である）。地球の大気中の酸素濃度の制御について説明していない（あるいは、ほとんど、ないしは、まったく不正確である）。（該当するとき）酸化還元反応における化学反応式を導くことができていない。
2	地球上の生命にとって酸化還元反応が重要な役割を担っていることを、ある程度正確に説明している。地球の大気中の酸素濃度を制御していることを、ある程度正確に説明している。（該当するとき）酸化還元反応における化学反応式を導くことが部分的にしかできていない。
3	地球上の生命にとって酸化還元反応が重要な役割を担っていることを正確に説明している。地球の大気中の酸素濃度がどのように制御されているかを正確に説明している。（該当するとき）酸化還元反応における化学反応式を正確に導いている。
4	地球上の生命にとって酸化還元反応が重要な役割を担っていることを、適切な詳細さと正当性をもって正確に説明している。地球の大気中の酸素濃度の制御について、適切な詳細と正当性をもって正確に説明している。（該当するとき）明確で詳細なステップとアプローチの説明で、酸化還元反応における化学反応式を正確に導いている。（該当するとき）複雑な酸化還元反応における化学反応式を正確に導いている。
5	酸化還元反応に関する概念を創造的かつ効果的に使用し、新しい視点に基づく新しい洞察を提供し、さらなる研究領域を示唆している。

（出典）Goldberg & Chandler（2021, pp.159-160）より訳出。

球サイクルの影響」）における LO #redox のルーブリックである。

　ルーブリックでは、HCs や LOs が定義され、レベル 1 ～ 5 に相当するパフォーマンスの特徴が言語で記述されている。記述語は、HCs や LOs の定義に即して、テンプレートの記述を発展させて構成されている。なお、HCs のルーブリックには、各レベルに相当する具体的なパフォーマンスの事例も付加されている。

　ミネルバのルーブリックにはどのような特徴があるか。第一に、ミネルバのルーブリックは、「分析的ルーブリック」（＝複数の観点が設定されているルーブリック）ではなくて「全体的ルーブリック」（＝観点を分けずに全体的に評価するルーブリック）である。ただし、HCs や LOs ごとにルーブリックが設定されており、HCs や LOs ごとに評価が行われることに鑑みれば、実際には、これらルーブリックは課題全体に対して分析的に機能している。

　このようなルーブリックの設定と運用（＝全体的ルーブリックを構成しつつ、それらを分析的に運用すること）からは、ミネルバが、（1）それぞれの HCs や LOs

の適用それ自体を、一まとまりの意味のあるパフォーマンスとして認識していること、(2) それぞれの HCs や LOs という単位で評価を行うことが重要であると認識していることがわかる。

第二に、ミネルバのルーブリックは、4 年間のすべての課題で用いられる「一般的ルーブリック (generic rubric)」である。言い換えれば、当該課題のみに用いられる「特定課題ルーブリック (task-specific rubric)」ではない。したがって、記述語は、ルーブリックをさまざまな課題で横断して適用できるように抽象的で柔軟に構成されている。また、ルーブリックのレベル幅は、在学中の HCs の習熟の度合いを適切に把握できるような程度に設定されている。

ミネルバの学生らは、レベル 1 〜 5 のパフォーマンスを次のように説明する。すなわち、レベル 1 は当該の HCs が全く理解できておらず全く使いこなせてない状態、レベル 2 は当該の HCs の理解の適用が部分的に不足していたり至らない部分があったりする状態、レベル 3 は当該 HCs の基本的な理解と適用が適切になされている状態、レベル 4 は当該の HCs を洗練して使いこなすことができている状態、レベル 5 は当該 HCs に関してこれまで教員がみたことがなかったような新しいアイデアや適用が示されている状態であると。学生らによれば、レベル 1 や 5 がつくことは稀であり、そのことを踏まえるとミネルバのルーブリックは、実質的には 3 段階に近い形で運用されているとも言える。

第三に、ミネルバのすべてのルーブリックは、学生が常に自由に確認することができるようになっており、HCs や LOs を導入する際に見通しや手掛かりを与える役割 (フィードフォワード) を担いつつ、フィードバックを解釈する際の手掛かりとしても機能している。この点に関して、学生らはこう語る (語り 2-9)。

語り 2-9　学習を進める手がかりとしてのルーブリック

学生 M:「HCs や LOs に慣れてくると 3 点か 4 点か 5 点。4 点を目指す人が多いので、**4 点を目指すには何をすれば良いのか、ルーブリックを見ることで、ある程度わかってくるようになります**。私の場合、得点が返ってきてもあまり驚くことはありません。「ああ、これが私の努力であり、ルーブリックに従えば納得できるものだ」という意味で。……重要なのは、教授がフィードバックしてくれた後、**HCs の構造やルーブリックを常に見ることができる**ことです。実際に課題を

やってみると、**何をすべきで、何を避けるべきか、そういうことがよくわか
ります**。それは私の学習に役立っていると思います。」(Int. BA-4)

―― 「［課題への取り組みに際して、HCs に関するルーブリックや模範事例の内容
を］みんなきちっと読んで見てやるのは当然っていう感じなんですか。」
学生 G：「でも、人によってまちまちだと思いますけど、**僕は結構これを明確に見
ながらやってます。**」(Int.10)

　ここで、HCs と LOs のルーブリックの差異について指摘しておこう。LOs
は専門科目の固有の学習成果であり、HCs のようにすべての授業において何
度も試され評価されるというものではない。そのために、学生からは評価規準・
基準を十分に理解できない場合があるという声があった。また、LOs のルー
ブリックがテンプレートの記述そのままであることもあるという指摘もあった。
したがって LOs の評価は、HCs ほど統一されておらず、専門科目を担当する
教員らの裁量に委ねられている部分が大きいと言える。語り 2-10 からも読み
取れるように、LOs は抽象的なものもあれば具体的なものもあり、それらは専
門科目によって異なるという。

語り 2-10　LOs と HCs の差異について

学生 P：「どの HC、LO にも説明があります。HC にはより多くの記述があると思
　　　います。そして、5、4、3、2、1 点というように、何をすればいいのか、その
　　　ためにはどうすればいいのかが書かれています。……しかし、**LO の中には、
　　　それほど詳しくないものも**あります。そのため、LO の一般的な定義や、自分
　　　の特定のプロジェクトにとってどういう意味があるのかを明確にするために、
　　　教授のオフィスアワーに行かなければならないこともあります。」

学生 D：「全く同感です。……LO は本当に一般的で、理解できないことがあります。
　　　なので、この 2 つの LO の違いはなんですかということについて、**オフィスア
　　　ワーに行って確認**する必要があります。確かに、**HC の方が構造的で明確に定
　　　義されている**。時々、LO について混乱することがあるので、いつもオフィス
　　　アワーに行ってはっきりさせなければなりません。」(Int. BA-5)

――「LO のルーブリックと HC のルーブリックって、何か違いがあるのでしょうか。」
学生 R：「HC はその性質上、幅が広いんですよね。**HC 自体が一般的な（ジェネラ
　　　ルな）ものなので、ルーブリックを使うのが難しいと感じます。**」

学生 R：「だからルーブリックに基づいて、自分がうまくいったかどうかを確かめるのは難しい。でも、**LO はより内容に関連**したものです。」

—— 「ただ、LO のルーブリックがうまく構成されていなかったり、記述が広すぎて抽象的で理解しにくいという声もありますね。そのような経験はありますか。」
学生 R：「ええ、そういうこともあると思います。**でも、それは科目によるんです。**ミネルバの科目は、数人の教員の専門性に大きく依存しているので。私が覚えている範囲で、彼らが用いたルーブリックは明確でした。」(Int. BA-6)

（2）ミネルバ・コミュニティにおける間主観性の確立
　国際バカロレアのディプロマプログラム（IBDP）を経験して、ミネルバに進学したある学生は、高校時代の経験と比較して、ミネルバにおける評価規準・基準の特徴や統一について、次のように語る（語り 2-11）。

語り 2-11　IBDP とミネルバにおける学習評価の差異

学生 G：「ミネルバは具体的なコンセプト単位で評価があったのに対して、**IB は全体としてどれだけこの生徒は自分の思考を伝えられているかとか、どれだけこの生徒 [学生] は証拠に基づいて考えをまとめられているか**っていう、もうちょっと**おおまかな単位……**」(Int. 10)

学生 G：「ちょっと手法的な話になっちゃうんですけど。一番感じるのは、評価方法が、すごく**IB は主観的**だなって思っていて。それに対して**ミネルバはすごく客観的**だと思います。……ミネルバは、やっぱり学校 [＝大学] として 1 つの組織だから、そもそも先生が少ないっていうのもあるかもしれないんですけれども、より**明確な評価基準がある**なと思います。というのは、コンセプト 1 つ 1 つに対して、どういう評価をしなさいっていう基準が設けられてるので。例えば生態学だったら、攪乱という**コンセプトに対して評価をつける**、生物多様性っていう項目について評価をつけるっていうふうに、すごく明確になってるのに対して、IB っていうのは、**もうちょっと漠然と、生物の生態学のコンセプトを使えているみたいな、もうちょっと大きな枠組みで。**そこの評価基準っていうのに、すごく明確な差を感じます。」(Int. 10)

　ミネルバと国際バカロレア（IB）では、学内での間主観性を確立するのか、学校間での間主観性をも確立するのかが異なるために、両者を単純には比較できない。けれども、学生の語りからは、ミネルバのコミュニティが評価規準・基準をより強固に共有していることが窺える。加えて、ミネルバにおいては、教

員のみならず学生をも含めて間主観性が成立している。なお、評価が間主観的であるとは、複数の評価者間で評価判断の一致が成立していることを指す。

語り 2-11 では、ミネルバでは具体的な「コンセプト」を単位として評価が行われる（HC や LO ごとの評価）のに対して、IB ではより全体的な視点で評価が行われているという違いについて言及されているが、この点については本章第 3 節で詳しく論じる。

では、どのようにして、教員間・学生間での間主観性が成立しているのか。一般的にルーブリックは、評価規準・基準を教師間で共有したり学生に伝達したりする、有効な装置として見なされている。ただし、ルーブリックのみによって、コミュニティでの間主観性が達成されていると安直に解釈すべきではない。というのも、ルーブリックにおける記述語（用語や修飾詞）は抽象的で相対的なもので、これらは具体的な事物や文脈なくして適切に解釈できず、決定的な意味を持つことはないからである。評価規準・基準を適切に共有するためには、それに対する具体的な理解をも形成し共有する必要がある。

ミネルバにおいて教員と学生は、授業や課題への取り組みの中で、HCs（や LOs）の多種多様なパフォーマンスに出会う。その中で、具体的なパフォーマンスとルーブリックの抽象的な記述とを紐づけていく。このような紐づけがとりわけ重要な意味を持つ。要するに、ルーブリックを手掛かりに、パフォーマンスの具体を認識する経験を重ねることで、コミュニティで共通合意される評価規準・基準が、徐々に感得され共有化されていくのである。

まとめれば、ルーブリックを共有することだけで間主観性が得られているのではなく、4 年間のすべての科目を通して HCs という一貫した枠組みで学習評価を行うこと、そして、その中で数多くの具体的なパフォーマンスの事例を共同注視すること（＝人と人とが一緒に同じ対象に注意を向けること）で、コミュニティの間主観的合意が実現されているのである。

近年、大学教育では、ルーブリックを明示することの重要性がよく強調されている。しかし、ルーブリックを示しても学生がそれを適切に理解できない、記述語をただ表面的に適用してしまう（機械的に当てはめる）といった課題も指摘されている。加えて、「現実的にはルーブリックでは評価規準・基準を統一できない」「それっぽく取り繕っているだけ」といった厳しい批判もある。

ミネルバの事例は、ルーブリックを共有するだけでなく、HCs という一貫した枠組みにおいて学習評価を実践し、その中で、教師と学習者らが、具体（パフォーマンス）と言葉（ルーブリック）を結びつけるようなコミュニケーションに関与することが重要であることを示唆している。

コミュニティ全体における間主観性の確立は、総括的評価における信頼性の問題だけでなく、むしろ、学習評価を形成的に機能させ、確かな学習成果の達成にコミットしていく上で重要な意味を持つ。なぜなら、教師と学習者が目指すべきパフォーマンスは何か、現状のパフォーマンスにはどのような強みと弱さがあるか、どう改善できるかという認識を具体的に共有できるようになるからである。

5. ミネルバの学習評価を支える仕組み

最後に、ミネルバの学習評価を支えるいくつかの仕組みについて取り上げる。第一に、学習評価のデータが一括して集約されるプラットフォームである「評価ダッシュボード」について、第二に、アカデミックではない側面に対する評価について、第三に、外的尺度による学習成果の測定について検討する。

（1）評価ダッシュボードの活用

Forum には、学習評価に関するデータを一元的に集約して表示する「評価ダッシュボード（assessment dashboard）」という機能が組み込まれている。評価ダッシュボードは、教員と学生に、評価に関するさまざまな情報を提供する役割を果たしている。

例えば、学生は、評価ダッシュボードで、授業中でのパフォーマンスや課題でのパフォーマンスに対する成績やフィードバックを一挙に確認することができる。学生は、評価ダッシュボードにおいて、すべての HCs の評点（常に変化していく）や LOs の評点を、平均点や得点分布と合わせてリアルタイムにモニターすることができる。また、コア・コンピテンシーの枠組みで整理したり、コーナーストーン科目の枠組みで整理したりと、さまざまなカテゴリーに区分して、それらを分析することができる。他方、教員は、自身がつけた評点データについて、学内の他の教員がつけた評点データと比較しながらモニターすることが

できるようになっている。

　このように、Forum において学習評価に関するデータが一括して集約・表示され分析可能となることで、学生は自身の学習状況を的確に捉えることができるようになる。そして、教員は、自身が行なった評価を客観的に捉えるとともに、学生の学習状況をリアルタイムでモニターし、指導を改善したり学生にフィードバックを与えたりするなど、教育・学習活動の改善が促進されるようになる。

(2) 統合的学習成果（ILOs）について

　ミネルバでは、「統合的学習成果(integrated learning outcomes：ILOs)」という枠組みが設定されており、アカデミックな側面に限定せずに、アカデミックではない側面についても、学生自身が自己の成長について認識し、リフレクションをしたりフィードバックを受け取ったりすることができる(**図2-5**)。ILOs は、ミネルバのアカデミック・プログラムを補完するものであり、学生が卒業後に豊かな人生を送るための準備ができるようデザインされている。

---

(1) セルフマネジメントとウェルネス（学生は、自己充足感、自己効力感、レジリエンスを示し、自己管理と責任のバランスをとり、ストレスを管理する）

(2) グローバルで文化的なしなやかさ（学生は、新しい環境に到着して、すぐに周囲の環境に慣れ、地元の人々や組織に溶け込んで効果的に交流し、有意義で関連性のある人間関係やつながりを築き始めることができる）

(3) プロフェッショナルとしてのレディネス（学生は、教育やキャリアの次のステージに移行するために必要な、専門的かつ知的なスキルと知識を示している）

(4) 人格と責任（学生は、高いレベルの誠実さを示し、共感を持って他者と接し、自分の行動に責任を持つ）

(5) 対人関係へのエンゲージメント（自己認識、感情的知性、表現力を用いて、グループや個人と効果的にコミュニケーションおよび交流を行い、積極的な方法でミネルバ・コミュニティに貢献する）

図2-5　5つの統合的学習成果

(出典) Goldberg & Chandler（2021, pp.164-165）より訳出。

ILOs にもルーブリックが設定されており、それは、学生自身や学生と関わりを持つ教職員によって非公式に使用され、成長を捉えて支援し、将来の目標について考えるために用いられる（なお、ILOs ルーブリックの詳細や自己評価シートなどは Ahuja et al. (2022) にて確認できる）。ILOs に関する評価データは収集されず、あくまで学生の自己成長のために個人的に使用される。

(3) 外的尺度による学習成果の測定

ミネルバは、独自の教育カリキュラムの効果について確認するため、外的尺度を用いて学生の学習成果を補完的に検証している。ミネルバが用いている代表的な外的尺度は、CLA+ (Collegiate Learning Assessment) である[1]。

CLA は、分析的推論、批判的思考、問題解決、文書コミュニケーション能力を測定する、コンピュータ・ベースの標準テストである。CLA は、全米の100 校以上の大学、2 万人以上の学生を対象に実施されている。CLA では、パフォーマンス課題が大規模な標準テストの形式で出題され、受験者の汎用的能力が測定される。CLA のパフォーマンス課題では、さまざまなソースからの複数の資料を駆使して、現実的な状況の中で、オープン・エンドな問いに答えることが求められる。なお、その具体については、松下 (2012) を参照されたい。

ミネルバでは、特に初年次のカリキュラム (コーナーストーン科目) の教育効果を捉えるために、1 年次の学年始めと学年末、卒業時に CLA を受験することを、学生に義務づけている。**表 2-4** は、他の教育機関の学生とミネルバの学生の成績を比較したものである。ミネルバの学生が入学時点ですでにトップレベルの汎用的能力を有していること、ミネルバ・カリキュラムを通して、汎用的能力を着実に伸ばしていることが裏づけられている。

コスリン (2017) は、Medium (米国のブログ型の情報発信プラットフォーム) で、ミネルバの学生の汎用的能力がトップクラスであること、そして、初年次カリキュラムが、驚くべき教育成果を挙げていることを強調する。

1　CLA+ は、CLA の新しいバージョンである。CLA+ では、新しいテスト項目が追加されるとともに、必修課題の統一が行われた。

第2章　学習評価　101

表 2-4　ミネルバ学生の CLA+ の成績

Class	Level of Class When Tested	Comparison Level at Other Institutions	Fall Percentile	Spring Percentile	One-Year Gain
2019	Freshmen	Freshmen	99	99	0
		Seniors	96	98	+2
	Seniors	Seniors	N/A	97	N/A
2020	Freshmen	Freshmen	96	99	+3
		Seniors	78	99	+21
	Seniors	Seniors	N/A	99	N/A
2021	Freshmen	Freshmen	97	98	+1
		Seniors	85	90	+5
2022	Freshmen	Freshmen	97	99	+2
		Seniors	85	93	+8
2023	Freshmen	Freshmen	94	98	+4
		Seniors	76	86	+10

（出典）Minerva University.（n.d.）. Student Achievement（https://www.minerva.edu/undergraduate-program/academics/student-achievement/）（2023 年 7 月 1 日閲覧、現在参照不可）

　　2016 年の秋、ミネルバの新入生は他大学の新入生と比較して 95 パーセンタイルのパフォーマンスを示した。私たちは高度な選抜制をとっており、このような結果を予想していた。しかし、わずか 8 カ月後の 2017 年春、同じミネルバの新入生が、他のすべての教育機関の 4 年生と比較して 99 パーセンタイルのパフォーマンスを示した。だが、それだけではない。ミネルバは、本テストを実施した全大学の中で 1 位を獲得した。（Kosslyn, 2017）

　なお、CLA で測定できる汎用的能力は、コンピュータ・ベースの標準化されたパフォーマンス課題によって測定可能な部分に限定されており、無論、大学教育における学習成果の総体は、CLA で捉え切れない。また、天井効果が生じており、ミネルバの学生の伸びを的確に捉えきれないことも明らかである。ミネルバによる CLA の利用は、あくまで補完的なものであり、外的尺度を用いることで他の大学との比較を一定可能とすることを目的としている。

＊ ＊ ＊

本節での解剖を経て、ミネルバの学習評価の 6 つの原則（1.［意図された］学習

成果を実施する、2. 一貫性をもって評価を行う、3. 文脈の中でフィードバックを提供する、4. 意味のあるやり方で集約する、5. 進捗を表示（および共有）する、6. 外的尺度で補完する）の意味と内実が明確になっただろう。すなわち、ミネルバの学習評価の原則は、1. HCs や LOs（明確に定義された学習成果）にフォーカスして、2. 間主観性が確立された評価を行い、3. 具体的なパフォーマンスと紐づけてフィードバックを行い、4. それら学習評価のデータを意味のあるやり方で集約し、5. 学習成果の進捗を常にモニターし、6. 補完的に外的尺度での効果検証を行うということである。

第3節　ミネルバにおける学習評価の特質

本節では、以上に見てきたミネルバにおける学習評価実践を特徴づける。

1. HCs を基本的な単位として評価を行うこと――学習評価の粒度――

第一に、ミネルバにおける学習評価は、それ以上分割すると本来の質を失うという一まとまりのパフォーマンスを、どの程度の粒度で捉えるかという点において際立っている。前節で見てきた通り、ミネルバでは、課題全体の出来栄えに対して評価は行われず、あくまで HCs や LOs を単位として評価が行われている。これはすなわち、HCs や LOs それ自体が一まとまりのパフォーマンスを認識する単位となっていることを意味する。

では、ミネルバが究極的なゴールとして実践知を身につけることを目指しつつも、それらの下位要素である HCs を基本的な単位として評価を行うことは、何を意味するのか。このことを比喩的に言えば、在学中は、試合において勝つこと（試合全体でのパフォーマンス）よりも、むしろ、試合の中で用いられる個々の技のパフォーマンスを磨くことに学習評価の焦点を向けていると理解できよう。要するに、ミネルバでは、約 80 個の HCs という技を洗練させ、どんな文脈・場面でもそれらの技を使いこなせるようにすることで、実社会で、HCs が結集されて発揮されること（実践知が生きて働くこと）を期待する。80 個の HCs それぞれは、実践知を駆動させていく上で、すなわち、ミネルバ式思考・判断・表現法を実践していく上で基盤となる。学習評価を、HCs に即して行うことで、

基盤となる個々の「型」にフォーカスしてそれらを鍛えようとする。

　そうはいっても、一般的に個別要素的にスキルを鍛えようとする教育実践は、ドリル学習のような個別的で脱文脈的な訓練に陥りがちである。個別要素的なスキルに対する脱文脈的なドリル訓練は、コンピテンスの形成において致命的な欠陥があることは、教育学研究において長らく指摘されてきた。ただし、ミネルバは、HCs を個別に取り出して、脱文脈的に学習したり評価したりしているわけではなかった。個別の技のみが取り出されて訓練・評価されるのではなくて、「試合」のようなリアルな文脈の中でそれぞれの技が磨かれ、どれほどうまく使いこなせているかが評価されていた。このように、ミネルバでは、HCs を単位として評価を行いつつも、脱文脈的な学習と評価には陥っていない。

　全体的な評価と比較して、細かい粒度で学習評価を行うことには、教員と学習者にとって次のような意義がある。(1) 目指すべきパフォーマンスがどのようなものか、その内実がより明瞭となる。(2) 目標と評価の枠組みが明確で具体的となるために、キャリブレーションが容易となる（評価の一貫性と比較可能性が向上する）。(3) フィードバックが、HCs に即して行われる（パフォーマンスの具体と直接的に結びつけられる）ことでより特定的となり、どう改善できるのか、何に注意を向けるべきかより明快となる。(4) 目標を限定的に捉えることで、それに対する指導と学習により積極的にコミットできる。

　他方、HCs を組み合わせて構成された一まとまりのパフォーマンスを評価するという視点（全体的な評価）が、不可避的に後景に退くことに留意すべきである。もちろん、ミネルバのカリキュラムでは、HCs を統合して発揮する機会が多様に用意されている。例えば、評価課題（とりわけ、キャップストーンやシニア・チュートリアル）では、学生が自ら複数の HCs を選択し、それらをうまく組み合わせながら、課題の達成において使いこなすことが求められていた。実際、ミネルバのカリキュラムにおいては、年次が進行するに従って課題が統合的になり、用いられる HCs や LOs もより多くなっていく。ただし、このように HCs を統合的に発揮することを求める学習機会や課題に取り組んだとしても、そこでの成果作品はあくまで分析的に評価されるのである（HCs や LOs に即して個別的に行われる）。

2. 縦断・横断的な学習評価を行うこと——コンピテンスの評価——

　第二に、ミネルバの学習評価は、縦断的・横断的に学習者のコンピテンスを評価しようと試みている点において際立っている。すなわち、一回限りのパフォーマンスの表出を評価することで終わらず、(1) タイムトラベル・グレードという考え方に基づいて、在学中の4年間に渡ってパフォーマンスを追跡的に評価していくという意味で縦断的であり、(2) 特定の文脈のみでなく、さまざまに異なる文脈でのパフォーマンスの表出 (遠い転移) を捉え評価していくという意味で横断的である。ミネルバの学習評価の第二の特質は、縦断的・横断的にパフォーマンスを評価することで、学習者のコンピテンスを推論することが試みられている点にある。

　ここでは、「パフォーマンスの評価」と「コンピテンスの評価」を意図的に区別している。「コンピテンス [＝能力] は直接測定できないし、観察できない。要求に対応するふるまい (パフォーマンス) を多くの状況の中で観察することによって、推論しなければならないのである」(Rychen & Salganik, 2003, p.55)。松下 (2007) は、ライチェンらのこの指摘を引用し、学習評価の基本的な枠組みを**図 2-6** の構造で捉えている。要するに、「能力」それ自体は、直接に観察・測定したりすることはできず、何らかのタスク (課題) が与えられそれに応えることで、「能力」は直接に観察可能なパフォーマンス (作品・実演) として表出し、パフォー

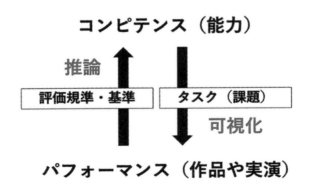

図 2-6　学習評価の構造

(出典) 松下 (2007) を参考に筆者作成。

マンスから「能力」を推論することができるというわけである。

　この意味において、特定の文脈における1回のパフォーマンスの発揮から学習者のコンピテンスを推論することは限定的であり（同じパフォーマンスが繰り返し再現されるかわからないし、異なる文脈において同様のパフォーマンスが発揮できるかもわからない）、さまざまな状況・文脈における複数のパフォーマンスの発揮を求めることがコンピテンスを強く推論する上で必要となる。

　ここで、ミネルバのアプローチを理論的に位置づけるために、メシック（Samuel Messick）の研究を参照したい。メシック（1994）は、パフォーマンス評価の考え方には、互いに異なる志向性と特徴を持つ2つのアプローチがあると指摘する。「課題主導型パフォーマンス評価（task-driven）」と「構成概念主導型パフォーマンス評価（construct-driven）」である。「課題主導型パフォーマンス評価」では、評価のために提出されたパフォーマンス、ないしは、プロダクトそれ自体の質を評価することに焦点が向けられる。他方、「構成概念主導型パフォーマンス評価」では、観察されたパフォーマンスから、そのパフォーマンスの根底にあるコンピテンシーや構成概念（construct）について推論を行うことに焦点が向けられる。つまり、パフォーマンスは評価の直接の対象ではなく手段である。前者では、再現性や一般化可能性が不問にされがちである一方、後者ではそれらが重視される。前者は特定課題ルーブリック、後者は一般的ルーブリックを志向する。

　HCsを基本単位としたミネルバの学習評価は、「構成概念主導型パフォーマンス評価」のまさに典型である。汎用的能力の育成を志向し、汎用的能力をHCsという構成概念の集合で規定するミネルバにおいては、構成概念主導型のアプローチをとることは合理的である。ミネルバの学習評価の独特な手法を、構成概念主導型という枠組みで理解すれば、HCsに基づく学習評価にしろ、タイムトラベル・グレードにしろ、ある意味当然のものとしてすんなり理解できる。

　なお、学習の過程と成果を継続的・長期的に捉える方法として、ポートフォリオ評価法（ポートフォリオに収められた資料にもとづいて、学習者の成長のプロセスを評価する方法）という考え方がある。ただし、ミネルバのそれは、学習者のパフォーマンスを縦断的・横断的に評価し記録していくものの、ポートフォリオに成果作品を蓄積していくというアプローチではない。そうではなくて、パフォーマンスに対する直接的な評価を縦断的・横断的に行うことで、コンピテ

ンスの習熟状況をより直接的に評価し記録しようとしている。そして、そのデータが Forum において常に総覧できるように蓄積されていく。

実際のところ、学校や大学においては、授業科目に限定されて学習者の学習成果を単発的に評価することがほとんどである。また、カリキュラム、プログラムレベルで学習成果を直接評価によって連続的に捉える試みは、ほとんど行われていない。ミネルバではこのような状況を改めて、縦断的・横断的に学習者のコンピテンスを直接的に評価することで、コンピテンスの習熟や成長の状況について継続して的確に把握することを可能としている。ミネルバは、カリキュラム、プログラムレベルでの学習成果の進捗を、パフォーマンス評価によって継続的に捉えることができている稀有な教育機関である。

縦断的・横断的に一貫した学習評価を実施することは、学習成果の質を保証し、学習者のコンピテンスの形成に強くコミットする。この点に、ミネルバの学習評価の特質と意義がある。ただし、ミネルバで縦断的・横断的な学習評価が可能となっているのは、あくまで HCs に対する学習評価のみであることに注意されたい。汎用的能力としての HCs を育成するためには、縦断的・横断的に一貫した学習評価がとりわけ求められるのである。

おわりに

ミネルバ実践から我々は何を学ぶべきか。端的に言って、ミネルバの学習評価システムをそのまま丸ごと日本の大学に持ち込むことはできないし、うまくいかないだろう。評価負担があまりに大きいからだ。これは教育専念教員だけで構成されているミネルバだからこそなせる技である。けれども、だからと言ってミネルバの提案を棄却すべきではない。ミネルバ実践を成立させているエッセンスから、我々は学ぶべきことがある。

ミネルバの学習評価は、ゴールとして掲げる一連の学習目標を学生が達成することができるよう、明確にコミットするものであった。そして、学生を育てるための評価と学生のコンピテンスを裏づける評価が、対立するものではなく不離一体のものとして実現されていた。

では、どのようにしてそれが実現されえたのか。第一にそれは、HCs とい

う一貫した枠組みに基づいた学習評価を、4年間の在学中に一貫して行うことによって可能となっていた。一貫した枠組みに基づいて学習評価を行うからこそ、学習評価が形成的に機能し、評価における間主観性も確立されていくのである。

　第二に、在学中のHCsの成績評価を常に暫定的とするという発想もきわめて重要であった。この発想が、パフォーマンスを向上させるための評価、ゴールの達成を助けるための評価という認識を、教員と学生の両者において形作る。この認識に立脚して、パフォーマンスの改善に寄与するフィードバックが評価実践の中核に位置づく。

　こうした学習評価を実践することによって、ゴールとして掲げる一連の学習目標の達成、すなわち卒業生に「実践知」を授けることに明確にコミットする。

　世界中のほとんどの大学は、将来の成功に不可欠であると考えられている認知的コンピテンス、例えば、批判的な思考力、複雑な問題を解決する力、コミュニケーション能力などを、一連のカリキュラムを通して育むことを約束している。しかしながら、学位を取得したすべての学生が、このような学習成果を十分に達成しているとは言えない状況にある。学位は、それら能力に対する証明機能を十分に果たしておらず、また、大学も（学生も）それら能力を育むことに十分にコミットしていない。このような状況が生じていることの一因は、教育における学習評価の役割が軽視されていることにある。

　とりわけ、汎用的能力の育成を意図する場合、授業科目単位の学習評価だけでなく、プログラムレベルでの学習評価が重要な意味を持つ。しかしながら、現状として学習評価は授業科目単位で行われることがほとんどであり、プログラムレベルで学習成果を捉えることは十分にできていない。もちろんIR（institutional research）の一環で、能力の獲得感を評価するような間接評価や、標準テストを実施し、プログラム単位で学習成果の向上を捉えようとする試みは広がっている。だが、これらの手法は、大学教育が育成しようとする能力を十分適切に評価できておらず、場合によっては、教育・学習成果の定量的検証や質保証を求める組織的要求に応じて、アリバイ作り的に行われている。

　ミネルバは、このような大学教育が抱える問題に、一つの解を示している。ミネルバは、学習成果に徹底的にこだわるために、カリキュラム、プログラム

単位で、縦断的・横断的に学習者のコンピテンスを評価し、汎用的能力として
のHCsを育成することにコミットする。ミネルバの提示した解は、驚くほど
シンプルである。それは、ゴールの達成を目指して一貫した学習評価を、縦断
的・横断的に実施していくということである。ミネルバの実践は、コミュニティ
で一致団結して学習評価に愚直にこだわることが、ゴールの達成に帰結するこ
とを示している。

文献

Ahuja, A., Netto, C. L. M., Terrana, A., Stein, G. M., Kern, S. E., Steiner, M., Kim, R., & Walsh, K. K. (2022). An outcomes-based framework for integrating academics with student life to promote the development of undergraduate students' non-cognitive skills. *Frontiers in Education*, 7:782214. doi: 10.3389/feduc.2022.782214

Bader-Natal, A. (n.d.). Minerva: Nurturing critical wisdom for the sake of the world (2012-2019), (https://aribadernatal.com/projects/Minerva/)（2023年7月1日閲覧）

Goldberg, R., & Chandler, V. (2021). Measurement of Student Learning Outcomes–Minerva Schools at Keck Graduate Institute: A Case Study. In *Learning Gain in Higher Education* (Vol. 14, pp. 153-167). Emerald Publishing Limited.

石田智敬 (2021)「ロイス・サドラーによる形成的アセスメント論の検討―学習者の鑑識眼を錬磨する―」『教育方法学研究』46, 1-12.

Kosslyn, S. M., & Nelson, B. (Eds.). (2017). *Building the intentional university: Minerva and the future of higher education*. The MIT Press.

Kosslyn, S. M. (2017). Minerva Delivers More Effective Learning. Test Results Prove It, (https://medium.com/minerva-university/minerva-delivers-more-effective-learning-test-results-prove-it-dfdbec6e04a6)（2023年7月1日閲覧）

松下佳代 (2007)『パフォーマンス評価：子どもの思考と表現を評価する』日本標準.

松下佳代 (2012)「パフォーマンス評価による学習の質の評価―学習評価の構図の分析にもとづいて―」『京都大学高等教育研究』(18), 75-114.

Messick, S. (1994). The interplay of evidence and consequences in the validation of performance assessments. *Educational Researcher*, *23*(2), 13-23.

Minerva University. (n.d.). Student Achievement, (https://www.minerva.edu/undergraduate-program/academics/student-achievement/)（2023年7月1日閲覧）

Rychen, D. S., & Salganik, L. H. (Eds.). (2003). *Key competencies for a successful life and well-functioning society*. Hogrefe & Huber Publishiers GmbH.

Sadler, D. R. (1983). Evaluation and the improvement of academic learning. *The Journal of Higher Education*, *54*(1), 60-79.

> ### コラム

評価情報の集約によるプログラムレベルの学習成果の得点化

斎藤有吾

　第2章ではミネルバの学習評価の特質が検討されている。HCs は1年次から卒業するまで、あらゆる科目やプロジェクトで評価され続ける。学生には卒業時に、それまでの各 HC の評価情報を集約し、1年次に履修したコーナーストーン科目の最終的な評定が与えられる。ここから、複数の科目から得られる評価情報を、学年を超えて集約することでプログラムレベルの学習成果を可視化していると捉えることができる。

　このコラムでは特に、どのように評価情報を集約し、プログラムレベルの学習成果を得点化して示しているのかという点に注目したい。実は日本においても、プログラムレベルの学習成果の可視化のため、各科目とプログラムの学習目標との対応関係をもとに、複数の科目の成績を利用し、学年を超えて集約して学習目標ごとに得点化するという方法を取り入れている大学は存在する。複数の評価情報を集約して得点化するというところだけ抜き出すと、ミネルバと同様に思える。しかし、どのような評価情報を用いて、どのように集約するかなどを比較すると、ミネルバとの決定的な違いが見えてくる。まずミネルバの方法と、各科目と学習目標との対応関係をもとに複数の科目の成績を利用する方法を紹介する。そして二つの方法の比較を通じて、ミネルバの特質に第2章とは異なる側面から迫ってみたい。

1. ミネルバの HCs における評価情報の集約方法

　ミネルバの方法を Kosslyn & Nelson (2017) の第17章を参考に、簡潔に説明する。まず、ミネルバにおける各 HC は、複数の機会や課題で評価され

る。例えば、授業中のふるまい、直近の授業で導入されたHCsを実践するための比較的簡潔な課題、学生が現在居住している都市における活動に関与して現実世界の文脈でHCsの適用を求める課題（重みづけ2倍）、レポート、映像、モデルなど作成し、関連するHCsを総合する課題（重みづけ2倍）、1年次の4つのコーナーストーン科目すべてにまたがる1つの最終プロジェクトを仕上げる課題（重みづけ4倍）などがある。

　ここで重要なのは、ミネルバでは複数の評価機会において、個々のHCを直接評価し、その評価情報を蓄積したうえでそれを集約しているということである。例として1年次の終了時における、集約プロセスの単純化したモデルを**図C-1**に示す。まずは複数の評価機会における個々のHCの評価情報を蓄積する。次に、同一HCの重みづき平均得点をHC得点として算出する。これは、個々のHCの総括的な得点を提供し、学生に対して優れていた部分や改善が求められる部分をフィードバックするためである。さらに、コーナーストーン科目ごとに、当該科目で導入されたすべてのHCsに関して、学生の個々のHC得点を集約して平均をとり、総合のHC得点として算出する。この2段階の平均化のプロセスを経ることで、学生によって各HCの評価回数が異なっていたとしても、総合のHC得点

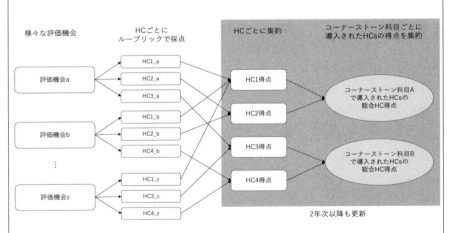

図C-1　ミネルバの方法における集約のプロセス（1年次終了時）

における個々の HC は同じ重みづけになる。

　この 1 年終了時の個々の HC 得点や総合の HC 得点、コーナーストーン科目の合格／不合格は暫定的なものである。HCs は 2 年次以降に履修する他の科目でも評価され続け、学期ごとに重みづけを増して以前の HC 得点と合算されていく。これは、「タイムトラベル・グレード（"time-traveling" grade）」と呼ばれている。なお、卒業時に用いられる最終的な総合の HC 得点には、個々の HC 得点を平均したものだけではなく、2 年次以降に学生たちがコースの中でどれだけの HC を使い続けたのかの使用割合（ミネルバでは「スコープ（scope）」と呼称）、HC をどれだけうまく転移させることができたか（ミネルバでは「トランスファー・コンピテンシー（transfer competency）」と呼称）も反映して集計される（教職員 C、Int. 12）。

　このように、プログラムレベルの学習成果の得点化の文脈におけるミネルバの方法の特筆すべき点として、科目や学年を超えて個々の HC を直接評価していること、個々の HC の評価情報を蓄積して集約していること、卒業まで個々の HC 得点や総合の HC 得点は暫定的なものであること、などを挙げることができる。なぜ「特筆すべき点」といえるのか。日本の大学で導入されている方法と比較して検討していこう。

2. カリキュラムマップに基づく評価情報の集約方法

　昨今では日本の数多くの大学が、各科目とプログラムレベルの学習目標（ディプロマ・ポリシー）との対応関係をカリキュラムマップというマトリックスで表し、当該カリキュラムの系統性や体系性を示している。対応関係を割合で示すか、基準スコアで示すか、◎や○で示すかなどバリエーショ

表 C-1　カリキュラムマップの例

	学習目標 1	学習目標 2	学習目標 3	学習目標 4	合計
科目 a	40%	30%	10%	20%	100%
科目 b	60%	30%	10%		100%
科目 c		30%	10%	60%	100%
科目 d		30%	10%	60%	100%

ンはいくつかあるが、ここでは**表C-1**のように、割合（百分率）で示した例を用いる。カリキュラムマップに基づくことで、複数の科目の成績を利用して学習目標ごとに得点化することが可能になる。

表C-1の対応関係を用いて具体的に説明しよう。例えば学生Xの科目aの成績が80点、科目bの成績が60点だったとする。この場合、学生Xの学習目標1の集約得点は、80点×40％＋60点×60％＝68点となる。このように学生が履修した各科目の成績を、あらかじめ定められたカリキュラムマップをもとに、同じ学習目標に対応づけられた複数科目で重みづけて集約して得点化する。以降では、これを「カリキュラムマップに基づく方法」と呼ぶ。なお、説明に用いた例は極端に単純化したものであり、実際に大学で導入されている計算方法は、単位数を考慮したり、上限を調整したりするなど、もう少し複雑になる。

これを大学独自のシステムによって実装している例として、新潟大学のNBAS（Niigata University Bachelor Assessment System：新潟大学学士力アセスメントシステム）がある（後藤ほか, 2014；新潟大学, n.d.）。同様のシステムを製品として提供している企業もある（例えば、SIGEL（n.d.）の「学修教育成果アセスメントシステム」）。カリキュラムマップに基づく方法は、カリキュラムマップと各科目の成績（評点や評語）さえあれば、集約からレーダーチャートによる可視化まで自動化することが可能であり、実行可能性が高く効率的である。しかし、ミネルバの方法と比較すると、ミネルバの特徴とともに、カリキュラムマップに基づく方法の課題も浮かび上がってくる。

3. どのような評価情報を用いてどのように集約するかの違い

ミネルバでは各科目やプロジェクトにおける学生のパフォーマンスから、教員が5段階のルーブリックで各HCをそれぞれ複数回評価する。すなわち、集約される前の評価情報は、各HCの習熟度に直接紐づけられている。それらを集約することで科目の成績が決定されるため、同一HCの評価情報→HCごとに集約した得点→複数HCsをさらに集約した総合のHC得点＝科目の成績、という順になる。

それに対して、カリキュラムマップに基づく方法では科目の成績が先に

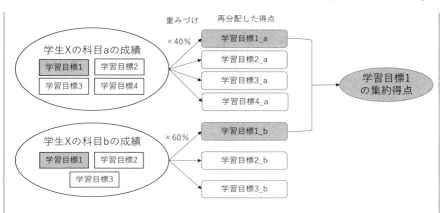

図 C-2　カリキュラムマップに基づく方法における集約のプロセス

ある。通常、大学教育における科目の成績は単一の学習目標ではなく、複数の学習目標の習熟度が反映されていると考えるのが自然である。その成績をカリキュラムマップで示された重みづけにしたがって再分配し、それを集約する（**図 C-2**）。つまり、科目の成績→学習目標ごとに重みづけて再分配→同一学習目標の集約得点、の順である。この再分配された得点は、ミネルバのように各学習目標の習熟度に直接紐づけられる得点とはいえない。

例えば、科目 a において学生 X と学生 Y の成績が同じ 80 点だったとしても、それは複数の学習目標の習熟度が反映された得点であり、学習目標 1 の習熟度が二人の学生で等しいとは限らない。しかし、カリキュラムマップに基づく方法では、科目 a における学生 X と学生 Y の再分配した学習目標 1 の得点は等しくなる。

また、かなり極端な例ではあるものの、表 C-1 の学習目標 2 と 3 にあるように、各科目の重みづけが同じであったとしよう。この場合、それぞれの科目の成績を同一の重みづけで再分配し、それを集約することになる。これは結局、科目 a 〜 d の成績の合計を線形変換することと同じであり、科目 a 〜 d の成績の合計、学習目標 2 の集約得点、学習目標 3 の集約得点の相関係数は全て＋1.0（完全な正の相関）となる。つまり、科目の成績を用

いて学習目標ごとに異なるものを得点化しているはずが、結果的に、測定論上は同じものを測定していることになる。

　実際のところ、科目数は膨大になるし、対応関係も多様になると考えられるため、このような単純なことにはならない場合が多いだろうが、危険性は認識しておくべきである。加えて、そもそものことだが、カリキュラムマップに基づく方法には、各科目の対応関係に従った成績評価が行われているという暗黙の前提がある。しかし一般の大学では、どのような成績評価を行うのかに関しては担当教員の裁量が大きい。そのため、前提が満たされなければ、あるいはそれが満たされたとしても先述したような問題により、配分された得点や集約した得点が、学生にとっても教員にとっても「何を反映しているのかよくわからない」、実態と乖離したものになる恐れがある。つまり、測定の妥当性の懸念である。それに対してミネルバの方法は、同一 HC をターゲットとして複数の場面において厳格に評価したものを、ある意味素直に集約して得点化していることから、妥当性の担保が期待でき、学生にとっても実感しやすいものとなると考えられる。

4. 学年を超えて集約することに関する違い

　カリキュラムマップに基づく方法は、あらかじめ定められた対応関係によって配分や重みづけが規定される。この対応関係の構成次第では、縦断的な成長や変容を捉えられない場合がありうる。例えば、汎用的能力に関係する目標は 4 年間のカリキュラムの前半の科目群に、専門分野固有の能力に関係する目標は後半の科目群に対応づけが集中するといった偏りが生じることがある。当該カリキュラムのシークエンス (順序) を考慮したときに、時系列的な偏りが自然な場合もあるだろうが、カリキュラムマップに基づく方法によって得点化する際には問題が生じる。このような偏りがあると、本来プログラムレベルのものとして扱いたい特定の学習目標の得点が 1 年次にほぼ決まってしまい、それ以降に当該学生がその目標に関して成長していたとしても (習熟度合いが上がっていたとしても)、それがほとんど反映されないといったことがありうる。

　一方でミネルバの場合は、HCs の評価は学年進行にしたがって重みづ

けを増していき、最終の成績評価（すなわちプログラムレベルの学習成果）は卒業時に与えるというタイムトラベル・グレードによって、縦断的に習熟度合いを評価し追跡するというデザインになっている。そのため、1年次に得点が決まってしまうという問題は生じない。

　また、教員からどのHCを適用することが期待されているかは示されているものの、提示されていないHCを学生自身の判断で加えることができ、それも含めて評価されることも重要な点であろう。これは、当該学習目標に関する資質・能力を発揮するタイミングが、あらかじめ大学やプログラム側が定めた対応関係に限定されていないと言い換えることができる。つまり、集約して示される得点に、自身の4年間の学習を構成しようとする学生のエージェンシーが反映される余地が残されており、得点に対して学生自身の責任感を高める機能ももつといえる。

　このようにミネルバにおけるHCsの評価情報の集約の方法は、プログラムレベルの学習成果の得点化における妥当性の担保や、学生の成長や変容の反映といった点から、日本の大学に新たな示唆を与えうるものである。ただしミネルバの方法は、教員に大きな評価負担を課し、科目における評価の裁量を限定しているからこそ実現していることには留意が必要である。

文献

後藤康志・佐藤孝・清水忠明・濱口哲 (2014)「工学教育分野における学習者の自己目標管理の支援：新潟大学主専攻・副専攻制度を事例にして」『工学教育研究講演会講演論文集 第62回年次大会』608-609.

Kosslyn, S. M., & Nelson, B. (Eds.). (2017). *Building the intentional university: Minerva and the future of higher education.* Cambridge, MA: The MIT Press. S. M. コスリン, B. ネルソン編 (2024)『ミネルバ大学の設計書』(松下佳代監訳) 東信堂.

新潟大学 (n.d.)「NBAS概要」(https://www.iess.niigata-u.ac.jp/nbas/outline.html)（2023年7月28日閲覧）

SIGEL (n.d.)「学修教育成果アセスメントシステム」(https://www.sigel.co.jp/products/ assessment.html)（2023年7月28日閲覧）

第3章　授業法

大野真理子・澁川幸加

はじめに

　1995 年以降、世界的に教授パラダイムから学習パラダイムへの転換が起こった。認知科学や教育心理学は「実験室から教室へ」と研究の場を拡げた。我が国でも 2008 年の学士課程答申をきっかけに学習パラダイムへの転換が謳われ、予測不能な時代を生き抜く生涯学習者を育成するために、汎用的能力の育成が重視されるようになった。2014 年から 5 年間展開された「大学教育再生加速プログラム」(Acceleration Program for University Education Rebulding、通称 AP 事業) も追い風となり、全国的にアクティブラーニング型授業と、その評価方法としてパフォーマンス評価の普及に拍車がかかった。2020 年に未曾有の危機として訪れた新型コロナウイルス感染症の拡大は、全国の大学に遠隔授業の実施を余儀なくした。2024 年現在、対面実施を原則とする大学が増えているものの、大規模講義はオンデマンド型で開講されるなど、「ニューノーマル」な教育方法が模索されている段階である。

　ミネルバでは、汎用的能力の育成と評価を実質化するために、すべての授業で「フル・アクティブラーニング (fully active learning)」の実現を目指している。学生の深い関与を促すよう、授業はすべてオンラインかつ反転授業の形式で行われている。その中で重要な役割を果たすのが、毎授業の授業計画である「授業プラン」と、"Forum"というミネルバが独自に開発した学習プラットフォームである。教員の授業設計からふり返りに至るまで、そして学生の事前学習からふり返りに至るまで、全てのプロセスが Forum 上で実現される。Forum がオンライン上の「一つのキャンパス」になるような重要な役割を果たしている

のだ。

コロナ禍を機に世界的にオンライン授業が広く普及した。それでは、テレビ会議システムを用いた一般的なオンライン授業とミネルバの授業では、どのような相違点があるのだろうか。本章では、Forum を活用したオンライン授業にはどのような特徴があるのか？　コロナ下で広がった一般的な同期型オンライン授業とどう異なるのか？　また、フルオンラインでのアクティブラーニングはいかにして可能になっているのか？　そして、学生たちはオンライン授業をどのように受けとめているのか？　このような問いへの応答を目指して、ミネルバの授業の特徴へ迫ってみよう。

なお本章では、ミネルバ大学の創設に関わったコスリンとネルソンによる書籍 (Kosslyn & Nelson, 2017) と、ミネルバ大学の学生たちの語りによって得られた情報をもとに構成する。以降、引用ページ数のみ記されている場合は書籍からの引用を意味する。

第1節　ミネルバにおける授業法の全体像

ミネルバでは、学習の科学 (science of learning[1]) の知見と 21 世紀のテクノロジーを融合させた授業を行い、すべての学生の汎用的能力を育成することを目指している。その手段として、全ての授業が毎回オンラインで実施され、反転授業の形式で行われている。

一般的に、すべての学生を誰一人取り残すことなく、大学が掲げる目標に向けて育てることは容易ではないだろう。教員が授業中にすべての学生に注意を向け続けさせることや、すべての授業科目で毎回、グループワークで活発な議論を展開したり、すべての学生に個別フィードバックを与えたりすることは困難である。ただしミネルバでは、学習の科学の知見とテクノロジーを融合させること、そして授業の質を高く保つために一定の「型」を教員に求めることで、その困難を乗り越えようとしている。一見すると、ミネルバの授業法は、すべ

1　学習科学の定訳は learning sciences だが、ミネルバでは science of learning（学習の科学）と表記されているため、本章では両者を区別して記述している。

第3章 授業法 119

ての授業をオンラインで行うことに対して「尖った」印象や、教員による授業設計の自由度の少ない「硬い」印象を受けるかもしれない。しかしミネルバの授業の意図を読み解くと、学生全員がアクティブに学習に関与すること、様々な状況で汎用的能力を発揮できるような学生を育てることを目指す徹底ぶりにより、このような授業法を取り入れることになったと読み取れる。

本節では、ミネルバの授業の特徴と、その意図について概観していこう。

1. 設計思想

(1) 学習の科学に基づいた授業の設計

ミネルバは「カリキュラムのあらゆる面で学習の科学を体系的に活用している唯一の教育機関」と自称している (p.149)。「学習の科学 (science of learning)」と「学習科学 (learning sciences)」はややニュアンスを異にする。学習科学は、「認知科学を基盤に人の学習過程を明らかにし、理論に基づく実践的な検討を繰り返して、学習理論の構築と質の高い実践のためのデザイン原則を引き出す研究領域」(三宅, 2009) である[2]。一方、「学習の科学」は、より広く、学習についての科学の意味で使われている。ミネルバは認知科学者であるスティーヴン・M・コスリンらと協働のもと、学習の科学から、人はどのように情報を処理し体制化するのか、どのように深い知識を獲得していくのかという研究知見を活用し、授業で学生の汎用的能力を育成することと、遠い転移を実現することを目指した。

ミネルバは授業やForum、評価 (第2章) を設計する際に、それぞれ「原則 (principles)」を設定している。例えば、毎回の授業の活動に取り入れられる粒度の知見を先行研究から厳選した結果、効果的な情報の獲得・保持・体制化を促すための原則として、2つの格率 (maxim) と16の原則をまとめている (表3-1)。

一つ目の格率の「考え抜け」は、注意を払って考え抜くことで記憶の保持と再生がされやすくなることを意味しており、二つ目の格率の「連想を形成し活用せよ」は、連想することが学習内容の体制化や記憶の再生に効果的であることを意味している。ミネルバはこれらの原則を教員間で共有しており、実際

---

2 なお学習科学は、認知科学だけでなく、教育心理学、計算機科学、文化人類学、社会学、情報科学、神経科学、教育学、授業研究、インストラクショナル・デザインなどの多様な学問分野から探究される学際的科学である (ソーヤー, 2018)。

表 3-1　2 つの格率と 16 の原則

```
格率Ⅰ　考え抜け
    1. 深い処理を喚起させる
    2. 望ましい難度を設定する
    3. 生成効果を引き出す
    4. よく考えられた練習に関与する
    5. 同時並行学習を用いる
    6. 二重符号化を導く
    7. 感情を喚起する
格率Ⅱ　連想を形成し活用せよ
  連想を使って情報を構造化せよ
    8. チャンク化を促進する
    9. すでにある連想を土台にすること
   10. 基盤となる学習内容を始めに提示する
   11. 適切な例示を活用する
   12. 暗記ではなく原則に頼る
  豊富な検索手がかりをつくれ
   13. 連想の鎖を作る（ストーリーテリングの活用）
   14. 間隔練習をする
   15. 異なる文脈を確立する
   16. 干渉を避ける
```

(出典) Kosslyn & Nelson (2017, pp.152-160) をもとに筆者要約。

に授業の様々な場面で原則が適用されている。例えば、情報を想起することで記憶が強化されることを意味する「生成効果を引き出す」原則は、授業で頻繁に投票機能を用いた活動が行われていることに繋がっている (pp.175-176)。また、ミネルバの授業では毎回、複数の HC が用いられる。特に初年次のコーナーストーン科目では、学生は特定の HC を何度も異なる問題に対して活用したり、HC の組み合わせを変えて問題解決に取り組んだりする。こうした授業の特徴は、異なる種類の問題を混在させて学習する方が効果的であるという「同時並行学習（インターリーブ）」の原則や、一度に取り組むよりも長いスパンで繰り返し練習する方が効果的であるという「間隔練習」の原則が適用された具体例といえる (p.60)。

　また、授業中の活動をサポートする「関与プロンプト」（後述）は、学習科学研

究において学習者に足場かけをする一つの手法であるプロンプト（例えば、Davis, 2003）の研究を連想させる。反復的な授業設計の改善サイクルは、学習科学の方法論の一つであるデザイン研究（design-based research）を彷彿とさせる。このようにミネルバの授業には、認知科学や学習科学などの知見が活用されている。

(2) フル・アクティブラーニングを目指した授業

ミネルバの授業の特徴を捉える上で重要な概念の一つが、「フル・アクティブラーニング」である。フル・アクティブラーニングとはミネルバが独自に掲げている概念で、「すべての学生が少なくとも75%の時間関与し、教材についての学習をより深く掘り下げたり、強化したりすること」(p.194) を意味する。ミネルバでは、様々な実証研究や調査結果（例えば、Freeman et al, 2014; Kuh, 2003; Kilgo et al., 2015）から、伝統的な講義形式よりもアクティブラーニングの方が有効な学習方法であると考えた。従来の大学では、利害関係や伝統、クラスサイズなど様々な要因で全学的にアクティブラーニングを実施することは容易ではないが、ゼロから大学を作ったミネルバではそれが可能となっている。なお、ミネルバはアクティブラーニングを「学習は、理解 (comprehension)・推論・記憶・パターン認識に関連した認知プロセスに関与する限りにおいて、アクティブである」(p.165) と定義している。定義中の「認知プロセスに関与」とは、表3-1で示した原則のもと学習が展開されることが想定されている (p.166)。

「フル」と強調される背景には、効果的なアクティブラーニングを実践する上での様々な困難を乗り越える意志が読み取れる。一般的に、学生全員が深く学ぶ授業を実現することは難しい。例えば、授業中にインターネットやSNSを見ることに意識が向く学生や、自分が指名される確率が低いとわかるとグループワークに熱心に取り組まない学生がいるなど、学生の注意や学習意欲を維持する難しさがある。グループワークでは、意見が出揃いその後の深め方がわからず時間を持て余す学生や、議論が発散し帰着点に悩む学生を見かける場合もあるだろう。教員側に目を向けると、熱心な学生への指名に偏りがちになる場合も少なくない。ミネルバはこのような少数の学生が権力を持ちうる授業や受動的なグループワークが生じる可能性を乗り越えることを目指している。その象徴として、ミネルバの授業法は「他のみんなは何をしているのだろう？」

(p.168) という問いに支えられている。すなわち、各活動でいま発言や行為をしている人だけでなく、クラスの他の学生がそのとき何をしているのかまで想定した授業づくりが目指されているのである。

(3) 徹底した反転授業

　ミネルバでは学習の科学の知見を活用し、フル・アクティブラーニングを実現するために、すべての授業に「徹底した反転授業 (radically flipped classroom)」を導入している。反転授業とは、主に授業前に情報の獲得(学習文献や動画視聴など)を行い、授業中はその情報をさまざまな方法で活用するための学習に時間を充てる授業形態である(p.175)。ミネルバは、従来の反転授業と「徹底した反転授業」を事前学習時に求める活動によって区別している。すなわち、事前学習時に知識伝達を行い授業中に課題に取り組む方法を「従来の」反転授業と、事前学習中に知識伝達と課題にまで取り組み、授業中に知識の活用をする方法を「徹底した反転授業」と称している(p.11)。

　なぜ、すべての授業で徹底した反転授業が行われているのだろうか。ミネルバは、学生は適切な支援があればコンテンツは自力で習得しうること、授業中は学生が情報の探索・評価・分析・統合する方法を身につけることを重視するべきだと考えている(p.46)。反転授業形式にすることで学生は自分のペースで学習を進めることができるうえ、事前課題に取り組むことで、授業の早い段階で深遠な問いを深める活動を展開することも可能になる。学生全員に対してフル・アクティブラーニングを実現することが、より確実になるのである。

(4) 学習への関与を支援するオンライン授業

　ミネルバの大きな特徴の一つに、すべての授業がオンラインで実施されている点が挙げられる。ミネルバの学生達は共同生活をして同じ空間を過ごしているにもかかわらず、授業はいつもバーチャル空間上で顔を合わせる。なぜすべての授業がオンラインで行われているのだろうか。

　その理由の一つは、フル・アクティブラーニングを実現するための活動の効率化である。教室で行う授業では、グループワークを行うために、しばしば机や椅子の配置を変えたり学生が移動したりするための時間を要する。しかしオ

ンラインにすることで、ボタン一つクリックするだけで、様々な条件に基づいたグループ分けやグループの組み直しが可能になる。物理的な移動が不要な分、効率的に授業を展開できる。また、画面共有機能を用いると、学生の成果物をすぐに全員へ共有することができる。従来の教室だと、学生の発表が見えづらい・聞き取りづらい場所が存在するが、オンラインだとその心配も不要になる。

二つ目の理由は、学生のパフォーマンスの情報を収集・蓄積・活用し、毎授業のフィードバックと4年間を通じた学習の記録へつなげるためである。ミネルバでは毎授業のパフォーマンスがビデオで録画され、授業終了後、学生一人ひとりに対してHCの活用等に関する評価やフィードバックが行われる。Forumに蓄積される学生の4年間の学びのデータは、学生が自身の学習を調整するためだけでなく、授業やカリキュラムを改善するための資料にもなる。ここで重要なのは、すべての授業のデータの収集・蓄積・活用を、一つのプラットフォーム上で実現している点である。従来の大学では、LMS（Learning Management System：学習管理システム）上でのフィードバックを好む教員もいれば、配布した紙にふり返りを記入させることを好む教員もいるだろう。また、LMSと成績処理システムが異なり、そのデータ連携が容易ではない場合もあるだろう。ミネルバでは一つのプラットフォーム上で授業を行うという縛りはあるが、その代わりに、学生にパフォーマンスに基づいたフィードバックを提供することや、4年間の学習を意味ある形で蓄積する恩恵を得ることが選択されている。

2. 授業の流れ

次に、ミネルバの授業の流れを見ていこう。**図3-1**は、ミネルバ大学での1回の授業の流れと、その前後に行われる活動を示したものである。なお、授業中に活用されるForumの機能の詳細は第3節で述べる。

（1）授業前

授業前に学生は、Forumで配布されている教材（読み教材やビデオなどメディアの形式は問わない）をもとに、知識の習得と事前課題に取り組む。その際、Forum上で教材とともに提示された、各読み教材やビデオを「なぜ用いるのか」という記述（"why/use" statement）や、学習する時の焦点や答えるべき問いが書か

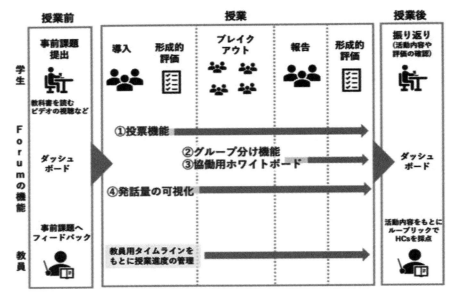

図 3-1 ミネルバ大学における授業の流れと活用される Forum の機能
(出典) 筆者作成。

れた「スタディガイド」をもとに学習する (p.194)。スタディガイドには例えば、学生に重要用語の定義を聞く、理論の主な内容を要約させる、二つの文書を比較・対比させる、などの行為動詞が示されており、学生はどのような認知プロセスを想起させて学習に取り組むと良いかがわかるようになっている。

事前課題は、個人もしくは小グループで授業前に準備することが求められる。事前課題では例えば、授業中に議論されるであろうことに対しての賛否両論の準備や、データセットを分析して授業内で論評される仮説を生成することが求められる (p.194)。学生が事前課題に予め取り組むことで、授業中に内容を深める活動に多くの時間を割くことが可能となる。

(2) 授業
授業は次の流れで構成される (pp.200-201)。
はじめに、教員が今日の授業の学習成果と活動の学習目標を紹介したり、事

前教材に関する質問を投げかけたりする。その後、投票機能を用いて事前学習の理解を問う形成的評価 (a preparatory assessment poll) が行われる。教員はこの形成的評価の結果からクラス全体が授業で扱うキー概念を理解しているかどうかを把握し、必要に応じて後の授業の流れを調整していく。

　次に、グループワークや全体での議論、各グループの成果の報告など2〜3の活動に取り組む。なお、「ブレイクアウト」というオンライン上でグループ分けできる機能では、冒頭の投票機能の結果をもとにグループを組むことも可能である。学生は「関与プロンプト」を適宜活用しながら、グループワークを通して学習内容を深めていく。教員は活動中、すべての学生がフル・アクティブラーニングを実現するよう導いていく。具体的には、Forum の学生の発話量が可視化される機能を用いてあまり発言していない学生に意見を求めたり、グループワーク中は各グループの部屋を巡回して活動の様子を見守ったり必要に応じて助言を行ったりする。

　最後に、まとめのセッションが行われる。まず、活動内容の「締めくくり」として、活動の学習目標に直接つながり、単なる Yes/No の答えを持たない「中心的質問 (focus questions)」が投げかけられる。中心的質問 (例えば、それぞれの論理的文章はトートロジーですか？　矛盾文ですか？　不確定な文ですか？) の回答や、その回答に対する議論を通して、学習内容に関するまとめが行われる (p.196)。その後、授業最後の5分程度は、投票機能を用いたふり返り (reflection poll) が行われる。そこでは、「今回の授業で焦点が当てられた概念の中で最も挑戦しがいのあったものは何ですか？　それはなぜですか？　具体的な場面を一つ挙げて回答しなさい」や、「新しい HC の活動での使われ方について比較・対比しなさい。どんな共通点があり、何が異なっていましたか？」など、議論を通して積極的に考えを巡らせたことではじめて回答できるようなふり返り用の問いが用意されている。このような質問に答えるために学生は、単に思い出すだけでなく、授業中のさまざまな場面を比較検討したり、弁明できるような評価をしたりすることが求められる (p.175)。

(3) 授業後
　授業終了後、教員は録画された映像など活動内容をもとに、学生全員の到達

度や HC のパフォーマンスをルーブリックで採点する。学生は Forum 上で教員からのフィードバックや HC の到達度、自分が提出した課題などを確認することができる。また、教員自身も今日の授業の手応えなどのふり返りを Forum に記録し、授業改善へ活かすための記録を行う。

3. フル・アクティブラーニングの実現を目指した学習環境

ミネルバではフル・アクティブラーニングを実現するために、次のような工夫が施されている。

(1) 事前学習の支援

反転授業では事前学習が授業の前提を担うため、教員のいない環境下で学生が事前学習の内容を理解できるよう支援することが重要になる。

先述したように、ミネルバでは事前学習時に、各読み教材やビデオを「なぜ用いるのか」という記述や、学習する時の焦点や答えるべき問いが書かれた「スタディガイド」を提供している。また、事前課題も課すことで、事前学習に取り組む外発的動機づけとなっている。反転授業では時に「事前にビデオさえ視聴させておけばよい」と、事前学習中の学習プロセスにまで思いをはせた授業設計がなされないことがある。ミネルバでは事前学習中の学び方も考慮した授業設計をすることで、学生に対し事前学習の内容理解を支援し、授業中のフル・アクティブラーニングの実現につなげようとしていることが窺える。

(2) ステップと活動

フル・アクティブラーニングを実現するためには、学生の注意を授業に向け続けることも求められる。ミネルバでは授業展開のマンネリ化や学生の注意が低下することを防ぐために、さまざまな種類の活動を取り入れるようにしている。具体的には、学習目標に到達するために効果的な「ステップ」や、特有のステップの連なりを「活動」として同定し、授業設計で再利用可能なようにテンプレート化している。「ステップテンプレート」の例としては、「これから実施するブレイクアウトでの議論の紹介」「議論や報告のために、学生のグループを画面に映し出す」などがある (p.228)。「活動テンプレート」では、例えば、ディ

第3章 授業法　127

ベートやロールプレイ、ピア・インストラクション (Mazur, 1997) などの活動が
登録されている (p.169)。これらのテンプレートは授業設計システムであるコー
スビルダー上で表示され、教員が授業設計の際に選べるようになっている。

（3）関与プロンプト

　ミネルバではフル・アクティブラーニングを実現するために、学生が授業に
関与することを支援する「関与プロンプト (engagement prompts)」が作成されてい
る (pp.171-172)。これは様々な分野や科目で使用可能なものである。関与プロン
プトには「ローリング（発言回し）」と「総括的」の2種類がある。

　ローリング・プロンプトとは、「他の学生の貢献に即座に反応する必要があ
るため注意を払うよう、学生に求めるもの」(p.171) である。例えば、学生に対
して「あなたが指名されたら、前の学生の指摘について○○（授業で扱う文献の
著者など著名人）ならどう答えるか、説明できるように準備せよ」と投げかける
(p.171)。授業冒頭にローリング・プロンプトを示すことで、学生は次の活動を
意識した上でグループワークに取り組むことができる。

　ただしミネルバは、ローリング・プロンプトのみだと一度指名された学生
はすぐにまた指名される可能性が低くなり、注意力が低下しかねない欠点があ
ると指摘する。そこで、総括的な関与プロンプトとの併用が重要になる。総括
的プロンプトとは、学生が活動後に提出する「回答」に関わるもので、活動の
総括に関わる問いかけといえる。例えば、「どのブレイクアウト・グループが
ベストな成果物を作ったか？」「あなたが選んだものが他のものより優れてい
る理由を説明せよ」「活動を通して得られた重要なポイントを要約せよ」などの
問いかけが行われる (p.172)。学生が総括的プロンプトに回答した後、教員はし
ばしば、不十分な回答を書いた学生や、卓越した回答を書いた学生を指名する。
自分の回答を発表する可能性があるという社会的なプレッシャーがあることで、
筋の通った回答を書けるように授業に集中して取り組むよう促すことを意図し
ている。また、不十分な回答を提示し修正することで、クラス全体の誤解を解
消することも意図している。

　このように関与プロンプトは学生に対し、これから取り組む活動に目的を
持って取り組むことや、たとえ指名されなくとも活動に集中して取り組むこと

を支援しており、「他のみんなは何をしているのだろう？」というフル・アクティブラーニングを支える問いに対応する役割を果たしているといえる。

第2節　授業設計の舞台裏

　ミネルバでは、「コースビルダー」とよばれる Forum と連携したシステム上で、シラバスと授業プラン（1 コマあたりの授業設計）が作成される。本節ではミネルバがどのように授業を設計しているのか、その舞台裏をみていこう。

1.　授業設計の流れ

　まずは授業設計の具体的なイメージを掴むために、シラバスおよび授業プランの設計の流れをみていこう。

(1)　シラバスの設計

　ミネルバではシラバスが入念に作成される。シラバスの量は 15 週間の学期に対して片面印刷 20 ページ以上になることもある (p.223)。なぜこれほど入念にシラバスを作成するのであろうか。それは、シラバス作成が評価とフル・アクティブラーニングを実現するための活動の基礎を作るからである。

　シラバス作成では、セメスターを通常 3 〜 4 週間単位のユニットに分割し、各ユニットでの目的、扱う特定のトピック、文献や課題、科目の目標、各回の授業セッションで扱われる学習成果（HC や実践知につながるスキルと知識）をコースビルダーに入力する。教員がシラバスを作成した後、学部長による内部査読が行われる。全体的な概要から評価で使うルーブリックの記述など個々の内容が確認され、コースビルダー上でフィードバックが与えられる。学部長がシラバスの草稿を承諾した後、そのシラバスは PDF ファイルで出力され、外部の大学の専門家による外部査読が行われる。外部の査読者からのコメントも同様に、教員のコースビルダー上に届くようになっている (pp.223-225)。

(2)　授業プランの設計

　教員はコースビルダー上で「授業プラン」の新規作成画面を開くと、その回

の授業の学習成果（HC）や必要な文献や教材などの情報が自動的にシラバスから反映され表示される。シラバスは既に査読を受けているため、最初に自動表示される情報を編集することはできないようになっている（p.233）。

　その後、授業の全体の目的および活動の概要、事前学習の詳細（事前学習時で使用する教材を用いる意図や事前学習時の着目点、事前課題）、授業中の活動の詳細を設定していく。画面にはステップテンプレートや活動テンプレート、関与プロンプトのリストが表示されている（p.231）。教員はそれらを活用しながら、ステップや活動を組み合わせて授業の流れを構成し、おおよそ1回の授業で2〜3の活動が含まれるように設計していく（p.234）。その際、教員は「問題解決」「ライティング」など活動のタグ付けを行う（p.169）。このタグは大規模でのプログラム評価で用いることができるメタデータとして機能する。なお、コースビルダーにはスライドを作成できる機能もあり、教材作成も一つのプラットフォーム上で完結することが可能である（p.234）。

　授業プランの設計が終了すると、科目担当者により査読が行われる。査読者が承認し「発行」ボタンを押すと、設計した情報がForumに自動的に反映される（p.235）。すなわち、Forumに事前課題がアップロードされたり、授業時間にForumを開くと、授業プランで設定していた投票機能を使用したり、教員画面で授業の進度状況を確認できるようになったりするのである（詳しくは第3節参照）。

　なお、授業プランは授業後も活用される。ミネルバでは授業終了後、教員が今日の授業の手応えに関する簡単なふり返りをコースビルダーに記録する。そのコメントは科目開発者に確認され、科目担当者同士のミーティングや科目の改訂で活用される（p.185）。また、ミネルバでは週に一度、コーナーストーン科目を担当する教員が集まり、授業のふり返りと今後2週間の授業の検討を行うミーティングが開かれる（詳しくは第5章参照）。会議で決まった重要事項は授業プランノートに記録され、実践に基づいた改善が次の授業設計へ活かされる仕組みになっている。

2. 授業設計の特徴

　ミネルバの授業設計には、次のような特徴がある。

　まず、協働的かつ多段階的にシラバスと授業プランが作成されるという特

徴がある。ミネルバでは教員がシラバスや授業プランの草稿を作成した後、他の科目担当教員や学部長がそれを査読する。教員は査読者に承認されるまで、フィードバックをもとに計画を改訂していく。なお、科目のデザインをする人と実際に授業を行う人は分化しており (p.189)、前者が「作成者 (author)」、後者が「授業者 (instructor)」と呼ばれている (p.223)。ミネルバには Forum やコースビルダーなど独自システムの開発を担うエンジニアリングチームも設定されている。教員たちの効率的で効果的な授業設計を支えるために、エンジニアリングチームと教育を担うアカデミックチーム間で協働し、コースビルダーの改善も行われている。

　次に、効果的な授業デザインやベストプラクティスを再利用できる形で提供し、授業に組み込みやすくしているという特徴がある。コースビルダーには「ステップテンプレート」や「活動テンプレート」のリストがあり、教員は特定の活動を選択するだけで、授業の活動を設計できる。さらに各活動の隣には「関与プロンプト」の入力欄が設けられており、例えば数名の学生が教員からの質問に答えている間、他の学生は何をしているのかを明示するよう促される。

　続いて、授業プランを作成することで、Forum の環境設定が自動化されるという特徴がある。教員が授業プランを作成する画面上で、活動の順序や各活動に費やす時間、どのような条件でグループ分けを行うかなどの設定をし終えると、その設定が Forum に自動的に反映される。教員は新たな準備をする必要なく、授業中に進度を確認したり、設計していた問いの投げかけやグループ分けを行ったりすることができる。

　最後に、シラバスおよび授業プランの査読制度や、コーナーストーン科目に関わる教員の週1回の会議などにより、実践のふり返りと改善のサイクルが構造化されているという特徴がある。フィードバックやふり返りも Forum 上に集約されるため、改善へつなげやすくなっている。これら特徴からは、学習の科学やテクノロジーの力を活用しつつも、協働とエビデンスに基づいて学生に最善の授業を提供しようというミネルバの姿勢が窺える。

　以上のようにミネルバでは、シラバスと授業プランの設計を入念に行っている。そして、授業の設計・実施・評価を一つのプラットフォーム上で行うことにより、各段階での活動が有機的に相補的に機能することにつながっている。

第3章 授業法 **131**

第3節 オンライン授業を支えるプラットフォーム

　これまでにみてきたように、フル・アクティブラーニングは、ミネルバ大学での学びを語る上で重要な概念であり、すべての授業をオンラインで実施するという選択をした理由の1つでもあった。このオンライン授業の実施にあたって重要な役割を果たすのが、Forumという独自に開発された学習プラットフォームである。2020年以降、新型コロナウイルス感染症の影響により、世界中の大学は、はからずもオンライン授業への移行を迫られた。いまやオンライン授業そのものは珍しくない中、ミネルバ大学のオンライン授業を支えるForumには、既存のオンライン会議システムとの間でどのような異同がみられるのだろうか。本節では、Forumの設計思想や、授業時間内外で用いられるForumの機能について詳しくみていこう。

1. Forum の設計思想

(1) Forum 開発に課せられた3つの重要な条件

　Forumの開発にあたっては、学習の科学をはじめとする様々な先行研究によってもたらされた知見が活かされている。そのような先行研究を踏まえ、実際の開発にあたっては、「①すべての学生が教員の隣に座っているように感じる」、「②テクノロジーの存在を消す」、「③個別のフィードバックや改善のために授業での経験を記録する」の3つが重要な条件とされた (ch. 15)。

　まず、「①すべての学生が教員の隣に座っているように感じる」という観点からは、講義型の授業を受動的に聞く学生よりも、アクティブラーニング型の授業に能動的に参加する学生の方がはるかによく学ぶということがわかっていたため、どうすればそのような環境が構築できるかを検討することが求められた。その結果、Forumでは、教室の後列が存在せず、教員から隠れたり離れて着席したりする術もなく、教員と学生が、クラスにいる全員をよく見渡すことができるような工夫がプロダクトデザインに組み込まれた。また、「②テクノロジーの存在を消す」という観点からは、授業の焦点はあくまで学生と教員のディスカッションにあることから、授業とは無関係な機能やインターフェイスを取り除くことによって、学生の焦点がテクノロジーに向かないようにする必

要があった。最後に、「③個別のフィードバックや改善のために授業での経験を記録する」という観点からは、後述するように、授業後の教員からの個別のフィードバックや改善のために授業をすべて記録する機能を搭載することが求められた。

(2) 一般的なオンラインプラットフォームの枠組みを超える

また、Forum は単なるテクノロジープラットフォームではない[3]。ミネルバ大学の教育理念とアプローチをサポートし、促進するものでなければならない。すなわち、対面式のクラスを単にオンラインにすればよいというものではなく、従来の教室や他のデジタル学習ツールにはない利点を有する必要があった。

加えて、情報共有のための一方的な伝達手段やビジネス会議ツールの再利用ではなく、学生と教員の双方に深い魅力のあるデジタル体験を提供するものでなければならない。そのため、科目全体、各回の授業の多様性の両方を可能にする複数の学習モダリティを備える必要がある。さらに、データ収集機能で、リアルタイムのフィードバックと分析を実現し、学生だけでなく、教員自身も自分のパフォーマンスから学ぶことができるような、データに基づく指導と分析の実現も求められる。そして、教員やカリキュラム設計者が、シラバス・授業プラン・課題を作成でき、科目・分野・文脈を越えた学習成果の習得を可能にするような、さらには、科目を越えて学習成果をより深く統合し分析できるような、構造化された授業プランの作成が可能であることも重要である。

それでは、このような設計思想に基づいて設計された Forum には、どのような機能が実装されているのか、具体的にみていこう。

2. Forum の主な機能

(1) 授業時間中に活用される Forum の主な機能

はじめに、授業時間中に活用される Forum の主な機能を紹介しよう。

---

[3] ミネルバ大学ウェブサイト（https://www.minervaproject.com/our-approach/forum-learning-environment/）（2023 年 7 月 3 日閲覧）より。

①記入提出・投票（polling and voting）

　Forum には、記入提出・投票 (polling and voting) という、自由記述式や多肢選択式の投票機能が実装されている（**図 3-2**）。まず、授業の冒頭で事前学習の理解度を確認するために実施され、その後も授業の進行に従って、学生の理解度を把握し、適切な評価やフィードバックにつなげるために適宜実施される。本機能では再投票が可能であり、前回の投票から考えを変えた学生がいれば、それが誰かをすぐに特定することができる。このように、授業時間の経過とともに学生のリアクションの変化を捉えることが可能な機能である。

図 3-2　記入提出・投票

（出典）ミネルバ大学ウェブサイト（https://www.minervaproject.com/our-approach/forum-learning-environment/）（2023 年 7 月 3 日閲覧）

②ブレイクアウト・グループ（breakout groups）

　Forum 上でブレイクアウト・グループ (breakout groups) 機能を使うと、ボタン 1 つで学生をグループに分けることができる（**図 3-3**）。また、投票機能の結果ごとにグループを分けることも可能である。従来の教室であれば、グループ分け、学生の席の移動などに時間をとられてしまうが、Forum 上であれば瞬時にできるのである。

134

図3-3　ブレイクアウト・グループ

(出典) ミネルバ大学ウェブサイト (https://www.minervaproject.com/our-approach/forum-learning-environment/)（2023 年 7 月 3 日閲覧）

③協働用ホワイトボード (**collaborative whiteboards**)

　協働用ホワイトボード (collaborative whiteboards) は、ミネルバ大学の教授法に適した同時編集可能なエディタである (**図3-4**)。グループワークの際など、教員も編集中の画面を閲覧することができる点に特徴がある。なお、Forum に実

図3-4　協働用ホワイトボード

(出典) ミネルバ大学ウェブサイト (https://www.minervaproject.com/our-approach/forum-learning-environment/)（2023 年 7 月 3 日閲覧）

装されていないリソースを使用する場合は画面共有を活用することで、特定のツールにとらわれずに学生が自らの学習成果を示すことが可能となっている。

④トークタイム（Talk Time™4）

トークタイム（Talk Time）とは、学生の発話量を色で可視化するツールである。例えば、平均より発話量が多い学生であれば、当該学生の映像の上に青色のオーバーレイが表示される。同様に、平均的な発話量の学生には緑色の、平均より発話量が少ない学生にはオレンジ色のオーバーレイが表示される[5]。教員は、この色を参考にして、発話量の少ない学生を指名する、あるいは多い学生の発言を控えめにするなど、すべての学生に対して授業中における一定の発話量を確保することができる（図3-5左）。

また、教員は、ブレイクアウト・グループでの学生の活動も把握することができ、各ルームでの進捗状況等にリアルタイムでアクセスすることが可能である（図3-5右）。このようにして、Forum は、すべての学生が授業へ関与することを支援するのである。

図 3-5　トークタイム（左：発話量の可視化、右：ブレイクアウト・グループ）

（出典）ミネルバ大学ウェブサイト（https://www.minervaproject.com/our-approach/forum-learning-environment/）（2023 年 7 月 3 日閲覧）

4　Talk Time™ が正式の表記だが、以下では Talk Time と表記する
5　図3-5左について補足すると、カラーの画面では、中央の画面に表示されている3つのアイコンのうち、左側が平均より発話量が少ない学生（オレンジ）、中央が平均的な発話量の学生（緑色）、右側が平均より発話量が多い学生（青色）の色をあらわしている。そして、画面上部に並んでいる学生たちの顔を映した映像の上に、それぞれの色でオーバーレイが表示されている。

(2) 授業時間外に活用される Forum の主な機能

次に、授業時間外に活用される Forum の主な機能を紹介しよう。

①授業後の評価・フィードバック

Forum の機能は、教員による授業後の評価・フィードバックの場面においても重要な役割を果たす。ミネルバ大学では、教員はルーブリックに基づき学生のパフォーマンスを評価するが、文脈の中での形成的な評価・フィードバックを提供する必要がある。すなわち、学生の発言や応答などに紐づいた評価・フィードバックであることが望ましい。Forum には、そのような評価・フィードバックを実現するために、教員を支援するための機能が実装されている。

例えば、ミネルバ大学ではすべての授業が録画されているが、Forum には、録画されたデータから学生の発言のスクリプトを自動生成する機能が実装されている。この機能を用いることで、教員が形成的評価をする際、録画を見直すことができるだけでなく、特定のスクリプト、すなわち特定のパフォーマンスに紐づけて、評価やフィードバックを返すことも容易にできるのだ[6]。このように教員は、Forum の機能を活用することで、投票の結果や授業時の特定の発言等、様々なレベルで評価を行うことができるようになっている。

そして、学生たちも、この評価・フィードバックを確認するために Forum にアクセスする。学生たちに、授業時間外ではどのようなときに Forum を使うことが多いかを尋ねたところ、次の授業に向けた課題の準備、シラバスやスタディガイドの確認といった事前学習に関する機能を活用するという意見があがった。しかし同時に、これまでの授業に対する教員からの評価やフィードバック、成績の確認をするという意見もあがっており、中には録画を見て授業の復習をするという学生もいた（Int. BA-4、Int. BA-5、Int. BA-6、Int. BA-8）。

②オフィスアワー

ミネルバ大学では、オフィスアワーも Forum 上で実施する。オフィスアワーの実施頻度は科目によって異なるが、多くの場合、事前予約の必要はないという（Int. BA-6）。事前に教員とアポイントメントをとる必要がある場合は、Slack や E-mail といった Forum 外のツールを使って教員と連絡をとり、オフィスア

---

6 ただし、ブレイクアウト・グループでの発言内容は録画されていないため、評価の対象外となる。

第 3 章 授業法 **137**

ワー自体は Forum 上で実施する (Int. BA-4、Int. BA-5、Int. BA-8)。

オフィスアワーの活用例として、学生は、教員からの評価が想定していたよりも低かった場合に、改善のためにどうすればよいかを教員に尋ねるなど、より詳しいフィードバックを得るために使う。また、このやり取りを通じて、評価の見直しが行われることもあるようだ (Int. BA-8)。

3. Forum の特徴──既存のオンライン会議システムとの異同──

以上を踏まえ、既存のオンライン会議システムと比較した場合、Forum にはどのような特徴がみられるのかを検討してみたい。

第一に、オンライン会議システムとしての機能だけではなく、LMS としての機能を備えた学生・教員双方をサポートするツールであるという点である。授業時間中だけでなく、授業設計から評価といった授業時間外での活動も含めて、一貫して管理することができる点に特徴がある。第二に、既存のオンライン会議システムにはない、深い関与を促すための独自機能を備えているという点である。具体的には、トークタイムなど、学生のエンゲージメントを促す機能を搭載しているほか、他の外部ツールと組み合わせなくても協働作業ができる機能を搭載しているなどの工夫があげられる。第三に、学生のパフォーマンスと評価を紐づけるための機能を実装しているという点である。具体的には、授業中のすべての記録を録画し、スクリプトを自動生成する機能を搭載するなど、授業を見返し、スクリプトと紐づけながら、教員が学生のパフォーマンスを評価することを支援する機能を備えている。

しかしながらコロナ禍の影響で、大学などの教育機関ではオンライン授業が、企業ではオンラインを活用したリモート会議が一般化していくにつれ、既存のオンライン会議システムも発展し、発話量を可視化するツールを搭載したシステムも開発されている[7]。このように機能面では、従来のオンライン会議システムも Forum に追いつきつつあるが、そのような状況下であっても Forum には特筆すべき点がある。それは、ミネルバ大学での学びを実現する上で必要

---

7 例えば、話し合いをリアルタイムで自動分析する Web 会議システムとして、Hylable (https://www.hylable.com/remote/) (2023 年 10 月 4 日閲覧) が製品化されている。

なすべての機能を1つのプラットフォームにまとめたということだ。原則として Forum に実装された機能で授業設計・実施・評価といったあらゆる活動を完了できること、そしてそのために必要な機能はすべて搭載し、不要な機能は削ることによって、学生と教員双方のパフォーマンスを最大限に引き出す工夫がなされているのである。

第4節　学生からみたオンライン授業

　徹底した授業設計に基づいた、フルオンラインによるアクティブラーニング型授業を展開するミネルバ大学であるが、一般に、オンライン授業では、学生間のコミュニケーション不足といった懸念事項も示されている。本節では、学生へのインタビュー調査をもとに、学生がミネルバ大学のオンライン授業をどのように捉えているのかをみていこう。

1. オンライン授業における懸念事項

　一般に、オンライン授業では、人間関係の構築、身体性の制限、ライブ配信の限界といった様々な懸念事項が想定されている。具体的には、まず、他者と実際に対面する機会が減少することで、コミュニケーション不足により人間関係の構築に困難を抱える学生が現れることが想定される。次に、身体性という点からは、ジェスチャーなどの非言語コミュニケーションが制約を受けること、教室を見渡せないこと、カメラをオフにされると相手の様子がわからないことなどがあげられる。さらに、オンライン会議システムを使ったライブ配信では、例えばカメラを見れば相手の顔が見えず、相手の顔を見れば自分の視線は相手と合わないといったように、同時性があるようで微妙なズレが生じるという限界がある（袁・松尾, 2022）。

　一方、ミネルバ大学のオンライン授業ならではの懸念事項として、授業中のあらゆる活動が記録され、常に評価にさらされ続けるという特性から、学生たちがたえず「監視されている」という不安を抱く恐れがあるのではないかということが考えられる。

　では、実際にミネルバ大学の学生たちは、さまざまな懸念事項が想定される

オンライン授業をどのように捉えているのだろうか。具体的には、「①学生間のコミュニケーション機会の不足の補い方について」、「②身体性が制限されることについて」、「③あらゆる活動を常に評価され続ける（監視される）ことについて」の3つの観点から、それぞれどのような工夫をしているのか、あるいはどのように感じているのかを語ってもらった。

2. オンライン授業における懸念事項と学生

（1）学生間のコミュニケーション機会の補い方

　まず、不足する学生間のコミュニケーション機会をどのようにして補っているのかについては、次のような、寮生活をはじめとしたオフラインでの対人関係を重視しているという語りが得られた（語り 3-1、語り 3-2、語り 3-3）。

語り 3-1　オフラインのつながりも大事にする大学

> ミネルバはすごくオフラインのつながりも大事にしてると思います。授業はオンラインで、もうほんとに**効率良く知識を与える分、授業外では、もうとことんオフラインでいろんな人と、その場で対人関係を築いてほしいっていうメッセージはよく学校から来ます。**それが寮生活だったり、あるいは休み、休暇中、みんなでどっか一緒に行くとか、対人関係もすごく大事にしてるなと思います。（学生 G、3 年次、Int. 14）

語り 3-2　生活をともにすることで深まる交流

> 実際にそのやっぱり、全部オンラインだったらきつかっただろうなっていうのは、生活を通して交流が深まるっていうのはすごく強いと思ってるので。**授業だけじゃなくて、そこ以外での交流、雑談でもいいですし、一緒に何かするとか、一緒に生活するっていう、そこでの交流っていうのはすごく人間関係を強くする**なっていうのは感じている状態です。（学生 A、3 年次、Int. 15）

語り 3-3　クラスメイトとの対面の時間を大切にする

> クラスメイトと顔を合わせる対面活動の時間を大切にしたいので、対面で課外活動で知り合った仕事仲間との関係を深めることはあまりしていません。**もちろん、ク**

ラスメイトとはオンラインよりもオフラインで付き合ったほうがいい。街をぶらぶらしているのは多いですね。……基本的に食事や飲みに行く以外に、公園に行ったり、実際に街を歩いたり、夜遅くまで歩いたりすることもよくあることです。（学生 H、3 年次、Int. 17）

　これらの語りからみえてくるのは、大学としてもオフラインの繋がり・対人関係を重視していること、そして、寮生活といった授業時間外での交流の場が人間関係を強くしていることである。授業時間中には、雑談のような学生間で交流する時間は用意されていないため、オフラインでのつながりを大切にしてクラスメイトとの交流を深めるのだ。ここには、オンライン授業への参加だけでは不足する学生間交流を、オフラインの付き合いで補おうとする、学生たちの姿が窺える。
　一方、学生 E のように、SNS や大学のイベントを活用してネットワークを広げようとする工夫もみられた。学生 E は、収集したイベント情報を SNS でシェアすることでネットワークを広げ、大学が主催するイベントへの参加を通じてクラスメイトと仲良くなるチャンスを得ようとしている（語り 3-4）。このような交流が、オンライン授業のやりやすさにつながることもあるようだ。

語り 3-4　SNS や大学のイベントを通じたネットワーク構築

Meetup とか、Event Guide とかそういうアプリがあって、そういうところにいろんなイベントの情報みたいのがすごいずらーーっと載ってて、例えば私の興味あるものだったら、……クラス LINE みたいな、オンラインの LINE みたいなのを使ってみんなに共有したりとか、例えば私だったら、**文系のグループがあるんですけど、文系の人これ興味ある人ほかにいない？みたいな感じで紹介したりして、頑張ってネットワークを広げている感じです。**……City Experience っていうのがあって、それはなんか、1 日だけ誰か偉い人とかを呼んで、どっか、例えば博物館だったりとかに連れてってもらって解説してもらうみたいのがあって、……そういう大学の行事があるたびに、全然最近見てなかった生徒とか、クラスメイトとかもみんなやって来るので、そういうときに少し、意外と気が合うじゃんとか、仲良くなったりとかそういうチャンスみたいなのがあります。（学生 E、3 年次、Int. 16）

第3章　授業法　141

（2）身体性が制限されることについて

　次に、オンライン授業における身体性の制限という懸念事項に関して、学生たちはあまり問題を感じていないようであった。それは、上述した寮生活等のオフラインでの交流を通して、人間関係や信頼関係がすでに構築された仲間と授業を受けているためである。つまり、オフラインでの人間関係の構築を前提としたオンライン授業であるため、身体性が制限されたオンライン授業であっても、あまり制約や問題を感じていないといえる。また、構築ずみの人間関係のほかにも、ミネルバ大学のオンライン授業には、オンライン授業がもたらす可能性のある制約や問題を感じさせないような工夫がされていることも大きい。具体的には、リアルタイムの同時双方向型の授業に限定されていること、20人未満の少人数クラスであること、カメラをオンにすることが必須であることなどの特徴があげられる（袁・松尾, 2022）。

（3）活動を評価され続けることについて

　最後に、あらゆる活動が常に評価にさらされることについて学生はどのように感じているのだろうか。この点について、語りからは、データで示されるHC得点から現状を把握し、今後の計画を練ろうとする学生たちの姿が窺えた（語り 3-5、語り 3-6、語り 3-7）。

語り 3-5　自分がもっともよく使えている HC を把握する

> **[Forum を見ながら]transfer も含めて、1 番そのどんだけ使えてるかみたいなのが、出てくるのがこのやつなんですけど、**……観察実験の手法の話とか、……科学的な仮説の立て方の話とか、そういうのは、基本気遣ってますし、あと #plausibility っていうのは、仮説を作る前に、どういう証拠に基づいているかみたいな話とか、……#breakitdown とか、#rightproblem を使う人は多い。（学生 G、3 年次、Int. 14）

語り 3-6　成績がよくない HC を把握して改善する

> **あんまり transfer できてない HCs とかが、どこに集中しているか、あまり成績のよくない HCs がどこにあるのかっていうのを考える。**全体的に見ると、僕は Formal

Analysis（FA）のデータ分析のところの HCs をあまり定義させられてないっていうのが、実際にデータとして出てるので、そこら辺はちょっとがんばって意識的にトライしていかないといけないなっていうのがある。（学生 A、3 年次、Int. 15）

語り 3-7　苦手な HC・コツをつかみはじめた HC

苦手な HC がほとんど変わってないと思います。#algorithms、#decisiontrees とか、本当に使ってなくて、使う機会もなくて実際それ使う授業に対しても全然興味がないので、だからそれは全然変わってないんですけど、**書く系の HC……すごい、最近、コツをつかんできたなって思うことがあって。**（学生 E、3 年次、Int. 16）

　つまり、多くの学生が、Forum が示す HC 得点の推移をもとに、自らの強み・弱みを把握しているのである。ここからは、ミネルバ大学の学生たちは、常に評価されることを「監視される」と捉えるのではなく、適切な評価を得るための手段として認識している可能性が示されたといえよう。

第 5 節　ミネルバにおける授業法の特質

　ここまで、オンライン授業の設計から実施、実施後の評価までの全体像を概観し、オンライン授業を支えるプラットフォームの機能、学生がオンライン授業をどのように受けとめているかをみてきた。これらを踏まえて、ミネルバ大学における授業法の特質についてまとめておこう。

　第一に、ミネルバ大学がすべての授業をオンラインで実施する意図である。1 つは、オフラインでは困難なフル・アクティブラーニングを可能にすることであり、もう 1 つは、学生のパフォーマンスの情報を収集するためである。これにより、すべての授業で目標・活動・評価に整合性がうまれ、4 年間をかけて確実に汎用的能力（HC）を育成することにつながっている。

　第二に、学生を学習に深く関与させるための授業設計上の工夫である。ミネルバ大学では、反転授業を導入することで、学生が授業中に深く関与する準備ができるようにしている。その準備は、事前学習時に目的やスタディガイドに示すことによって実質化されている。また、形成的評価や締めくくりを通

じて、段階的に理解を深める問いが設定されている点にも特徴がある。さらに、Forum の各種機能（記入提出・投票、ブレイクアウト・グループ、トークタイム等）により、教員がすべての学生の学習状況を把握し、すべての学生が学習に関与することを可能にしている。

　第三に、既存のオンライン会議システムを超える Forum というプラットフォームを開発し、活用している点である。Forum は、LMS としての機能を備えた学生・教員双方をサポートするツールであり、従来のオンライン会議システムにはない深い関与を促すための独自機能が搭載されている。さらに、学生のパフォーマンスと評価を紐づけるための機能も実装している点に特徴がある。

　第四に、学生間のコミュニケーション不足といったオンライン授業における懸念事項を払拭するために、寮生活をはじめとするオフラインでの対人関係を重視している点である。学生たちは、オンライン授業だけでは不足する学生間交流を、オフラインでの付き合いや SNS やイベントで補うなどの工夫をしており、人間関係や信頼関係を構築することができている。そのことが、オンライン授業を円滑に進める上で有効にはたらいているといえる。

おわりに

　ミネルバ大学のオンライン授業の実践から、私たちは何を学ぶことができるだろうか。そして、その実践を他の大学が導入するとしたら、どのような点に留意する必要があるだろうか。最後に、オンラインによって代替可能な点と代替不可能な点、オンラインだからこそできる点という観点から考えてみよう。

　まず、オンラインによって代替可能な点として、ミネルバ大学は、ツールを適切に用いることでオンラインであってもアクティブラーニングの要素を取り入れた授業が実施可能であることを教えてくれた。ただし、ミネルバ大学では正課内で実験・実習等に相当する科目を扱わない。だからこそ、フルオンラインで授業ができているという側面もある点には注意が必要である。

　一方、オンラインによって代替不可能な点として、雑談を交わす、生活をともにするといった交流をすべてオンラインで再現するには限界があることも示

された。ミネルバ大学における寮生活のように、オンライン授業だけでは不足するコミュニケーション機会を補う工夫が求められる。しかし、コロナ禍でやむをえずオンライン授業に移行した大学の場合は、交流できる仲間がそばにいないという可能性も大いにあっただろう。オンライン授業の実施を検討する際には、学生間のコミュニケーションの場をいかに確保するか、その方法を模索する必要があるだろう。

このような代替不可能な部分を残しつつも、オンラインだからこそできる点として、教室の片隅をなくし、すべての学生に対し平等な参加権を与えることを可能にした点があげられる。また、学習活動の蓄積によって学生のパフォーマンスへの適切な評価・フィードバックができるようになり、成長をきめ細かに捉えることも、オンラインだからこそ可能になったといえる。ただ、ミネルバ大学の学生たちは、あらゆる活動が評価の対象となることを「監視されている」と捉えてはいないようだが、他の大学で同様のことをした場合に、学生側がどう受け取るかは慎重な検討が必要である。さらには、教員の授業準備や評価負担が大きくなり、教育に費やす時間が増加することも予想されよう。

2024年現在、日本では、対面授業を原則とする大学が増えており、コロナ禍以前の状況に戻りつつあるといえる。しかし、コロナ禍における各大学のオンライン授業の実践は、対面授業ではなし得ない利点もあることを私たちに気づかせたのではないだろうか。もし、今後もオンライン授業を活用しようと考えているならば、オンライン授業の利点を最大限に生かしたミネルバの授業実践から学びつつ、他方で、ミネルバ大学だからできていることに留意した上で、自大学での取り入れ方を探求することが重要になってくるだろう。

文献

Davis, E. A. (2003). Prompting middle school science students for productive reflection: Generic and directed prompts. *The Journal of the Learning Sciences, 12*(1), 91-142.

Freeman, S., Eddy, S. L., McDonough, M., Smith, M. K., Okoroafor, N., Jordt, H., et al. (2014). *Active learning increases student performance in science, engineering, and mathematics. Proceedings of the National Academy of Sciences of the United States of America, 111*(23), 8410-8415.

Kilgo, C. A., Ezell Sheets, J. K., & Pascarella, E. T. (2015). The link between high-impact practices and student learning: Some longitudinal evidence. *Higher Education, 69*(4), 509-525.

Kosslyn, S. M., & Nelson, B. (Eds.). (2017). *Building the intentional university: Minerva and the future of higher education*. Cambridge, MA: The MIT Press. S. M. コスリン，B. ネルソン編 (2024)『ミネルバ大学の設計書』(松下佳代監訳) 東信堂.

Kuh, G. D. (2003). What we're learning about student engagement from NSSE: Benchmarks for effective educational practices. *Change: The Magazine of Higher Learning, 35*(2), 24-32.

Mazur, E. (1997). *Peer instruction: A user's manual*. Upper Saddle River, NJ: Prentice Hall.

三宅なほみ (2009)「V 部 5 章　協調的な学び」渡部信一編『「学び」の認知科学事典』大修館書店 , pp.459-478.

溝上慎一 (2017)「アクティブラーニング型授業としての反転授業」森朋子・溝上慎一編『アクティブラーニングとしての反転授業 [理論編]』ナカニシヤ出版 ,pp.1-15.

ソーヤー, R. K. (2018)「第 1 章 イントロダクション」ソーヤー, R.K. 編『学習科学ハンドブック [第二版] 第 1 巻―基礎 / 方法論―』北大路書房 , pp.1-13.

山内祐平・大浦弘樹 (2014)「序文」バーグマン , J., サムズ , A.『反転授業：基本を宿題で学んでから、授業で応用力を身につける』(山内祐平・大浦弘樹監修, 上原裕美子訳) オデッセイコミュニケーションズ , pp.3-12.

袁通衢・松尾美香 (2022)「オンライン授業における学びと身体性」第 28 回 大学教育研究フォーラム参加者企画セッション「汎用的能力の形成を可能にするもの―ミネルバ大学の学生・教員へのインタビューから考える―」京都大学 , 2022 年 3 月 17 日.

付記

　　本章では、「はじめに」「第 1 節」「第 2 節」を澁川幸加が、「第 3 節」「第 4 節」「第 5 節」「おわりに」を大野真理子が担当した。

第4章　準正課・課外活動

佐藤有理・大野真理子

はじめに

　大学教育の研究・実践では、学生を成長させる要因として、正課カリキュラムだけでなく、正課外の活動についても注目されてきた。米国では、学生エンゲージメントの提唱者であるクー（Kuh, G.）を中心に、全米学生調査 NSSE（National Survey of Student Engagement）が開発され（山田, 2010）、その結果をもとに AAC&U（Association of American Colleges & Universities：全米大学・カレッジ協会）は、「学生に高い教育的効果を与えた」活動をハイインパクト実践（High Impact Practices: HIPs）とし、その実践を推奨している。このハイインパクト実践には、「協働で取り組む課題やプロジェクト」「多様性（人種・民族・ジェンダーなど）についての学習／グローバルな学習」「サービスラーニング、コミュニティに足場をおいた活動」「インターンシップ」等が挙げられ、正課外の活動も多く含まれている。

　また、日本においても、大学教育は正課教育のみならず、正課外教育も含めて考えられるべきであるという指摘はこれまでもなされてきた（例えば、溝上他, 2009）。河井（2015）では、学生調査の結果から学術基礎や学術応用は正課で、リーダーシップや協調性、チャレンジ精神は正課外で成長実感を得ていることが明らかにされており、正課のみならず正課外活動も含めたトータルな学びの獲得を考慮した教育デザインの必要性が指摘されている。

　ミネルバ大学の汎用的能力育成を目指す実践には、これまでの大学教育の知見を踏まえた様々な取り組みが、意図的にデザインされている。その取り組みは正課カリキュラムだけでなく、それを支える正課外の活動にも反映されている。したがって、ミネルバ大学の実践を捉えるには、正課外活動も含んだ全体

像を視野に入れる必要がある。

　なお、本章では、松下（2020）の定義に依拠し、大学教育を正課教育・正課外教育に分けた上で、正課外教育を、「大学の教育的な意図に基づいて教職員が関与して行われる準正課活動（co-curricular activities）」と「学生の自主的な活動である課外活動（extra-curricular activities）」からなるものとして捉える。

　ミネルバ大学は、正課教育をオンラインで行い、キャンパスを所有せずに世界の都市を移動する点に大きな特徴がある。従来の大学コミュニティは、キャンパスという物理的な空間の共有によって共同性を形成し、大学を取り巻く周辺の社会と交流を図ってきた。そうした固定された空間を持たないミネルバ大学では、どのようにして、大学組織としてのコミュニティを形成し、周辺社会との関係をとりながら教育が行われているのだろうか。

　ミネルバ大学では都市をキャンパスにすることで、どのように正課と準正課・課外活動が架橋されているのかについて、設立時のデザイン、実際の具体的取り組み、米国の他大学の事例との比較から検討することが、本章の目的である。

第1節　ミネルバにおける準正課・課外活動の全体像

　吉見（2021）は、ミネルバ大学の実践を「中世西欧の都市ネットワークの上で、ある都市から別の都市へと遍歴していた第一世代の大学の学生たちを連想させる」（p.147）とし、オンラインによってエキスパートの指導を受けられる点が中世の学生と21世紀のミネルバ大学の学生の違いであると指摘している。

　確かにオンラインという教育方法がもたらされたことは現代の大学の特徴の1つである。しかし、そのオンライン教育を支えている活動にも注目するべきだろう。ミネルバ大学では、正課教育はすべてオンラインで行われるが、準正課・課外活動は実際の物理的空間を介して行われているのである（**図4-1**）。事実、ミネルバ大学の学生へのインタビュー調査から、年中行事や寮生活、学生寮でのイベントは、授業がオンラインであることによって不足している部分を補い、ミネルバのコミュニティ形成に寄与するものとして語られていた。

　Kosslyn & Nelson（2017）は、「準正課活動の目標は、学生が教室で学んだことを総合し、それを焦点化された課題や問いに適用するのを手助けすること」

第4章 準正課・課外活動　149

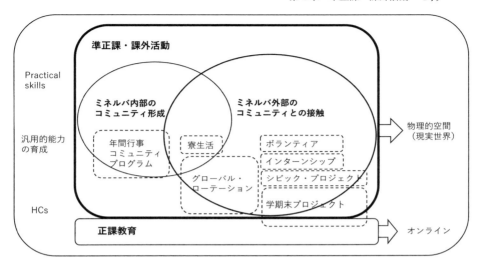

図 4-1　ミネルバ大学の準正課・課外活動の取り組み
(出典) Kosslyn & Nelson (2017) をもとに筆者作成。

(p.311) として、準正課活動を、カリキュラムを通して学んだことを基礎にし、現実の世界で知識とスキルを適用することを可能にする場として捉えている。それではどのようにカリキュラムと現実の世界を架橋すべく取り組まれているのであろうか。

以下では、ミネルバ大学の準正課・課外活動を、ミネルバ大学内部のコミュニティ形成を目的にしたものと、各都市での利害関係者や団体といった外部のコミュニティとの接触が意図されたものに分けて検討する。

1. ミネルバ・コミュニティの内部を対象とした取り組み

ミネルバ大学は、社会構造からもたらされる不平等を可能な限り排除することを目的に、多様な背景を持つ学生を受け入れている。そして、その多様性をコミュニティとしてまとめるための様々な取り組みがなされている。

(1) コミュニティの価値観の検討

ミネルバ大学では、様々なコミュニティプログラムが実践されているが、そ

の土台となる価値観を学生も交えて検討したことが Kosslyn & Nelson (2017) では紹介されている。

　具体的には、ボトムアップの視点で、学生に「PI-Q」と呼ばれる「情熱や興味のアンケート」を通して、「ミネルバにあるべき個人的な価値観」とその理由を聞き、学生が提案した価値観や人格特性を 24 個リストアップした。それから、トップダウン的に、ミネルバが創設された時の「7 つの指針原則」と、「学生経験チーム (student experience team)」による「人格的成果 (character outcomes)」を検討した。その上で、学生が提案したボトムアップの項目とトップダウンの項目を結び付け、「コミュニティの 7 つの価値観 (尊敬、共感、好奇心、協働、イニシアティブ、集中、レジリエンス)」を生み出した。

　これらの価値観は、ミネルバ独自の実践リストを作成する際の中心的支柱となり、ミネルバの「人格教育 (character education)」のための学習成果の根幹とされている。

　このように、ミネルバ大学では、学生自身の声を反映させ、コミュニティの価値観を検討することからコミュニティ形成に取り組んでいる点に大きな特徴がある。「ミネルバでのコミュニティは、意図とキュレーションによって構築される」(p.316) という一文に表れているように、セレンディピティ (偶然の出会い) の役割は否定しないものの、ミネルバ・コミュニティの形成に、大学が積極的に取り組んでいることは明らかである。また、その際に、カリキュラム同様に「人格的成果」や「コミュニティの価値観」といった一連の学習成果でコミュニティをつなぎ、その価値を教え、明確にするために、コミュニティプログラムが作られている。

　それではこのような「ミネルバ・コミュニティ」の価値観を実践するためにどのような取り組みがなされているのかを具体的に見ていくことにする。

(2) 年間行事としての準正課活動

　表 4-1 にあげた年間行事は、ミネルバ大学で、様々な背景を持つ多様な価値観の学生集団をまとめるための方策とされている (p.324)。

　ファウンデーション・ウィーク (Foundation Week) は、サンフランシスコにおいて対面で行われる。新入生は、すべての学習が始まる前に、1 週間にわたる

第4章 準正課・課外活動 **151**

表4-1 年間行事としての準正課活動

名称（機能）		開催時期、特徴
（新しい都市でのコミュニティ形成と訓練セッション）	Foundation Week	8月最終週（1週間） 全1年生が参加、「7つの人格的成果」を討論
	Elevations	1月中旬（3日間） 学びやコミュニティをよりよくするための集い
Civitas （各都市でのシビック・パートナー、メンター、プロジェクトへの紹介）		1月末 教員、スタッフ、学生、ミネルバ・プロジェクトへの出資者、協力企業・団体・個人協力者が一堂に会す 大学の近況報告やワークショップ、ディスカッション
Symposium （セメスターの最後に修了を祝福）		4月（学期末） 1年を通じた学生のプロジェクト発表会（市民パートナーも招待）
Feasts （感謝し、その期を振り返り、儀式的始まりとする）	Friendsgiving	11月 アメリカの感謝祭から派生、アメリカ以外の国でも祝う
	Quinquatria	3月 ローマ神「ミネルバ」の祭り 全員が含まれる唯一の祝い（すべての学生、教員、スタッフ）

（出典）Kosslyn & Nelson (2017, p.324) を中心に、山本 (2018, p.178, 図表36) を参照して、筆者作成。

オリエンテーションに参加する。そこで、サンフランシスコの町、学生寮、仲間や教授陣、ポリシーやリソースといった1年目に必要なことが教えられる。また、先輩学生がそれまで存在したプロジェクトや課外活動について新入生に説明し、新入生はそのプログラムを続けるかどうかを決めることができる。2020年卒業クラスでは、「ミネルバの人間になるとは」というテーマで「7つの人格的成果」について議論され、ミネルバ・コミュニティとしての価値観や実践がここで確認された。

　シビタス（Civitas）やシンポジウム（Symposium）といったイベントでは、各都市でのシビック・パートナーなども招いた発表会やディスカッションが行われ、これらは、ミネルバ・コミュニティ内部だけではなく、外部のコミュニティとの接触機会にもなっている。また、フレンズギビング（Friendsgiving）やクインカトリア（Quinquatria）といったミネルバ独自の食祭もある。

　これらの行事を通して、「コミュニティの7つの価値観」のうち、シビタスでは「好奇心」が、シンポジウムでは「集中」と「レジリエンス」が、食祭（Feasts）では「協働」が培われるとされている。

　また、「コミュニティの価値観」の理解と獲得を目的に、他にも様々なコミュ

152

ニティプログラムがデザインされている。

(3) ミネルバ・コミュニティプログラム

　ミネルバ大学では、コーホートと呼ばれる 90 人から 150 人から成る同期生の集団に分けられ、4 年間すべての都市を通じて同じ住居空間、すなわち学生寮で生活するよう設計されている。このコーホートは、「ダンバー数」[1]によるもので、学生がすべてのメンバーと意味のある関係を構築するように配慮されたものである。

　この学生寮においても多様性のあるコミュニティであることの利点を活かすため、1 年次には、同じ国の出身者がルームメイトになることが避けられ、レジデント・アシスタント (RA) や学生の担当チームが様々なアクティビティによって交流を促進している。その活動の例として「10:01s」、「ミネルバトーク (Talks)」、「夕食会」のようなものがある。

　「10:01s」は、宿題の締め切りが PM10:00 までだったことに由来し、毎週日曜夜 10:01 に集まり、宿題提出を祝って、学生が隔週持ち回りで地元料理をふるまうイベントである。「ミネルバで最も親しまれている伝統」であるとされ、勉強に追われ街に関わることも学生主導のイベントもないことからスタッフ側が促して始まったイベントであることが紹介されている (p.315)。

　「ミネルバトーク」は、ミネルバに来る前に自分が形成してきたコミュニティの価値観を探究させ、個性を育むために企画されたものである。毎週日曜日に希望する学生が自分のこれまでの人生を 1 時間かけて語り、他の学生からの質疑応答を受ける。

　また、同期生だけでなく、学年を越えたつながりを意識し、創設時からのメンバーとの関係性をつなぐため、入学時にすべての学生を「レガシー」と呼ばれる 25 の集団の 1 つに無作為に割り当てている。各レガシーは、ミネルバ大学創設時のメンバーを、その後続いたメンバーとつなげ、学年を越えたつながりが継承されるようになっており、在籍時も卒業後も同じものに所属し変更することはできない。

1　人間が社会的に繋がることができる限界的な数のこと。

第4章　準正課・課外活動　153

「夕食会」では、あえて異なるレガシーに所属するもの同士を15人程度で構成し、学生が有機的な友情を形成し、社会的および感情的な学習とミネルバの7つの「人格的成果」を学習するユニットであるとされている (p.334)。

在校生によると、こうしたイベントの中には学生にあえて詳細を知らせずに実施されるものがある。例えば、目隠しをしてバスに乗せられ、夜景のきれいなところに連れて行かれたこともあったそうだ。この経験は楽しかったが、寒くて大変だった。しかし、おかげで予測不能な状況にも対応できるようになったという。

上記のような、大学側によるプログラムだけでなく、学生によって作成されたプログラムも支援されている。例えば、Student Initiatives（学生主導の探究）のテーマとして、「持続可能性」「ストーリーテリング」「ウェルネス」「ハッカソン」「サッカー」「社会正義」「起業家精神」といったテーマがウェブサイトでは紹介されており、学生が主体的にテーマを設定し、それを掘り下げることが奨励されている。こうしたイベントの企画に、滞在先が出身地である学生が企画から携わることによって、同年代の若者の志向が反映され、楽しくなるという声もあった。

また、学生が自分の経験を積極的に外部に向けて発信することも奨励されており、学生が主体的にコミュニティプログラムに関与していくよう設計されている。

2. ミネルバ・コミュニティ外部と関わる取り組み

次に、ミネルバ大学のコミュニティの外部との接触機会を中心に準正課・課外活動を検討する。Kosslyn & Nelson (2017) には、「厳選されたグローバル・ローテーションと経験学習の活動が、ミネルバでの経験の重要な部分となり、学生に充実したグローバルな学習経験を提供するように意図的にデザインされている」(p.314) とある。どのようにグローバル・ローテーションと経験学習が実践され、その実践を支える活動が行われているのだろうか。

(1) グローバル・ローテーションの都市

ミネルバ大学のキャンパスは、通常は**表 4-2** のように配置されている。

当初は、4都市という案もあったが、「異なる大陸、世界の舞台で現在と過

表 4-2　ミネルバ大学の滞在先の国と都市

	秋学期（9月〜1月）	春学期（2月〜6月）
1年	米国：サンフランシスコ	米国：サンフランシスコ
2年	韓国：ソウル	インド：ハイデラバード
3年	ドイツ：ベルリン	アルゼンチン：ブエノスアイレス
4年	英国：ロンドン	台湾：台北

（出典）Kosslyn & Nelson（2017）を参照して筆者作成。

去の役割が異なる都市、経済発展の異なる段階の都市、母国語、宗教」を考慮し7都市が選ばれた。その際の最重要基準として、安全性の確保と維持があげられている。「ミネルバでの経験を通じて学んだツールやスキルを実践できる安全で確実な没入経験を提供する」（p.308）ことが重要であり、今後も世界的な出来事や学生の増加によって計画の変更や都市の削減・追加の可能性もあることが言及されている（Kosslyn & Nelson, 2017）。実際、コロナ下では、滞在都市のローテーションの順序が変更された。

（2）経験学習のデザイン

　このようなミネルバの「グローバル・ローテーション」の背景には、「学生が経験を通して世界を学ぶ」ことを重視していることがあり、各地での経験学習が設計されている。

　具体的には、各都市に近づき、つながり、比較するために、それぞれの都市の「発展、よく知られた人・もの、エートス」という3つを枠組みとして「シティトラック」と呼ぶものをデザインした。そして、このシティトラックは、「接触経験」、「関与経験」、「没入経験」、「洞察とインパクトの創造」という4段階の経験学習でデザインされている（表4-3）。このシティトラックの範囲が、その後の準正課活動の優先順位やその他のミネルバのプログラムに影響する。

　このような経験学習の目的は、学期末に行うチームベースの最終プロジェクトと、居住地での産業界の課題や都市における探究ベースの学習機会を橋渡しすることにある。そのため、この4つのカテゴリーの経験は、すべてがプロジェクトや成果物に直接つながるわけではないが、学生が各都市をキャンパスとして学び、各都市に影響を与えるのに役立つという。教室での学習と、その時学

第4章　準正課・課外活動　155

表 4-3　経験学習における準正課活動の具体例

経験学習の各段階	内容と準正課活動の具体例
接触経験	知識の蓄積、情報の収集、地域社会へのアクセスに焦点をあてた計画的なプログラムや機会 例）「私が学んだことシリーズ」、会議やサミット主催の組織とのパートナーシップ、都市イベントや経験
関与経験	ミネルバデザインの集中的な経験学習プログラム 例）ドイツの Gensler（建築事務所） 　　Gensler の「共感研究」の方法の学習後、学生が、Gensler のデザイナーや建築家、投資家と面会し、話し合い
没入経験	地元の機関、組織に持続的に関与、学生のイニシアティブによって理解を深める 例）サンフランシスコ市長の Civic Innovation Office（SF MOCI）による市民プロジェクト
洞察とインパクトの創造	都市パートナーのニーズに応えて成果をあげるプロジェクト 現在のスキルと知識を新しい文脈で展開し課題に適応させる 例）サンフランシスコ都市計画局から依頼されたリビングイノベーションゾーン＆パブリックライフサーベイ・プロジェクト

（出典）Kosslyn & Nelson（2017, pp.310-312）より筆者作成。

生がいる場所での経験をつなぐための学習がデザインされており、そのつなぐものとして準正課活動や課外活動に取り組まれているのである。

　学生によると、例えば、シビック・プロジェクト（Civic Project）は、必ずしもすべてのプロジェクトが効果的だとは限らないが、インターンシップにつながる関係性をつくれることもあるという。

　なお、この経験学習は、「好奇心、共感、レジリエンス、協力、集中、説明責任、ひたむきさ（Curiosity, Empathy, Resilience, Cooperation, Focus, Accountability, Drive）」という価値観を身につけながら学習するように設計されている[2]。経験学習を通じて何が得られるのか、という学習成果が明確化されており、各都市での活動と、それらが意図的につながれている点もミネルバ大学の特徴の1つといえよう。

2　ミネルバ大学ウェブサイト（https://www.minerva.edu/undergraduate-program/global-experience/experiential-learning/）（2023 年 7 月 1 日閲覧）

(3) メンタルヘルス、カウンセリングサービス

しかし、グローバル・ローテーションにより、学期ごとに異なる都市に移動することにはストレスも伴う。そのため、様々な対策がとられている。

まず、各学生寮にレジデント・アシスタントを配置し、居住環境での運営と健康に関する専門家が現地に駐在するようにしている。また、現地の学生支援・運営 (student affairs and operations) チーム、学生経験チーム、アカデミックチームと協力し、予防的で統合されたコミュニティ駆動型 (community-driven) のアプローチが採用されている。具体的には、毎週ミーティングが行われ、協働的なプログラムを設計することで、メンタルヘルスサポートサービスを提供している。

学生経験チームは、学生の問題やメンタルヘルスサービスに加えて、学生のコミュニティ形成、経験学習、人格形成を専門としている。そのため、前述のミネルバ・コミュニティプログラムの実施や、経験学習における学生と現地の組織をつなぐ等の支援も行っている。

また、専門家だけでなく、学生レジデント・アシスタントもメンタルヘルスの観点からも活用されている。学生のコミュニティリーダーにトレーニングを提供し、ミネルバ・コミュニティに関与しない学生について報告をさせる等、複数の専門家に限定されず、学生も巻き込んだ形で協働的に支援が行われている。

(4) 学生のキャリア支援のサポート

ミネルバでは、卒業生を生涯サポートすることを約束しているため、専門能力開発部 (Minerva Professional Development Agency) が設置され、どの段階でもコーチがサポートできる体制がとられている。ここでは、1年生の時から各学生に個別にアドバイスをするスタッフ、興味深い関連性のある機会を紹介するチーム、専門的なスキルの構築と卒業生のキャリアの促進を支援する専門家グループが配置されている。具体的には、1対1のコーチングセッションが行われ、準正課活動の中で関心のある分野の専門家との接触、ミネルバ・ネットワークのメンバーとの会話等がアレンジされる。また、起業家精神を持つ学生には、必要のあるスキル領域を理解させ、補完的リソース (ベンチャーキャピタルや起業家やチームなど) に学生をつないだり、専門職大学院 (ロースクール、メディカルスクール、ビジネススクール等) への進学希望者には学部長が他の機関にいる

かつての同僚や仲間に連絡したり、コーチが夏季休暇期間にインターンシップなどを通じて経験すべきことを助言したりする、といったサポートが行われている。

　例えば、コンサルティング企業 Dalberg との連携では、ミネルバのカリキュラム、専門能力開発アプローチ、および学生のこれまでの成績を確認した後、出願書類の審査と採用マネージャーによる検討を通じて、ミネルバの学生を選考プロセスでいち早く採用すること (fast-track) の同意を取り付けている。

　また、ミネルバには雇用主諮問委員会 (Employer Advisory Board) が設けられている。ミネルバで学生が学ぶ実践的なスキルが、雇用主の現在および将来のニーズに確実に適用できるように、業界と継続的なコミュニケーションを維持するためである。雇用主が考えていることを常に把握し、候補者に何を求め、何を必要としているのかを深く理解することを意識している。

　ミネルバ大学には、従来の大学キャンパスにある教室、図書館、スポーツ施設のようなインフラ設備はない。しかし、経験学習の概念に基づき、各滞在都市の企業、行政組織、シビック・パートナー等とのプロジェクトを通じてコミュニティ外部と関わるように様々な活動が実践されている。また、グローバル・ローテーションに伴うメンタルヘルスに関しても配慮がなされ、卒業後の進路も考慮に入れた専門能力開発部のような支援体制を強固にすることで、個々の学生に応じた支援がなされている。

　以上、本節では、ミネルバ大学の準正課・課外活動の取り組みを、創設者らによる著作と大学ウェブサイトの情報を中心に整理した。ミネルバ大学では、準正課・課外活動は、正課での学習成果を現実世界で使う場であるとともに正課での学習への動機づけを行う場として捉えられ、学生も巻き込んで「コミュニティの価値」を創造し、「人格的成果」もあわせて内部のコミュニティ形成を促している。そのため、年間行事や、学生寮を中心に実施されるコミュニティプログラムがある。また一方で、グローバル・ローテーションによる「経験学習」の観点から、滞在先の自然環境や文化を取り入れた様々な準正課・課外活動が実施され、地元のシビック・パートナーとのプロジェクトを通じて、学習が深まるように促されている。あわせて、グローバル・ローテーションや学生寮でのメンタルヘルスへの負担にも配慮し、専門家や学生のレジデント・アシスタ

ントを学生寮に配置する等の工夫がなされている。また、各学生の卒業後のキャリアをサポートする目的で専門開発能力部があり、個々の学生に応じた細やかな学生支援体制がとられている。

第2節　準正課・課外活動の実際

　このようにミネルバ大学では、準正課・課外活動も正課教育と同様に重要視されており、そのデザインには一貫した理念がみられる。第1節では、設立時の理念やデザイン、ならびにそれらを具体化した実践について、主に大学側の視点から紹介してきた。では、学生たちは、ミネルバ大学が提供する準正課・課外活動をどのように経験し、受けとめているのだろうか。本節では、ミネルバ大学の学生たちの語りや、ブエノスアイレスへの訪問調査を通じて得られた情報を中心に、ミネルバ大学における準正課・課外活動の実際に迫る。

1. ミネルバ・コミュニティの内部を対象とした取り組みの具体例

（1）寮生活とグローバル・ローテーション

　ミネルバ大学は、授業外のオフラインの時間を大切にしている。その時間を共有するために欠かせないのが、コーホート単位の寮生活である[3]。学生寮といっても、ミネルバ大学専用の学生寮が各都市に設置されているわけではない。ミネルバ大学が現地のアパートやマンションなどの建物（の一部）を借り上げて、学生寮として学生に住居を提供している。学生寮には、学生が生活するための居室のほか、課題やイベントを行うためのコモンルームが備わっている。学生寮の居室やコモンルームで授業を受ける学生もいれば、滞在中の都市のカフェに出向いて授業を受ける学生もいる。インターネットにさえつながれば、授業を受ける場所はどこでもいい。

　このような居室とコモンルームという組み合わせは各都市に共通するもの

3　新型コロナウイルス感染症の影響で都市のローテーションの順序が変更されていたため、2022年の秋学期のブエノスアイレスには、2019年入学生（4年生）と2020年入学生（3年生）の2つのコーホートが滞在していた。しかし、それぞれのコーホートは別々の建物で生活していた。

の、実際の学生寮の様相は、都市によって実に様々である。例えば、1年生の最初に過ごすサンフランシスコの学生寮は、治安の悪いエリアにあった[4]。それだけでなく、狭い部屋での3人生活、水しか出ないお風呂など、なかなか衝撃的な環境であったという (Int. 7)。その一方で、4年生の秋学期を過ごすブエノスアイレスでは、タワーマンションでの高層階暮らしであった。キッチンなど、これまで共同で使用していたスペースが居室内に備わっており、運がよい学生は1人部屋を得られたという。おまけに、マンション入居者用のジム施設も使い放題だ。続く、4年生の春学期を過ごす台北では、共有のキッチンが1つになるなど、ブエノスアイレスでは勉強をするためだけにあったコモンルームが、生活空間としてのコモンルームに変化したという (Int. TP-1)。

　学生寮での共同生活において、生活リズムや文化の違いなど、ルームメイトとの相性は非常に重要である。サンフランシスコでの最初の滞在では、ルームメイトを選ぶことができないが、それ以降は相手を自分で募集することができる。ミネルバ大学に入学してからはじめて他者と共同生活をする学生も少なくない中、ルームメイトとの相性があわない場合、多様な他者に寛容になるというプラスの側面がありつつも、相当のストレスを抱えることになりかねない。なお、必ずしも大学が指定する学生寮に居住しなければならないわけではない。ミネルバ大学が認める事情があれば、自分で部屋を借りることも許されており、学生によっては"independent housing"を検討することもあるようだ (Int. 7)。

　また、大学の研究室に入って研究指導を直接受けるなど、ミネルバ大学ではできないことをやりたいような場合は、グローバル・ローテーションを離れ、同学年と離れた土地で学びを続けることも認められている。実際、自身の研究テーマを追究する上で適切な指導を受けられる教員を探し、グローバル・ローテーションの都市外から授業に参加することが認められた事例もある (Int. 10)。

(2) ミネルバ・コミュニティプログラム
　次に、ミネルバ大学内部を対象とするコミュニティプログラムについて紹介

4　学生からの要望を受けてか、現在は地元の警察とミネルバ大学とで協力し、治安は良くなっているという (Int. TP-2)。

しよう。継続的に開催されているプログラムとして、まず、クワイエット・スナック (Quiet Snacks) がある。これは、夜、学生寮のコモンスペースに学生が集まり、お菓子をつまみながら、各自の課題に取り組むというイベントである。課題を行う場を提供するとともに、学生たちがお互いに課題を頑張る姿を見て励みにするというねらいがある。次に、学生生活スタッフ (Student Life staff) によるオフィスアワーである (学生生活スタッフの詳細は第 5 章参照)。これは、各都市に居住する学生生活スタッフが学生寮に常駐し、学生からの相談などを受け付けるための時間であり、学業のことやメンタルヘルスのことなど、様々なことを相談することができる (図 4-2)。

一方、学年進行によって開催状況に変化がみられるプログラムもあった。具体的には、第 1 節で紹介した 10:01s とミネルバトークである。4 年生の秋学期の段階では、参加希望者が少ないために、これらのプログラムは企画しても開催されない場合があった (Int. BA-2)。1 年生まではやる気があったものの、学年があがるにつれて次第に停滞していったという (Int. BA-3)。ところが、4 年生の春学期、すなわち最終学年の最後のセメスターになると、これらのイベントの開催頻度があがってきたそうだ。例えば、ミネルバトークは週に 2 回の頻度

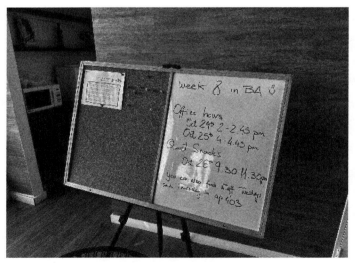

図 4-2 学生寮のコモンスペースの掲示板 (ブエノスアイレス・ゴリチ学生寮)

第 4 章　準正課・課外活動　161

で行われるようになった。ミネルバトークは、学生が自分の人生を振り返って語るというものだが、ある学生はタロットをひきながら語り、ある学生は自分の恋愛遍歴を語り、そしてある学生はこれまでの人生をゲームにたとえて語るなど、個性的な自分語りを聞くことができた、という（語り 4-1）。また、10:01s はキャップストーンの終わりを祝うカーニバル的なイベントとして復活している（Int. TP-2）。

語り 4-1　個性あふれるミネルバトーク

この前聞いた子とかは、すごくタロットカードを読むのが上手な子がいて、それぞれのタロットカードから連想される自分の話とかを、タロットカードを引きながら話していくみたいな。……今までの人生で恋愛に重きを置いてきた子とかは、……彼氏とかを紹介しながら自分のバリューがどうやって変わってきたかとか、**何でもいいんです本当に。タロットとか恋愛とか、自分の人生をゲームとして捉えるみたいなことで、何をオプティマイズするかずっと考えているという話をしてる子とか。**（学生 D、4 年次、Int. TP-2）

　他にも、キャップストーン・コワーキングという、フリーフードをつまみながらキャップストーンをすすめ、口頭試問の練習をするという 4 年生ならではのプログラムや、ゲームナイトと呼ばれるみんなでボードゲームをして遊ぶ企画などがある。いずれも学生主体で実施されるものであるが、プログラムによっては学生生活スタッフが予算を補助してくれる場合がある（Int. TP-2）。

2.　ミネルバ・コミュニティ外部と関わる取り組みの具体例
（1）都市体験
　都市体験（City Experience）は都市を体験するプログラムであり、学生からの人気が高い。任意参加ではあるものの、第 5 章で紹介する統合的学習科目（Integrated Learning Course）という正課教育に、都市体験での経験を振り返るセッションが組み込まれており、正課と準正課のはざまにあるプログラムといえる。
　ブエノスアイレスでの事例をみてみよう。訪問調査で参与観察した都市体験のテーマは、アルゼンチンの伝統料理であるエンパナーダ作りに挑戦するというものであった。アルゼンチンで有名な伝統的なカフェ・レストランで、シェフから

作り方を学び、実際にエンパナーダを作ってみるプログラムである。しかし、単に作り方を学ぶだけでなく、歴史とともに都市への理解を深めることが重要な要素だ。例えば、チェ・ゲバラが好んだカフェ・レストランでの体験という歴史を感じさせる工夫や、エンパナーダがアルゼンチンで親しまれている理由や調理の秘密などを学びながら、頭と手を動かして調理をすすめていく（BA-10、**図 4-3**）。

都市体験の開催頻度は都市によって異なり、プログラムをコーディネートする学生生活スタッフの力量によるようだ。例えば台北では、都市体験は週に1〜2回の頻度で実施されており、他の都市より多い。具体的なテーマとしては、IT系スタートアップベンチャーとの話し合い、日本の統治後の刑務所の歴史の学習、地元マーケットの復興施策の学習、餃子作りなどが行われている（Int. TP-2、Int. TP-4）。

このように都市体験は、学生が都市に没入することを助けるプログラムであるが、単に楽しければよいというものではない。その計画にあたっては、学生生活スタッフによる熟慮がある。都市体験を計画する際には、次のようなことが重視される。まず、その都市について学生に伝えたいトピックは何かを明確にしてから、どのような活動にするかを決める。ミネルバ大学では、学生に講義をしないように、学生は座って情報を聞くだけでなく常にアクティブでなければならない。よって都市体験も、対話型であり、参加型であることが重視されるのだ。このようなミネルバでの学びのスタイルを、地元の人、すなわち都市体験の協力者に説明し、理解してもらうことが必要なのである（語り 4-2）。

図 4-3　都市体験の様子（ブエノスアイレス、カフェ・モンテカルロ）

第4章　準正課・課外活動　　163

語り 4-2　都市体験をデザインする上で重要なこと

ある活動では、タンゴのダンサーとタンゴの歴史家の2人のプロフェッショナルを雇いました。その2人に何度か会って、プログラムを企画し、ミネルバ大学がどのような活動をしているのかを伝えました。なぜなら、ただ座ってタンゴの話を聞くだけでなく、対話形式でなければならないからです。参加型でなければならないのです。ミネルバでは、学生に講義をすることはありません。座って情報を聞くだけでなく、常にアクティブでなければならないのです。……**ミネルバ大学外の人と仕事をするときに最も難しいのは、彼らがこのミネルバ大学のモデルを知らないことです。そして、私たちのやり方やなぜこの方法でやるのかを説明することです。**（教職員 D、Int. BA-2）

(2) コーチングと人材開発

　ミネルバ大学は学生の成功を第一に考え、個人指導や人材開発、雇用主への働きかけやマッチング、戦略的なプロモーションや宣伝など、他の大学では得られない個々のキャリアアップに専念できるチームを用意している。コーチング・人材開発チーム (Coaching and Talent Development team) は、希望する分野で有意義な仕事をするための基礎づくりを支援し、キャリアの進展に合わせて、指導、サポート、促進を継続的に行っている[5]。

　コーチング・人材開発チームでは、学生1人につき1人のコーチがつきキャリア支援をするサービスを提供しており、学生は大学院への出願書類や自己紹介文にもアドバイスをもらうことができる (Int. BA-5)。また、就職や進学の支援だけでなく、学びの組み立てをするときに活用することもできる。ミネルバ大学での学びの序盤に役立ったという声もあり、専攻や専門領域を選択する時期に、半年に1回コーチと会い、話を聞いてもらうことで、今後自分がどうしていきたいのかという観点から考えを整理することができたという (Int. TP-1)。また、就職活動の時期になると、週3回のペースで進路について話す機会があり、どうやって就職活動をすすめていくか、どうやってレジュメを書けばよいのかといったことを含め、相談することができる相手がいるという点でサポー

5　ミネルバ大学ウェブサイト (https://www.minerva.edu/undergraduate-program/career-development/)（2023年6月29日閲覧）より。

トが充実しているようだ (Int. TP-1)。

(3) 都市の大学をキャンパスにする

　都市をキャンパスにするミネルバ大学は、その都市にある大学をもリソースにする。例えば、2019 年入学生 (M23 = 2023 年卒業生) は、4 年生の春学期に滞在した台北で、現地の提携先大学である台湾国立大学 (National Taiwan University, NTU) の学生証を手にし、はじめてのキャンパスライフを経験した。

　具体的な提携の内容をみてみよう。NTU では、ミネルバ大学との提携授業が開講されており、これは NTU の学生とミネルバ大学の学生が一緒に学ぶもので、人数比は半々程度である。ミネルバ大学の学生は、提携授業の中から 1 科目を選択して必ず履修しなければならないが、その内容は、料理や寺院めぐり、太鼓体験といった、台北の文化を経験するようなものである。キャンパスをもたないミネルバ大学の学生にとって、NTU の学生とともに学ぶこれらの授業は、同年代の他大学の学生と出会う数少ない機会である (語り 4-3)。また、NTU の施設や図書館のデータベース等を使用できるため、プールやカフェテリアを利用する学生もいた。また、実際に図書館の蔵書に触れたことで、キャップストーンに取り組んでいるときにこのリソースが使えればよかったのに、と思った学生もいた (Int. TP-2)。

語り 4-3　他大学の学生との交流を楽しむ

> NTU 生と合同で受ける授業みたいなのがあるんですよ。……その授業受けないと単位が取れないみたいな感じで、ミネルバ生は強制的に授業行かないといけないんですけど。**そこで NTU 生との関わりがすごいあって。今日最終日だったんですけど、意外と楽しくて。**……お寺巡りと太鼓経験、体験みたいな。なんか和太鼓みたいなあるじゃないですか。その中国バージョンを作られている師匠さんみたいな人に教わって、太鼓叩いたりとか。……**[NTU 生と] 関われるし、ミネルバ生以外の同世代の人たちに会って友達作るってことがあんまりないので。**(学生 E、4 年次、Int. TP-4)

3. デザインと実態のはざまで

　以上、ミネルバ大学における準正課・課外活動の実際について、ミネルバ・

コミュニティ内部を対象とした取り組みと、外部と関わる取り組みに分けて概観してきた。これらの取り組みは、学生からはおおむね好印象をもたれているようだ。特に、ミネルバ・コミュニティ内部を対象とした取り組みに関しては、学生寮生活や寮内での様々なプログラムなどが、オフラインでのコミュニティ形成に寄与している様子が窺える。このようなオフラインでのつながりがあることは、すべてオンラインで行われる正課教育を円滑にすすめるためにも重要なことである。

　しかしながら、ミネルバ・コミュニティ外部と関わる取り組みに関しては、都市に没入するというコンセプトが本当に実現できているのかという点にやや疑問が残る。というのも、学生たちが各都市に滞在する期間は、移動や休暇などを含めると、実質的には4ヶ月しかない (Int. BA-2)。この短期間で実現できる内容に活動を落とし込まなければならないという制約もさることながら、その都市で本格的に準正課・課外活動をするならば、ミネルバ大学が提供する準正課・課外活動の機会は「浅い」ものであるという声もある。ちょっと話してちょっとレポートを書くという、ややもすると簡単な体験活動に終始してしまうことも少なくないようだ (Int. 11)。もっとも、これは彼らの在学期間の大部分がコロナ禍と重なってしまったことも関係しているかもしれない。

　ミネルバ大学は、様々なプログラムを通じて、準正課・課外活動の機会を学生たちに提供している。しかし、それらをどう活用するかは、最終的には学生に委ねられているのではないだろうか。そうであるならば、これまでみてきたプログラムは、ミネルバ大学が提供する最低限の足場かけにすぎないと捉えることもできよう。自らの学びにつなげられるかどうかは、学生次第なのである。

　では、こうしたミネルバ大学の正課外教育は、米国の他の大学の実践とはどのような異同があるのだろうか。次節ではその検討をする。

第3節　米国の他大学との比較から

　本節では、ミネルバ・モデルのうち、学生寮とグローバル・ローテーションの2点に着目する。学生寮の存在は、ミネルバ大学の経験の中で、非常に重要なものであると学生Aや学生Cによって語られている。授業がすべてオンラ

166

インであるため、「密に接する」には寮という物理的空間が果たす役割が大きく、ラーニングコミュニティ形成に寄与しているものと認識されているのである。また、グローバル・ローテーション（世界の7都市を周りながら学ぶ）は、ミネルバの代名詞のように語られるもので、外部との接触機会である経験学習を支える重要な部分でもある。本節では、比較対象として、充実した学生寮を備えたリベラルアーツ・カレッジとして知られる米国のミドルベリー大学（Middlebury College）の例、ミネルバ同様に世界の都市を移動しながら学習をすすめるロングアイランド大学グローバルカレッジ（Global College of Long Island University: LIU Global）のグローバル・ローテーションの例を取り上げる。

1. 学生寮──ミドルベリー大学の事例──

ミドルベリー大学は、北米の東部にあたるバーモント州にあり、1800年に創設されたリベラルアーツ・カレッジの1つである。米国で最初にアフリカ系米国人に学位を与えた大学と言われ、350エーカーの土地に、「全米50州、70カ国以上」[6]から2,843名の学生を受け入れている（2022年現在[7]）。

ミドルベリー大学では、学生は、ルームメイト、隣人、ホールメイトと共に安全で互恵的な住居と学習環境を作り出すという哲学のもとに、キャンパスの中に住むことは、ミドルベリー大学の経験の中核的な部分と位置付けられている。そのため、キャンパス内に60以上の学生寮用の建物があり全学生はアカデミックイヤーを通じて、住む場所や部屋を調整される。

具体的には**表4-4**のようになっている。1年生から4年生になるにつれて、学生自身による選択の幅が広がり、高学年では自分の関心に基づいて居住場所を選ぶことも可能である。なお、この大学寮で特徴的なのは、建物に人の名前がついていることと、「アカデミックインタレストハウス」があることである。ミドルベリー大学は特に外国語教育に重点を置いており、それぞれの言語に没入できる機会が学生寮に設けられている。なお、この各言語ハウスには、それ

6　ミドルベリー大学ウェブサイト（https://www.middlebury.edu/college/admissions/apply/international）（2023年7月1日閲覧）

7　ミドルベリー大学ウェブサイト（https://www.middlebury.edu/sites/www.middlebury.edu/files/2023-03/CDS_2022-2023_3.pdf?fv=F2ctpKMD）（2023年7月1日閲覧）

第 4 章 準正課・課外活動 167

表 4-4　ミドルベリー大学での居住形態

生活コミュニティ	特徴と建物の名前
1 年生（新入生の学生寮）	コミュニティ内の伝統的なスタイルの部屋
2 年生	学生は部屋の選択プロセスに参加。ランダムに充てられた選択のタイミングで、ルームメイトやスタイル（スイートスタイルか伝統的なスタイルか）を選択 ※ 2 年生の秋学期からアカデミックハウスやスペシャルインタレストハウスに住んだり、春学期からスーパーブロック、ソーシャルハウスコミュニティに住むこともある
3 年生と 4 年生	キャンパス全体の様々な住居オプションから選択可能 ・小さな家、タウンハウス、スイート、伝統的なスタイル（部屋のセレクションが始まる前に可能な施設が提示される）
3 年生と 4 年生	専門住宅コミュニティに住むことも可能 ・アカデミックインタレストハウス（アラビア語、中国語、フランス語、ドイツ語、ヘブライ語、イタリア語、日本語、ポルトガル語、ロシア語、スペイン語、クイアスタディ、サステイナブルデザイン） ・特別な関心のあるハウス（食品研究、意図的な生活、異教徒間の関心、屋外の関心、健康） ・スーパーブロック（共通の趣味、興味、またはライフスタイルに基づいた 1 年間のテーマハウス） ・ソーシャルハウス ・キャンパス外での生活（限られた数の 4 年生がキャンパス外のローカルコミュニティで住むことに申し込める）

（出典）ミドルベリー大学ウェブサイト（http://www.middlebury.edu/student-life/community-living/residential-life/housing-information）（2021 年 2 月 7 日閲覧、現在参照不可）から抜粋の上、訳出。

ぞれの母語話者であるファカルティが学生と共に居住する。

　ミドルベリーでは、居住コミュニティが学生をつなぐと考えられており、それを促進するための活動をする専門的なスタッフ（Residential Life Staff）がいる。このポジションは、学生にも開かれており、学生スタッフは、1 年生と 2 年生のコミュニティで学生と共に生活し支援する「レジデントアシスタント（RA）」や、3 年生や 4 年生のコミュニティの学生をサポートする「コミュニティアシスタント（CA）」がある。新入生に対するメンター的な役割や、寮内のコミュニティでの問題解決、寮内のコミュニティ文化の創造などがその仕事になる。

　入学時からクラスメイトも同じコミュニティに住み、居住空間でも教室での経験と議論を続けられるようになっていることに特徴があり、教室での学習経

験と居住生活を統合する場として寮生活が重視されている。また、ミドルベリーのコミュニティでは「多様性と包摂性 (diversity and inclusivity)」に取り組んでおり、キャンパスでの学術イベントに触発された活動やプログラムなど、多くの社会的な準正課活動プログラムが提供されている。

「ミドルベリーの教育は、教室の中と外で起きる」とされ、「経験学習センター」がある。その中には「キャリアとインターンシップのセンター」「コミュニティエンゲージメントのセンター」「イノベーションハブのセンター」があり、様々なプログラムやプロジェクトのサポートが行われている。

2. グローバル・ローテーション──LIU グローバルの事例──

グローバル・ローテーションは、米国の大学でしばしば見受けられる。特に、ビジネススクールや医療系の専門職大学院の臨床において、様々な地域で行われる例がある。ビジネススクールについては、IMPM、Hult International Business School, NYU STERN TRIUM, The University of Chicago Booth School of Business 等の例がある。また、高校の例として、THINK GLOBAL SCHOOL という例もある。この高校は、1つの国につき1週間のオンライン学習と7週間の滞在、5週間の休みという仕組みになっており、3年間で12カ国を巡る。

本項では、ミネルバ大学との比較のため、LIU グローバルをとりあげる。LIU グローバルは、ロングアイランド大学システムの個別の教育組織で、かつては「フレンズワールドカレッジ」と呼ばれるものであった。1965年にモリス・ミッチェル (Morris Mitchell) というクエーカー教徒の教育者・公民権活動家によって組織され、クエーカー教のヒューマニズムと、デューイによる経験的アプローチ、ミッチェル独自の「世界教育 (World Education)」が統合され誕生した。1991年にロングアイランド大学と協定を結び、2007年から「グローバルカレッジ」に、そして現在では「LIU グローバル」という名称になり、グローバルスタディーズという学位プログラムを導入した。世界の課題の解決策を模索する旅に学生を送り出し、経験に基づいた世界教育の概念に忠実なプログラムとされている。

グローバルラーニングの基礎は、セミナー、集中コース、地域研究、言語プログラムから成り、学生は、最初の3年間は、中央アメリカ、ヨーロッパ、アジア、オーストラリアにある大学の海外センターとプログラムの場所で生活し学習を

第 4 章 準正課・課外活動 　169

表 4-5 　LIU グローバルでの滞在都市

学年	秋学期（学外学習）	春学期（学外学習）
1 年	コスタリカ （パナマのボカス・デル・トーロ）	コスタリカ （パナマシティ、グナ・ヤラ）
2 年	スペイン（モロッコ）	イタリア （オーストリア、ハンガリー、 ボスニアヘルツェゴヴィナ）
3 年	中国（上海、北京） またはオーストラリア （フィジー、ニュージーランド）	中国（香港、台湾、雲南、四川） またはオーストラリア （バリ、インドネシア）
4 年	International Research and Internship semester （オーストラリア、中国、 コスタリカ、ヨーロッパ）	NY（ワシントン D.C.、NCUR）※

※ National Conference on Undergraduate Research(NCUR) への参加。場所が年度によって異なる。

（出典）LIU グローバルのウェブサイト（https://liu.edu/global/Academics）（2021 年 2 月 5 日閲覧、現在参照不可）より訳出。

する。各センターやプログラムで、学生は世界について深く理解しその課題を知る。4 年生の時に、卒論のためのグローバルな問題に従事し、2 回インターンシップを行う（1 つはインターナショナルで、もう 1 つはニューヨークで）[8]（**表 4-5**）。

　学生の滞在先は、コスタリカの時はホームステイ、ヨーロッパの時は、ホテル、学生寮、ホームステイ、シェアアパートの組み合わせ、中国では浙江大学の国際寮、オーストラリアではハウスシェアとなっている。また、キャップストーンの学生は、学生寮のキャンパスに住むこともできる。各センターが滞在先の情報を持っており、学生に随時紹介する。

　このプログラムでは、グローバルスタディーズの学士号が取得でき、3 つの副専攻が用意されている。「芸術とコミュニケーション」「起業家精神」「国際関係」である。これらの副専攻でも、滞在先の地域と学習内容が結びつけられている。 例えば、「芸術とコミュニケーション」の副専攻のために、イタリアにいる時に「イタリアルネッサンス」、中国にいる時には「現代中国の芸術と社会」のようなコースが用意されている。

8 　ただし、2023 年 7 月 1 日現在、LIU グローバルの滞在先は、「コスタリカ、イタリア、オーストラリア、ニュージーランド、フィジー、バリ、Intrenational Field Research and Internship, NY」に変更されている。（https://www.liu.edu/global/academics）（2023 年 7 月 1 日閲覧）

LIU グローバルでも経験学習が教育の中核とされ、教室での学習と実際の経験を統合することが目指されている。そのため、各地で、様々なインターンシップやフィールドワークの機会が提供される。例えば、初年次のコスタリカでは、秋学期には、地元のパートナー組織との間で行う 1 週間のコミュニティエンゲージメントプロジェクトがある。また、春学期には、地元の先住民コミュニティや政府・非政府組織等とともに実施する 2 週間のフィールド調査プロジェクトなどが設けられている。また、3 年次のオーストラリアでは、短期の自主的なインターンシップとサービスラーニング・プロジェクトに参加する機会があり、「コミュニティセンターでホームレスやジェンダーの不平等などに関する草の根レベルの活動に参加する」、「国立公園でボランティアをしながら生態系を保護するためのアボリジニの技術を学ぶ」等、様々な活動がある。

　さらに、他にも「モロッコの NGO で人権を促進する」、「トルコでビザンチン遺跡を訪れ古代キリスト教を学ぶ」、「北京の都市芸術家コミュニティを見学し万里の長城をハイキングする」といった 90 以上の「サービスラーニング」の機会がある（詳細は https://liu.edu/Global/LIU-Difference/Experiential-Education）（2024 年 4 月 22 日閲覧）。

　競争が激しくグローバルな経済において、実社会の経験や多様な背景をもつ人々と効果的コミュニケーションをとって仕事をすすめるスキルが重要である。そのスキルは、グローバルな経験学習を通して教室での学習と実際の経験を統合することによって培われ、そこにグローバルなリーダーシップスキルが育成される、というのが LIU グローバル教育の中心にある。

3. ミネルバ大学と米国の他大学（ミドルベリー大学と LIU グローバル）との比較

　ミネルバ大学の実践は、以上のような米国の大学の例と比較した時にどのような特質があるといえるのだろうか。まず、学生寮について検討する。

(1) ミドルベリー大学との比較──学生寮の観点から──

　赤坂（2010）によると、米国の学生寮の特徴として、①大学の教職員および RA 等の専門スタッフが学生寮の運営や取り組みに積極的に関わっている、②寮生同士の交流が重視されており、特に上級生が下級生のサポートをすること

でお互いが成長し合う、③寮生と教職員が連携してイベント等を企画・運営している、の3つがある。

ミドルベリー大学は、まさにこれらすべてにあてはまる。ミネルバ大学も①と③はあてはまるが、②の上級生による下級生のサポートという点は学生寮にはない。ミネルバ大学は学年単位で移動していくため、上級生と下級生が対面で直接出会う機会が限られているためである。

そもそも高等教育において、寮生活は、教室での勉強と教室外の生活とを統合して学習に文脈を提供する場とされ、デューイの一連の著作から、「リビング・ラーニング・コミュニティ」と呼ばれている（加藤, 2007）。また、英国においては、学生寮は、教員と年長の学生との共同生活の場であったため、「自己認識を相対化するとともにその過程で生じる脆弱さを保護する機能をもった」（金子, 2013, p.121）という。つまり、学生寮は、学習の統合の場とされてきたが、大学生の成長過程で起きる葛藤を保護するであろう、教員や上級生とのタテの関係をつなぐ場でもあった。

事実、ミドルベリー大学では、新入生に対してのメンターの役割が上級生に割り当てられ、教員が共に居住している学生寮もある。しかし、そのような機会が、ミネルバ大学ではほとんどない。むろん、レガシーなどによって学年を越えたつながりもデザインされているが、実際に学生が生活している対面空間のコミュニティにはそうした上級生のメンターが存在しない。授業がすべてオンラインで教授陣は米国をはじめ世界各地にいるというミネルバ大学の特徴も、場の共有がなく時差という障壁があることを考えると、ミドルベリー大学では学生寮を通して受けられる支援がミネルバ大学の学生寮では得られにくい要因となっている。また、下級生の面倒を見ることで上級生も成長するということを考えれば、互恵的な学習機会や支援が限られているともいえる。

しかし、ミネルバ大学は、入学者選抜の段階から率先して行動ができる自発性の高い学生を求めている。学生寮に上級生がいないことで、毎年ゼロから学生集団をつくりあげることになるため、「学生は最終的には、仲間に対して自分の課外活動を確立する責任を持つことになる」（p.283）という。つまり、上級生がいないことで、むしろ学生が自発的に行動しやすい環境を整えているという見方もできる。

また、最近の米国の学生寮は、高額な授業料の元凶であるという指摘がある（ロバーツ, 2017）。確かに、ミドルベリー大学の1年間の寮費は食費込みで18,600ドルと言われている[9]。ミドルベリーのような学術的・個人的志向に合わせて複数の選択がある学生寮は、魅力的でもあるが、その費用の高さが教育格差を生み出す一因ともいえる。ミネルバ大学が、現在の米国の大学が持っているこうした「負の側面」を払拭するため、学生寮の費用を抑えたことは評価すべきであろう。

(2) LIU グローバルとの比較──グローバル・ローテーションの観点から──

LIU グローバルも、ミネルバ大学と同様に世界を移動するため、ミドルベリー大学のような上級生と下級生のタテの関係をつなぐ回路はない。また、1年次は、ホームステイであるため、ミドルベリー大学やミネルバ大学のように、クラスメイトと生活を共にすることはない。ただし、LIU グローバルでは、各地にある大学のセンターで正課授業を対面で行っているため、そのセンターで教授陣やクラスメイトと毎日顔を合わせることになり、時差のような問題もないため支援は受けやすい。また、ホームステイでは、現地の家族と共に居住することになるため、その地域や文化についてより理解が深まりやすい。LIU グローバルでのカリキュラムには、各地でそれぞれの言語教育が含まれていることは、現地への深い関与を意図してのものであろう。

この外国語教育が正課で提供されているか否かは、LIU グローバルとミネルバ大学の大きな相違点である。ミネルバ大学では、外国語教育は提供されず、外国語の学習は学生の自由意志に任されている。しかし、大学の外部のコミュニティと接触するということは、各地域の地元の組織や人々と交流するということである。インターンシップやフィールドワークで地元の人と深い関与をするのであれば、その土地の言語の知識は欠かせない。「没入経験」をする時に、その土地の言語の習得がなされていなければ、準正課・課外活動の在り方に影響を及ぼすのではないだろうか。

---

9 ミドルベリー大学ウェブサイト（https://www.middlebury.edu/college/admissions/affordability）（2023年5月21日閲覧）

第4章 準正課・課外活動 173

　第1節2(1)で見たように、ミネルバ大学は、約4ヶ月ごとに都市を移動していく。そのため、深く関わろうとすることで、心理的負担が大きくなるという声もあった。それを考えると、今のローテーションで語学まで要求するのは難しいのかもしれない。

　滞在都市についても、LIU グローバルの方がミネルバ大学よりも多様性に富む。ミネルバ大学は、アメリカから始まり7カ国の4大陸に滞在するが、LIU グローバルは、コスタリカから始まり「8カ国で生活し、学び、多い時には6大陸を旅する」[10] ことになる。ミネルバ大学は、オンライン授業が中心であることから、安定したインターネット環境の確保や、治安や安全面での配慮が欠かせず、必然的に都市は限定されることになる。

　以上のことから、ミネルバ大学の実践は、学生寮を通した大学コミュニティの形成においては、ミドルベリー大学に比べて学年間を越えた互恵的学びや支援の機会が少なく、グローバル・ローテーションを通した経験学習においては、LIU グローバルに比べて没入経験としての範囲が限られているという印象がある。だが一方、ミネルバ・コミュニティの価値観の創造のプロセスに学生の声が反映されているという点は大いに注目される。すなわち、「コミュニティの7つの価値観」に学生の声が反映され、そこからコミュニティプログラムが組まれ、その後も学生生活スタッフが、常に学生からのフィードバックを受けて学生の経験をデザインしているという点である。これはミドルベリー大学にもLIU グローバルにもない、ミネルバ大学の準正課・正課外活動の大きな特徴である。

第4節　ミネルバにおける準正課・課外活動の特質

　以上、ミネルバ大学では、どのように準正課・課外活動がデザインされ、実践されているのかを、設立時のデザイン、実際の具体的取り組み、米国の他大学との比較から検討してきた。これをふまえて本節では、ミネルバにおける準正課・課外活動の特質をあらためて整理する。

10　LIU グローバルウェブサイト (https://www.liu.edu/global/academics)（2023 年 7 月 1 日閲覧）

まず、ミネルバ大学では、準正課・課外活動は、正課での学習成果を現実世界で使う場であるとともに正課での学習への動機づけを行う場として捉えられている。そのため、学生も巻き込んで「コミュニティの価値」を創造し、「人格的成果」もあわせて内部のコミュニティ形成を促している。年間行事や、学生寮を中心に実施されるコミュニティプログラムといった活動は、それらの価値観や成果と明確に紐付けられた上で行われている。また一方で、グローバル・ローテーションによる「経験学習」の観点から、滞在先の自然環境や文化を取り入れた様々な準正課・課外活動が実施され、地元のシビック・パートナーとのプロジェクトを通じて、学習が深まるようにデザインされている。そのため、メンタルヘルスへの負担にも配慮し、専門家や学生のレジデント・アシスタントを学生寮に配置する等の工夫がなされている。また、各学生の卒業後のキャリアをサポートする目的で専門開発能力部があり、個々の学生に応じた細やかな学生支援体制がとられている。

　実際に、これらの取り組みは、学生からはおおむね好意的に捉えられており、特に、ミネルバ・コミュニティ内部を対象とした取り組みに関しては、学生寮生活や寮内での様々なプログラムなどが、オフラインでのコミュニティ形成に寄与している様子が窺える。このようなオフラインでのつながりは、オンラインでの正課教育を円滑にすすめるうえでも重要であろう。しかしながら、ミネルバ・コミュニティ外部と関わる取り組みに関しては、都市に没入するというコンセプトが本当に実現できているのかという点に疑問が残る。というのも、学生たちが各都市に滞在する期間は、移動や休暇などを含めると、実質的には4ヶ月しかないためである。

　そこで、米国の他大学の事例と比較した時に、どのような特質があるのかを検討した。その結果、学生寮やグローバル・ローテーションという点において、異学年や教員との物理的な空間での交流が少ないこと、現地語の学習がないためイマージョンとして深さがあるとはいえないということを指摘した。

　しかし、ミネルバ・コミュニティの価値観の創造のプロセスに学生の声が反映されているという点は、特徴的な点である。すなわち、「コミュニティの7つの価値観」に学生の声が反映され、そこからコミュニティプログラムが組まれ、その後も学生生活スタッフが、常に学生からのフィードバックを受けて

第 4 章　準正課・課外活動　175

学生の経験をデザインしているという点である。これはミドルベリー大学に
も LIU グローバルにもない、ミネルバ大学の準正課・課外活動の特質といえる。
学生の自発性や主体性を重視し、準正課や課外活動を通じた学習成果にその声
を反映させているということである。また、学生へのインタビューや現地調査
の結果から、準正課・課外活動は開校当初とは変化しており、年度によって変
容させるなど柔軟性を持って組み替えているということが明らかになった。柔
軟で即時的な対応が可能な点もミネルバにおける特質の 1 つといえよう。

おわりに

　ミネルバ大学では、既存の米国の大学での研究成果にもとづき、様々な準正
課・課外活動が実践されている。その取り組みは、正課教育はオンラインが中
心であるのに対し、準正課・課外活動の多くはオフラインで行われている。固
有のキャンパスを持たなくても、様々な活動を意図的に実施することで、ミネ
ルバ内部のコミュニティだけでなく、外部のコミュニティとの関わりも可能で
あることがミネルバ大学の事例から明らかになった。

　それらの取り組みのうち、学寮やグローバル・ローテーションといった観点
で、ミドルベリー大学や LIU グローバルと比較した時に、バリエーションの
幅が大きいとはいえない。しかし、そうしたバリエーションを増やすことによっ
て、学費の高騰に拍車をかけることにもなりかねない。ミネルバ大学は、自ら
の教育目的に最低限必要なものだけを残すことに注力した大学の事例ともいえ
るのではないだろうか。そもそも教室や図書館は大学という高等教育において
は本当に必要なのか、正課教育と準正課・課外活動を架橋する上で、何を重視
しどのように取り組むべきか、といった大学教育の在り方を再検討する際の視
点を提供してくれるのがミネルバ大学の取り組みであるといえる。

文献

　赤坂瑠以 (2010)「アメリカの大学の学生寮視察調査－本学の学生寮への提案－」『高
　　　等教育と学生支援』1, 49-55.

　Association of American Colleges & Universities. (2007). *College learning for the new global century:*

A report from the National Leadership Council for Liberal Education & America's Promise. (https://secure.aacu.org/AACU/PDF/GlobalCentury_ExecSum_3.pdf) (2020年11月10日閲覧)

Association of American Colleges & Universities. (n.d.b). *High-Impact Educational Practices.* (https://www.aacu.org/leap/hips) (2020年11月30日閲覧)

金子元久 (2013)『大学教育の再構築 学生を成長させる大学へ』玉川大学出版部.

加藤善子 (2007)「ラーニング・コミュニティ・教育改善・ファカルティ・ディヴェロプメント」『大学教育研究』15, 1-16.

河井亨 (2015)「正課外教育における学生の学びと成長」『大学時報』64 (364), 34-41.

Kosslyn, S. M., & Nelson, B. (Eds.). (2017). *Building the intentional university: Minerva and the future of higher education.* Cambridge, MA: The MIT Press. S. M. コスリン, B. ネルソン編 (2024)『ミネルバ大学の設計書』(松下佳代監訳) 東信堂.

LIU Global official website (https://liu.edu/global/Academics/program-locations) (2021年2月8日閲覧)

松下佳代 (2020)「大学生の能力形成における正課教育プログラムの布置」『大学教育学会誌』42(2), 15-19.

Middlebury College official website (http://www.middlebury.edu/student-life/community-living/residential-life/housing-information) (2021年2月8日)

溝上慎一・中間玲子・山田剛史・森朋子 (2009)「学習タイプ (授業・授業外学習) による知識・技能の獲得差違の検討」『大学教育学会誌』31(1), 112-119.

ロバーツ・アキ, 竹内洋 (2017)『アメリカの大学の裏側 「世界最高水準」は危機にあるのか』朝日新聞出版.

山田剛史・森朋子 (2010)「学生の視点から捉えた汎用的技能獲得における正課・正課外の役割」『日本教育工学会論文誌』34(1), 13-21.

山本秀樹 (2018)『世界のエリートが今一番入りたい大学 ミネルバ』ダイヤモンド社.

吉見俊哉 (2021)『大学は何処へ 未来への設計』岩波書店.

付記

本章では、「はじめに」「第1節」「第3節」「おわりに」を佐藤有理が、「第2節」を大野真理子が担当した。

第5章　教職員

岡田航平・大野真理子

はじめに

　大学における教職員は、学生が大学で様々な経験を得る上で欠かせない存在である。例えば教員であれば、カリキュラムを計画し実践するといった場面において、あるいは職員であれば、学生のニーズに合致した学生生活のサポートをするといった場面において、それぞれの担うべき役割がある。

　教員に関しては、ボイヤー（Boyer, 1990）が、大学教授職を、教育、研究、専門的サービスの３つの機能を担う包括的な専門職として位置づけた。日本の大学においても、一般的に教員の職務は、教育・研究・管理運営・社会貢献にあり、それぞれに割くエフォートは教員ごとに異なるものの、基本的にすべてを担うものとされている。ところが、佐藤（2020）によれば、一部の欧米諸国では、近年、大学教授職の多様化や役割の細分化という現象が見られるようになってきた。すなわち、大学教員のポストを、教育担当（teaching focused）、研究担当（research focused）、教育研究担当（combined）、マネジメント担当に機能分化させるという動きである。

　一方、職員に関しては、特にアメリカでは、大学教授職よりも早く機能分化が進んでいた。保坂（2004）によれば、現在職員が担う職務は、かつては教員によって担われていた職務から分化されて確立したものであった。教育に直接関係しない派生的な仕事は教員から敬遠されがちなため、教育を担当しない専任のポストを設け、これを教員以外の者に担当させたという次第である。大場（2004）は、その背景には、増える学生の受け入れや新たなサービスの需要への対処、大学管理業務から研究志向の教員を解放するというねらいがあったと指摘する。教員の手を離れて専任の仕事となった職務分野では、そこで働く職員

の社会的地位を維持・向上させることが目指され、専門分化が進められると同時に連絡会議や職能団体を通した活動が行われるようになった。

このように、教員も職員も、その役割を細分化し、機能分化させることが近年の大学における動向である。そして、その動向をうまく取り入れ、職務記述書（ジョブ・ディスクリプション）を明確にしたのがミネルバ大学である。

第1節　ミネルバにおける教職員の全体像

これまでの章でみてきたように、ミネルバ大学における学びは独特である。その学びを実現するためには、教職員の役割を明確にし、それに応えられる人材を同定した上で雇用する必要があると考えられる。

例えば教員であれば、授業の実施はもちろんのこと、その準備や評価といった、1回の授業にまつわる一連の業務量を考慮すると、教育に割くべきエフォートはかなりのものであると想定される。つまり、ミネルバ大学が目指す教育を学生に提供するためには、教員は「教育に特化した存在」であることが望ましいのである。そのために、教育に特化した教員を雇用するという明確な機能分化の方針を示した上で、その目的に合致した人材を雇用しようとしている。

また、職員であれば、授業をはじめとする多くの活動がオンラインで行われるミネルバ大学において、滞在先の都市にいる学生生活スタッフ（Student Life staff）は、対面で交流することが可能な数少ない職員である。各都市に居住していること、学生が対面で会える存在であることという性質を備えた学生生活スタッフは、求められる役割も、その役割に応じた求められる資質も、他の職種の職員とは異なってしかるべきだろう。

それでは、ミネルバ大学は、これらの教職員に対し、具体的にどのような役割を求めているのだろうか。また、どのような人材であれば、その役割を果たすことができると考えているのだろうか。

そこで本章は、ミネルバ大学の学びを支える重要なアクターである教職員の役割は何か、その役割を果たすためにどのような教職員が求められているのかを整理した上で、ミネルバ大学の教職員の特質に迫ることを目的とする。

具体的には、まず第2節で、ミネルバ大学の教員はどのような役割（職務）を

第 5 章　教職員　179

担っているのか、どのように学習成果と関わっているのか、そして、どのように教員間での共通認識を生成しているのかを解説する。続く第 3 節では、ミネルバ大学での教員採用における採用基準・待遇はどのようなものか、また、どのように教員研修が実施されているのかを整理する。さらに第 4 節では、ミネルバ大学の職員構成を示した上で、とりわけ学生生活スタッフがどのような役割（職務）を担っているのか、そして、どのような資質が求められているのかを説明する。これらの整理を踏まえ、第 5 節では、ミネルバ大学における教職員の特質について検討する。

　なお本章は、ミネルバ大学の創設に関わったコスリンとネルソンによる書籍（Kosslyn & Nelson, 2017）、ミネルバ大学で教務関係のリーダーを務めた教職員 C（Int. 12）ならびに学生生活スタッフである教職員 D（Int. BA-2）へのインタビュー調査によって得られた情報をもとに構成する。

第 2 節　教員の役割

1.　教員の構成と職務

　先述の通り、ミネルバ大学では明確な機能（職務）分化を前提とした上で、各教員のはたらき・活躍が求められている。それでは、ミネルバ大学における各々の教員はどのような役割が求められるのであろうか。はじめに、ミネルバ大学における教員構成の全体像をみていこう。

　ミネルバ大学では 5 学部に計 51 名の教員が所属している（**表 5-1**）。

　ミネルバ大学における ST 比（教員 1 人当たりの学生数）はおおよそ 12.1 である[1]。参考までに、日本における平均 ST 比は、国立で 12.5、公立で 13.8、私立で 24.8 である（朝日新聞デジタル, n.d.）。

　ミネルバ大学における教員の主な職務は、授業の実施、および科目の開発・改善である。開学当初は数多くの科目をすばやくデザインすることが必要だったため、科目デザインを専門的に担う教員が多く求められた（Kosslyn & Nelson, 2017, p. 223）。しかしながら、現在はそのような区分けがなくなっているため、

---

[1]　2020-2021 年における学生数は 618 名。

180

表 5-1　ミネルバ大学における教員構成

職階＼学部	人文学部	ビジネス学部	コンピュータ科学部	自然科学部	社会科学部	合計
学部長	1	1	1	1[2]	1[3]	5
教授	4	1	5	4	0	14
准教授	2	1	3	4	2	12
助教	3	3	3	3	8	12
合計	10	6	12	12	11	51

(出典) ミネルバ大学ウェブサイト (https://www.minerva.edu/about/faculty/) (2023 年 2 月 5 日閲覧)

科目デザインを担う教員と授業を担当する教員という区分けは存在していない。したがって、これまで科目をデザインしてきた教員も皆、授業を実施しており、彼らは授業計画の進め方や授業計画の構成の改善などに多くの意見を持っているという (Int. 12)。また、多くの教員はグローバル・ローテーションにおける現地の学生生活チームと協力して、正課外活動や学習体験、授業に関連した体験学習について意見を述べることもある。これらの職務に加えて一部の教員は、教員採用や教員評価、教員の授業内容の監視など、大学を運営し学術的な活動を遂行するために必要な管理業務も行っている。学生入学審査委員会に参加している教員などがその一例である。他方、一部の教員はコーチング・人材開発チームと協力して、学生向けに様々なテーマのワークショップを開催し、学生の専門的な能力開発を支援している。それだけでなく、インターンシップやそれに付随する仕事、大学院進学のための推薦状の執筆などにも教員は貢献しているという (Int. 12)。

2.　教員の学習成果 (HCs・LOs) との関わり

(1) 教員と HCs の評価との関わり

先述の通り、ミネルバ大学の最大の特徴は学習成果の具現化を試みている点にある。それでは、ミネルバの根幹である学習成果と教員はどのように関わっ

2　学部長と准教授を兼任。
3　学部長と教授を兼任。

第5章 教職員 181

ているのだろうか。はじめに汎用的能力を具現化した HCs と教員の関わりを評価の側面からみてみよう。

評価の前提として、各教員はすべての科目で1回の授業ごとに、学びに不可欠な HCs を1個ないしは2個特定することが求められている。これらの HCs は学びに不可欠として教員が選定したものであり、それ以外に学生は、自分で選定した HCs を加えることもできる。その上で、HCs の評価は「平均値」「スコープ」「トランスファー・コンピテンシー」という3つの方法で集計される（コラム参照）。このように各教員がそれぞれの担当する科目において HCs の評価に携わる仕組みを確立していることが、ミネルバの特色ともいえるタイムトラベル・グレードの実施を可能にしているといえよう。

(2) 教員と HCs の見直し（統廃合）との関わり

ミネルバ大学では、HCs の評価だけでなく、HCs の見直し（統廃合）にもすべての教員が関わることが求められている。それではどのようにして HCs の見直し（統廃合）が実施されているのか。具体的なプロセスをみてみよう。

はじめに、1年目のコーナーストーン科目を担当する教員に限らず、HCs を使用・評価しているすべての教員に、HC の使用方法や採点方法に関してフィードバックを行うことが求められている。ミネルバ大学では、教員だけでなく、学生や雇用主などからのフィードバックも得ており、ミネルバの教育に関する多くのステイクホルダーの意思やコメントを考慮している。その上で、これらフィードバックに基づいて HCs の見直しを担う教員集団が構成されており、彼らがフィードバックを踏まえて、修正案を検討する。その後、作成された修正案をプロボストへと提案し HCs の見直しを行っていく。具体的には、2つの HC を統合して1つの HC にするといった大きな修正から、HC の名称変更といった小さな修正まで、様々な修正が行われている。これらの修正は HC の改訂に伴う非常に詳細な基準に即して実施されているが、このように絶えず全教員を巻き込み学習成果としての HCs の検討を繰り返した結果、開学当初は 114 個に細分化されていた HCs は、現在 78 個まで減少している。これら HCs の見直しに関して教職員 C は、初期の HCs は細かすぎるがゆえに具体的ではなかったと、#negotiate を例に挙げて以下のように語っている（語り 5-1）。

語り 5-1　HC の見直し（#negotiate を例に）

現在、[開学当初] 114 個の HC が 80 個[4] まで減った主な理由は、**初期の HC では細かすぎて具体的でないことに気づいたから**です。そこで、#negotiate のような例を挙げてみます。これは重要な HC ですね。ネゴシエーション（交渉）の方法には、さまざまな方法やフレームワークがあります。私たちは今でもそれらすべてを教えていますが、以前は 6 つの HC がありましたが今は 1 つです。学生が #negotiate をうまく使えば、それはうまく採点してもらえますし、その中で**異なるフレームワークを使うこともできます。そのほうが理にかなっていると思います。**（教職員 C、Int. 12）

（3）教員と LOs との関わり

それでは、専門教育の学習成果である LOs と教員との関わりはどのような仕組みになっているのだろうか。各科目で用いる LOs の決定は基本的に科目担当教員が担っている。科目担当教員は検討した LOs を提案し、それに基づき、カリキュラム担当マネージャーおよび各学部長と協議することが求められている。この協議においてカリキュラム担当マネージャーおよび各学部長は、LOs を含む科目全体をデザインし、学習成果の検討について指示したり，その基準を提示するといった形で支援を行い、科目としてふさわしい LOs を決定する。とはいえ最終的な LOs の決定権は、HCs とは異なり、専門分野に精通している科目担当教員に付与されている (Int. 12)。

3.　教員をつなぐコミュニケーション

このように、学習成果と教員との関わりが構造的にデザインされている一方で、現在は科目デザインを担う教員と授業を担当する教員の区分けが存在していないという。このような状況下で各授業の質を担保するために、教員はどのように共通認識を生成しているのだろうか。その仕掛けは、教員をつなぐコミュニケーションにある。

4　学生へのインタビューおよびウェブサイトによると、2022 年 11 月現在、HCs の数は 78 個となっている（序章参照）。

第5章　教職員　183

(1) 週1回の会議

　第一のコミュニケーション手段は、コーナーストーン科目を担当するあらゆる教員（科目を教える教員、科目デザイナー、多くの場合関連する学部の学部長）が参加する週一回の会議である。ミネルバ大学において基本的に授業を実施しない曜日とされている金曜日に、毎週、Forum上で1時間程度の会議が実施されている（Kosslyn & Nelson, 2017, p.181）。

　この会議の目的は「過去1週間の振り返りを行うこと、および今後2週間の検討を行うこと」である。そして、重要事項は授業プランノート（the lesson plan notes）に記録される。過去1週間の振り返りでは、主としてうまくいった点や改善点などを科目を担当する教員全体で共有する。翌週に関してはレッスンプランに関する詳細な検討が、翌々週に関しては軽めの見直しが行われる。翌週に向けた詳細な検討については、具体的に、評価のための質問の明確化や議論のために提示するトピックの検討、次の授業に向けた質問の検討や教員のための有用な参考文献の追加などを実施している。稀なケースとしては、各授業プランに組み込まれている内容をクラス全体での議論からグループ毎の問題解決型の演習に変更するような大幅な変更が提案されることもある。いずれにせよ、ミネルバ大学の教員間における相互交流は一般的であり、その中で、教員は様々な学問的背景を持ち、授業計画に関連する明確な洞察を共有することができる（Kosslyn & Nelson, 2017, p.181）。これら科目担当教員全員が参加する会議については「非常に協働的なプロセス」であると表現されており、このようなプロセスへの参加という教員の役割が、各授業の質を担保していることが窺える（語り 5-2）。

語り 5-2　改善に向けた非常に協働的なプロセス

> コーナーストーン科目では、およそ10個もの同一科目があることもあり、毎週ミーティングが行われ、その科目を教えている全員が、何がうまくいったか、何を改善すべきか、次の授業に向けて質問や提案をします。つまり、**非常に協働的なプロセス**なのです。（教職員 C、Int. 12）

(2) Slack の活用

　第二のコミュニケーション手段がマルチプラットフォーム・コミュニケー

ション・ツール「Slack」の活用である。Slack 上でユーザーとなる教員は、目的に応じてチャンネルを作成・参加し、メッセージを投稿することができる。個人間の直接的なメッセージももちろん可能である。Slack におけるチャンネル内の会話は時系列で表示されており、通常の電子メールのスレッドに比べて解析しやすいものとなっている（Kosslyn & Nelson, 2017, p.182）。

　ミネルバ大学における Slack のチャンネルは、主として各科目に設定されており、主要な関係者全員がアクセスできる。例えば、コーナーストーン科目「実証的分析」のチャンネルには、科目担当教員、科目開発教員、自然科学部長、1 年次カリキュラム担当ディレクター、カリキュラム開発担当ディレクターが参加している。このチャンネル内では一般的に、科目における課題の日付と詳細に関する調整、学生によって投げかけられた質問に対する模範解答の検討、有用な教材の共有、評価に関するキャリブレーション（評価基準の調整、基準合わせ）が行われている。さらには、代講の依頼・報告の投稿、教育経験に関する士気を高める報告の投稿や、教員・学生が利用できるリソースに関する技術的状況の更新にも使用される（Kosslyn & Nelson, 2017, p.183）。

　Slack の斬新な使い方としては「HC of the Day」というものがある。このソフトウェアは、1 日 1 回、自動的に 1 つの HC を選択し、その完全な説明と実際の応用例を含めて、Slack の一般チャンネルに投稿されており、教育目標全体を周知することに役立っている。Slack における情報はすべて非同期で投稿され、素早く読むことができるため、同じ目的を達成するための対面での会議に比べて、時間を短縮することができる。教員の多くが同じタイムゾーンにはいないミネルバ大学において非同期の閲覧は非常に重要な条件となっている（Kosslyn & Nelson, 2017, p.183）。

第 3 節　教員の採用と研修

1. 教員の採用基準・待遇

　ここまでミネルバ大学における教員の役割をみてきた。それでは、ミネルバ大学はどのように教員を採用しているのだろうか。はじめにミネルバ大学における教員の採用基準・待遇についてみてみよう。

第5章　教職員　185

　結論から述べると、ミネルバ大学では各専門分野の博士号を取得している学際的な教員の採用を志向している。実際にミネルバ大学に在籍している約50名のすべての教員が博士号取得者である。彼らは専門分野に即して5学部のいずれかに配置されるが、多くの場合は他学部でも授業を実施している。例えば、ビジネス学部に所属している教員がコンピュータ科学部や社会科学部の授業で教えたり、社会科学部の教員が人文学部でも教えるといった具合である。また各学部長も例に漏れず、授業を担当することが求められる (Int. 12)。

　ミネルバ大学における教員採用に関して非常にユニークな点が、世界中から教員を募集し採用しているという点である。実際のところ、教員の大半 (約70%) はアメリカもしくはカナダに居住している一方で、アフリカやヨーロッパ、アジア、南アメリカ、オーストラリアと異なる大陸に住む教員も存在している。また、採用時に居住していた場所から別の場所に移る教員も珍しくないという (Int. 12)。すなわち、ミネルバ大学の教員居住地へのスタンスは「適切なタイムゾーンで授業を行えるのであれば世界のどこに住んでいてもよい」ということである。とはいえ、異なるタイムゾーンに居住している教員との授業では、授業時間が見直されることもあるという。現に、ほとんどの教員はグローバル・ローテーションで滞在する7都市には在住していないものの、各都市の近くに教員が在住している場合もあるようだ。加えて、コロナ禍では中断されていたとのことだが、従来は、教員がボランティアという形で、1ヶ月ほど各都市を訪問し学生と面会する機会を設ける取り組みが、大学側の費用負担で実施されていた (Int. 12)。

　教員採用に関してミネルバ大学では、担当する科目別に教員を採用しているわけではないことも特筆すべき点である。それゆえに、担当する科目や専門分野が異なっていたとしても給与は等しく設定されている。また、テニュア制度 (期間の定めのない雇用契約) は存在せず、すべての教員は任期3年間の雇用契約となっている。ミネルバ大学では原則、更新は1回のみであるため、6年が最長の雇用契約期間となっており、契約2年目で契約の見直しや更新が行われている。実際のところ、80%以上の教員が3年以上在籍しており (Int. 12)、また、開学当初より、主として教学面で多大なる貢献をしてきた教職員Cのように、6年以上在籍している例外も存在している。なお、ミネルバ大学において非常

勤講師は存在していない。

このような教員の採用基準・待遇の背景には、1年次の学びも2年次以降の専門的な学びもすべて等しく重要であるという考え方が存在している。それゆえに、教員の多くは1年次のコーナーストーン科目、2年次以降の専攻コア科目、専門領域科目の複数の科目で授業を担当しており、ミネルバ大学としてもそれを推奨している。このような方針に基づいていることから、複数科目での授業実施を容易とするために学際的な教員を採用することを志向しており、教員の専門性と意欲をマッチングさせ、教員にとっても興味深いものになるような工夫が行われているのである。

2. 教員研修の方法

ここまでミネルバ大学における教育活動を支えてきた教員の採用基準・待遇を確認してきた。しかし、これだけに留まらず、ミネルバ大学では確立された教員研修を実施することで教育の質の担保を行っている。実際に、ミネルバ大学では、担当する科目や各々の専門分野に関わらず、すべての教員が同じ教員研修を受けている。なぜなら、ミネルバ大学に所属するすべての教員が共通した学習成果であるHCsを学び、理解する必要があるためである。そして、ミネルバ大学ではコーナーストーン科目で教えることと専門科目で教えることを区別せずに、すべての科目が等しく重要だと考えられている（Int. 12）ためである。それでは具体的な教員研修の方法についてみていこう。

まずは採用時における教員研修であり、これは3週間にも及ぶ非常に厳しい教員研修である。ミネルバ大学が志向しているチームティーチングの大きな難題は「いかに学生のパフォーマンスの評価における一貫性を担保できるか」である（Kosslyn & Nelson, 2017, p.187）。この難題に加えて、下記の授業デザインやその実施に焦点を当てて、3週間の教員研修はデザインされている。というのも、ミネルバ大学には様々な分野の背景を持ち、様々な経験を積んだ教員たちが集う中で、確立された学習成果に基づいた一貫性のある教育活動を展開しなければならないからである。また、一般的に博士後期課程やポスドク期間には、効果的な教育方法についてはほとんど、あるいはまったくトレーニングを受けていないこともその要因である。この教員研修における最初の1週間では、ミ

ネルバ大学の教育アプローチの背景にある学習の科学に基づいた授業法のアプローチ全般を学ぶことに重点が置かれている。これらは Forum 上で進行され、学部の授業と全く同じような構成で進められる (Kosslyn & Nelson, 2017, p.191)。

　その後の2週間では学習成果の育成やその評価方法に関して学ぶことが求められる。具体的には、HCs の考え方やその評価基準となるルーブリックについて学ぶ。例えば、Slack などのツールを通じて実際の授業における学生の解答例をリアルタイムで共有しそれに対する評価を検討することや、Forum 上で特定の課題や問題に対する採点に関して一般原則の確立を検討することなどが行われている。ここで最も重要なのは、学習の科学、アクティブラーニングの種類、ミネルバの HCs、カリキュラム、評価、ルーブリックといった重要なトピックに、アクティブラーニングをフル活用しながら深く関わることである (Kosslyn & Nelson, 2017, p.191)。

　加えて Forum 上では模擬授業も行われており、例えば、ある教員が学生役の教員に教え、その後学生役の教員からフィードバックを受けるといった模擬授業が実践されている。さらには新人教員以外の教員や学部長、可能であれば実際の学生にも参加してもらい模擬授業が行われることもある。この模擬授業では、すべての参加者に、ファシリテーターである教員の良かった点、改善すべき点に関してフィードバックを述べることが義務付けられている。これらを通じて教員は、Forum の操作方法や授業計画を実現させる方法を学び、多くの場合、授業計画は異なる教員が複数回教えることになる。さらにこの模擬授業の録画ビデオを通じた振り返りを実施し学生の学習成果や HC を評価する方法を学ぶことや、サンプルペーパーの採点に伴い評価者間信頼性を検討することなども組み込まれている (Kosslyn & Nelson, 2017, p.192)。これら多くの要素を採用直後3週間の研修で経験することで、学生の成績評価における一貫性の担保を志向した試みが行われている。

　そのほか採用1年目の教員に対しては、研修担当教員よりサポートやフィードバックを介して綿密な指導が提供されている。それ以外にも、継続的に教員相互でフィードバックを提供しサポートし合うような仕組み、さらには、年間を通じた多種多様なワークショップの参加機会が提供されるなど、在職期間においても、各々の教員が互いに成長し合える仕組みが設定されている。

第4節　職員の役割と採用

1. 職員の構成と学生生活スタッフへの着目

　ミネルバ大学には多様な職種の職員が所属しており、入学者選抜を取り扱うアドミッションチーム（Admissions team）から卒業後のキャリアを支援するコーチング・人材開発チーム（Coaching and Talent Development team）まで、ステージに合わせて様々な側面から学生をサポートする体制が整っている（**表 5-2**）。

表 5-2　ミネルバ大学における職員の職名と人数

職名	人数
アカデミック・アドミニストレーター（Academic Administration）	4 名
アドミッションチーム（Admissions Team）	3 名
コーチング・人材開発（Coaching and Talent Development）	5 名
マーケティング・アウトリーチ（Marketing & Outreach）	8 名
ブランド・クリエイティブ（Brand & Creative）	2 名
財務・戦略（Finance & Operation）	2 名
グローバル学生生活（Global Student Life）	6 名
学生生活スタッフ・秋学期（Fall Student Life Staff）	18 名
グローバル学生サービス（Global Student Services）	2 名

(出典) ミネルバ大学ウェブサイト（https://www.minerva.edu/about/staff/）（2023 年 4 月 20 日閲覧）

　中でも、滞在先の都市に居住している学生生活スタッフ（Student Life staff）は、学生にとってもっとも身近な存在である。授業をはじめとする教職員との交流が、基本的にすべてオンラインで行われるミネルバ大学において、学生生活スタッフは、対面で交流することが可能な数少ない職員である。それゆえ、ミネルバ大学から期待されている役割は大きいことが想定される。

　では、学生生活スタッフは具体的にどのような職務を担っているのだろうか。そして、その役割を果たすために、どのような資質が求められているのだろうか。本節では、学生生活スタッフの役割や採用基準について具体的にみていこう。

2. 学生生活スタッフの役割

（1）学生生活スタッフの使命

　学生生活スタッフは、ミネルバ大学の学生たちが、グローバル・ローテーション（第4章参照）でめぐる滞在先の都市に居住する職員である。中でも、学生とともに寮内に居住している学生生活スタッフは、レジデンス・マネージャー（Residential Life Manager）と呼ばれている。各都市には複数名の学生生活スタッフがおり、2022年秋学期の時点でブエノスアイレスには6名[5]、2023年春学期の時点で台北には3名が割り当てられていた。また、各都市の学生生活スタッフをとりまとめる代表として、都市ごとに都市ディレクター（City Director）と呼ばれる役職者が存在する。

　学生生活スタッフには、大きく2つの使命が課せられている。1つは、「学生の健康上の安全を確保し、都市で安全に過ごすために必要な情報をすべて提供すること」であり、もう1つは、「学生に都市の文化、歴史、文脈、その都市にいることの意味について知る機会を提供すること」である。後者の使命は、都市体験（City Experience）（第4章参照）をはじめとする、都市に没入するためのプログラムの企画・実施という形で実現される（Int. BA-2）。

　学生らによれば、都市によって学生生活スタッフの人柄や気質は異なり、学生に求めるものも変わってくるという。例えば、ブエノスアイレスの学生生活スタッフは陽気でおおらかなイメージであったのに対し、台北の学生生活スタッフは時間に厳格で真面目というように、滞在先の都市の特性があらわれているといえよう（Int. TP-2、Int. TP-4）。とりわけ、ブエノスアイレスと台北の学生生活スタッフに対する学生からの評価は非常に高く、人柄はもちろんのこと、サポートの手厚さやプログラムの充実度などにも起因するようである（Int. BA-3、Int. TP-4）。

5　当時は新型コロナウイルス感染症の影響を受け、一部の学年において都市のローテーションの順序が変更されていた（序章参照）。ブエノスアイレスには、2019年入学生（当時4年生［M23］）と2020年入学生（当時3年生［M24］）の2つのコーホート（同学年集団）が同時期に滞在しており、この人数は2コーホートをサポートするためであり、通常は3名体制である。

(2) 学生生活スタッフと職員間の協働体制

学生生活スタッフは、上述した使命を実現するため、主に2つのオンラインによる情報共有を通じて、学生生活スタッフ同士あるいは他職種の職員との連携を強化している。1つは、隔週で実施されている他の都市の学生生活スタッフとの情報共有である[6]。ここでは、各都市における実践や計画といったように、それぞれの都市が何をしているのかを共有する。都市によって文化は異なるものの、都市ごとに好き勝手にやっていいというわけではない。都市体験や、後述する居住地に根ざした課題(LBA)をアレンジするという、すべての都市に共通するプログラムの土台が存在するためである (Int. BA-2)。

もう1つは、毎週実施されている、コミュニティケア・イニシアティブ・ミーティング (Community Care Initiative meeting) での情報共有である。ここでは主に、学生のメンタルヘルスに関連する情報を取り扱う。このミーティングには、学生生活スタッフのほかに、グローバル・メンタルヘルス・ディレクター (Global Director of Mental Health and Wellness)、コーチング・人材開発スタッフ、担当のアカデミックスタッフ [教員] が参加する。教員は、このミーティングを通じて、学業やメンタルヘルスに課題を抱える学生を、学生生活スタッフにつなぐことができる。例えば、連絡しても返事がない、授業に出席しない、課題を提出しないといった懸念のある学生について報告すれば、学生生活スタッフは当該学生に声をかけ、状況を把握しようと試みる。反対に、学生生活スタッフから教員に対し、入院が必要な学生に対する欠席の配慮を求めるといったケースも存在する (Int. BA-2)。

(3) 学生生活スタッフとカリキュラムとの連携

このように、文字通り学生生活を全般的にサポートする学生生活スタッフであるが、彼らの役割はこれだけではない。学生生活スタッフの活躍の場は、ミネルバ大学のカリキュラムにも及んでいる。

6　2022年秋学期のインタビュー当時は、ブエノスアイレス、台北、サンフランシスコの3つの都市間で情報共有をしていた。滞在中の学生がいない学期の都市は対象に含まれていない（例えば、ソウルとロンドンである）。

第5章　教職員　191

①統合的学習科目との関わり

統合的学習科目 (Integrated Learning Course) とは、個人と人格の成長をサポートするためのツールを提供し、多様な多文化社会で効果的な市民権を得るための準備をするために設計された必修の授業であり、1単位が割り当てられている[7]。統合的学習成果 (Integrated Learning Outcomes) という、「セルフマネジメントと健康 (Self-Management and Wellness)」、「対人関係 (Interpersonal Engagement)」、「異文化対応力 (Intercultural Competency)」、「専門能力開発 (Professional Development)」、「市民的責任 (Civic Responsibility)」の5つの領域で構成される。いわば、この5つの領域のマネジメントが、学生生活スタッフの仕事の核となる。統合的学習科目には担当教員はおらず、非同期型で実施される。科目全体で25時間の学習を要求されており、そのうち10時間は、都市でどのような活動をするかを学生が自分で決めることができる。例えば、タンゴのレッスンを受けてもいいし、地元の人を訪れたり、お店に行ってみたりしてもいい (Int. BA-2)。

単位認定のためには、2つのリフレクションセッションに参加することが必須条件となっている。1つは、都市体験や寮生活などを振り返るセッションである。このセッションでは、まず、「都市体験や居住地に根ざした課題は、地元の文化を理解するのに役立ったか」、「寮の環境はどうであるか」、「学生生活スタッフからサポートを得られていると感じるか」といった7つのトピックごとに、コメントを付箋に書く。次に、3段階の満足度 (満足・普通・不満足) に応じて、トピック別・満足度別に分かれた模造紙に付箋を貼付する。その後、トピックごとにグループに別れ、書かれたコメントの概要を説明した上で、改善に向けた提案を行う。もう1つは、セメスターでの進捗状況を振り返るセッションである (BA-1、Int. BA-2)。

学生生活スタッフは、このリフレクションセッションの運営や、リフレクションの対象となる都市体験などのプログラムのアレンジに従事し、学生の都市への没入をサポートしている。リフレクションセッションそのものは単位認定に影響する正課であるが、リフレクションの対象となる活動自体は準正課活

7　ミネルバ大学ウェブサイト (https://www.minerva.edu/cornerstone-curriculum-certificate/)（2023年7月3日閲覧）より。

動である。統合的学習科目を通じて学生生活スタッフは、正課と準正課を橋渡しする役割を担っているといえよう。

②居住地に根ざした課題との関わり

居住地に根ざした課題（第2章参照）では、教員との連携が鍵になる。学生生活スタッフは、アカデミックスタッフが作成した居住地に根ざした課題の実施に必要なリソースを学生に提供するために、各都市の関係機関と調整する役割を担う。ミネルバ大学での学びの必要性を理解してもらえるように、相手方と折衝するのだ（Int. BA-2）。

居住地に根ざした課題では、パフォーマンス課題のような、滞在先の都市に根ざしたシナリオが提示される。例えばブエノスアイレスでは、自然科学専攻の課題として、「自分が植物学者であると想定して、地域の植物の研究を行う」という設定の課題が出されている。学生生活スタッフは、学生がこの課題に取り組むことができるよう、フィールドへのアクセスを確保することが求められている。実際、子どもや若者に対する科学教育に取り組む企業に対し、一緒にプログラムを作ってほしいと交渉し、ブエノスアイレスの自然保護区での調査やウォーキングツアー、質疑応答といったプログラムを実現させた（Int. BA-2）。

ミネルバ大学での学びを実現する上で、とりわけ都市に関連した学びを実現する際には、各都市にいる学生生活スタッフをはじめとした職員のサポートが必要不可欠であることが窺えるエピソードである。

3. 学生生活スタッフの採用基準・待遇

（1）学生生活スタッフに求められる資質

学生の生活と学びの双方を支える学生生活スタッフには、どのような資質が求められるのだろうか。端的にあらわせば、それは、「多様なバックグラウンドを持ち、高いソーシャルスキルを発揮できること」である。実際、ブエノスアイレスの学生生活スタッフは、歌手だった者、企業や政府、NGO での勤務経験を有する者、コミュニケーションや社会科学の分野で学んだ者など、実に様々な経歴を有する人物で構成されていた（Int. BA-2）。その上、人あたりもよく、学生たちにも友好的に声をかけ、またかけられるという良好な関係を築いている様子が窺えた（BA-1）。

では、なぜそのような資質が求められるのだろうか。そこには、ミネルバ大学の学生層や、学生生活スタッフが担う職務と強い関連がある。まず、ミネルバ大学の学生の多くはアメリカ以外の国で学んだ留学生であるため、家族から離れて一人で過ごす者が多い。学生生活スタッフは、そのような学生たちに寄り添い、共感できる存在である必要がある。そのため、外国人相手に即興でうまく対応できることが求められるのだ。さらに、学生や都市の関係者とうまくやっていくためには、外交的で人と接するのが上手であることも欠かせない。そして、学生生活スタッフ同士あるいは多職種との連携が求められる立場でもあるため、同じ目的に向かって他者と協働できることも必要な条件であるといえる。他者と歩調をあわせられない人物は、歓迎されないのだ (Int. BA-2)。

また、絶対条件ではないものの、各都市を自分の地元とする者であることが望ましいとされている。上述のように、学生生活スタッフは各都市での学生の生活や学びを包括的にサポートするため、現地の文化に精通し、学生が現地の文化を学べるようなプログラムを提供できることが必要である (Int. BA-2)。プログラムの企画にあたっては、学生生活スタッフの地元の人とのコネクションが重要であり、幅広いパーソナルネットワークを駆使して、様々なプログラムを展開しているようである (Int. TP-4)。

(2) 学生生活スタッフの採用プロセス

新しい学生生活スタッフの採用にあたっては、多くの推薦者があり、ブエノスアイレスのケースでは、同僚の助けを得ながら実に 35 人近くと面接をしたという。求められる資質からもわかるように、学生生活スタッフは人物重視の採用となるため、そのプロセスは複雑である。というのも、面接で初めて会う候補者のソーシャルスキルを見極めることは困難であり、その候補者が、ミネルバ大学の中で起こりうる様々な出来事に対し、どのように対応できるのかがわからないからである。そのためか、前任者や知人といった、信頼に足る人物からの推薦によって採用に至るケースがみられるようだ (Int. BA-2)。

第5節　ミネルバにおける教職員の特質

　ここまで、教職員集団の全体像を概観した後、教員の役割、およびその採用と研修、そして職員の役割と採用についてみてきた。これらを踏まえて、最後にミネルバにおける教職員の特質について考えたい。

　第一に、ミネルバ大学の教員の役割における最大の特質は、4年間を通じて、全教職員がHCsの育成・評価に関与する点であろう。一般的に日本の大学では、主に専門教育の内容を重視する形で教員を採用するが、ミネルバ大学ではすべての教員が、専門教育科目と併せてコーナーストーン科目を担当する。それゆえに、すべての教員がコーナーストーン科目の目標や、さらには大学全体としての目標を把握することができている。言い換えると、ミネルバ大学におけるすべての教員が、HCsという学習成果に基づき、自分の担当科目にとどまらず、学士課程全体のプログラム単位で学生の育成・評価に強い関心を持っているといえよう。

　加えて、教員の共通認識となる学習目標・学習成果に関しては、短いタイムスパンで見直しが行われている。現に、入学時に示されていたHCsをはじめとする学習成果が在学期間中に適宜、見直され変化している。この見直しや変化は、個々の教員のフィードバックや教員集団による検討に基づき行われているものであり、このように絶えず学びの見直しが行われているからこそ、教員は常に学び続け、そして学習成果に関与し続けることが求められている。

　第二に、ミネルバ大学の教員の採用と研修における特質は、教員の役割を明確にし、それを実現できる教員に焦点を定めて雇用している点にある。ミネルバ大学の教員は教育に特化することが求められており、その背景には、今在籍している教員にできることに基づいて教育プログラムを作るのではなく、大学が理念として掲げている教育を念頭に、それを実現できる教員を募集するという発想が根底にある。大学の理念や目的が明確にされているからこそ、教員が果たすべき役割が明確になり、おのずとそれに応えられる教員とはどのような人材かを同定することができよう。

　また、ミネルバ大学の理念に賛同する優れた教員が集まるような仕掛けがなされていることも注目に値する。それはすなわち、教員の居住地に囚われない

採用方針や、担当科目の割当上の工夫、学生の成績評価における一貫性の担保を志向した教員研修などである。テニュア制度がないという一方で、このように教員側に多数のメリットを提供することでその欠点を補い、教員募集をうまく進めているといえよう。この前提には、教員をミネルバ大学の特色ある学びを支える重要なアクターとして捉えており、質の高い教員を集めるためには労を惜しまないというミネルバ大学の姿勢が窺えた。

　第三に、ミネルバ大学の職員の役割と採用における特質は、学生生活のサポートを主としながら学生の学びにも関与し得る職員像である。本章で焦点を当てた学生生活スタッフの主な使命は、学生の健康や生活上の安全を確保すること、都市への没入体験をサポートすることの2点であった。これを実現するために、毎週のオンラインミーティングを通じて関係各所と情報共有することで、学生のメンタルヘルスを注視したり、他の都市の学生生活スタッフと適宜情報共有をしながら、都市体験などのプログラムを企画・実施したりしていた。

　それだけにとどまらず、彼らは学びにも大きく関与していた。上述の通り、学びの実現に重要な役割を果たしている教員に加えて、学生生活スタッフも、統合的学習科目の運営やアレンジを通じて、正課と準正課を橋渡しする役割を担う。また、居住地に根ざした課題のような都市に関連した学びをコーディネートする際には、現地にいる学生生活スタッフをはじめとした職員のサポートが必要不可欠であることがわかった。

　このような職員に求められたのは、多様なバックグラウンドと高いソーシャルスキルである。学生たちに寄り添い、共感できる存在であることや社交的で他者と協働できることが学生生活スタッフには求められ、このように人物重視の採用が採られているがゆえに、信頼に足る人物からの推薦が重要であることが窺えた。

おわりに

　「はじめに」で紹介したように、教職員の役割を細分化し、機能分化させることが近年の大学における潮流である。それは日本の大学においても例外ではない。例えば、非常勤講師のような教育のみに関わる教員や実務家教員、学習

支援やキャリア教育などの特定業務に携わる教員など、教員の多様化ならびに役割の細分化は日本でも起きている (佐藤, 2020)。しかし、日本の場合、二宮ほか (2019) や丸山ほか (2019) が指摘するように、組織目標の曖昧さと評価基準の不明瞭さといった、大学から期待される役割が明確にされていないことに伴う弊害も明らかにされている。すなわち、教育・研究・管理運営・社会貢献のすべてに携わるという従来の教員像とはまた異なった、いわゆる「第三の領域」とされる教員の職務記述書 (ジョブ・ディスクリプション) が明確ではなく、応募してきた人物の力量や専門性に応じて依頼する仕事を決める、あるいは雇用された側が自ら仕事を探し出すといったような状況である。また、この傾向は教員のみならず職員にもあてはまり、近年では、従来は教員が担ってきた学習支援やキャリア教育の分野を専門とする職員や、国際教育の推進を専門とする職員が登場してきており、その雇用の不安定さや職務範囲およびキャリアパスの不明瞭さが課題となっている (渡部, 2021)。

　この点においてミネルバ大学は、まったく逆のアプローチをとる。まず大学として果たすべき使命を共有した上で、その実現のために必要な教育はどのようなものかを同定し、その実現に必要な教職員の資質・能力を明確にするのだ。ミネルバ大学は、カリキュラム、評価法、教授法、準正課・課外活動といった点で、従来の高等教育にはない斬新な取り組みを持ち込んだ。しかし、それらの根底にあるのは、「大学として何を成し遂げるべきか」という議論を通じた、教育機関としての責任感である。ミネルバ大学は私たちに、斬新な取り組みだけに目を奪われるのではなく、教育機関としての社会的使命とは何かに立ち返って、今一度議論をする必要があるのではないかということを問うているといえるだろう。

　しかしながら、ミネルバ大学の採用システム、こと教員採用の仕組みに関しては、懸念すべき側面ももちあわせていることに注意しなければならない。まず、教育に特化した存在としての教員像、すなわち機能分化に関しては、これまで教育、研究、専門的サービスの3つの機能を担う包括的な専門職であった伝統的な大学教授職のあり方が揺らぎ、教員の専門性が低下することが危惧されている (佐藤, 2020)。次に、任期付き雇用、すなわちテニュア制度が存在しないことに関しては、任期制による雇用の不安定さが、教育能力や研究能力など

の大学教員の能力形成を阻む可能性が指摘されている (立石ほか, 2013)。つまり、ミネルバ大学が導入している教員採用システムは、教育の質を高めるという目的に対して、かえって低下をもたらす危険性もはらんでいるのだ。

　ミネルバ大学の場合は、これらの懸念事項を、「ミネルバ大学で教えるということ」自体に価値をもたせることによって、世界中の熱意ある優秀な教員を集めることができていると考えられるが、これは大きなチャレンジであったはずだ。ミネルバ大学でさえそうであるならば、日本の大学にとっては、より一層厳しい道のりであることは想像に難くない。そのことを承知の上で、ミネルバ大学の関係者であれば、「大学として何を成し遂げるべきか」を明確にする過程で、学生だけでなく教員をも惹きつけるような「価値」を提示すればいいではないか、と挑戦的な口調で言うかもしれない。果たして、これからの日本の大学が、ミネルバ大学のような思い切った採用システムを導入することはあるのだろうか。そして、それは望ましい結果をもたらすのだろうか。機能分化や任期付き雇用の増加が進行しつつある現在、大学における教員とはどのような存在なのかという大きな問いが投げかけられている。

文献

朝日新聞デジタル (n.d.)『朝日新聞×河合塾共同調査 ひらく日本の大学：ST 比 (教員1人当たりの学生数) と初年度納入金の関係 (2016 年度調査)』(https://www.asahi.com/edu/hiraku/bunseki/perspective01.html#MainInner) (2023 年 4 月 22 日閲覧)

Boyer, E. L., (1990). *Scholarship Reconsidered: Priorities of the Professoriate*. Princeton, NJ: Carnegie Foundation for the Advancement of Teaching.

保坂雅子 (2004)「米国における大学職員の概念」大場淳編『諸外国の大学職員《米国・英国編》』高等教育研究叢書 79, pp.8-11.

Kosslyn, S. M., & Nelson, B. (Eds.). (2017). *Building the intentional university: Minerva and the future of higher education*. Cambridge, MA: The MIT Press. S.M. コスリン, B. ネルソン編 (2024)『ミネルバ大学の設計書』(松下佳代監訳) 東信堂.

丸山和昭・齋藤芳子・夏目達也 (2019)「アドミッションセンターにおける大学教員の仕事とキャリア－国立大学の教員に対する聞き取り調査の結果から－」『名古屋高等教育研究』(19), 335-348.

二宮祐・小島佐恵子・児島功和・小山治・浜島幸司 (2019)「大学における新しい専門職のキャリアと働き方－聞き取り調査の結果から－」『大学評価・学位研究』20, 1-25.

大場淳 (2004)「米国の大学における入学審査職員に求められる能力とその開発」『大学行政管理学会誌』8, 55-61.

佐藤万知 (2020)「大学教授職の役割細分化現象と課題―オーストラリアの教育担当教員を事例に―」『名古屋高等教育研究』20, 213-234.

立石慎治・丸山和昭・猪股歳之 (2013)「大学教員のキャリアと能力形成の課題―総合的能力の獲得に及ぼす個別能力・経験・雇用形態の影響に着目して―」『高等教育研究』16, 263-282.

渡部留美 (2021)「大学の国際教育交流部署における非正規事務職員のキャリア形成―国立大学法人に勤務する4名のライフストーリーから―」『留学生交流・指導研究』23, 51-64.

付記

　本章では、「はじめに」「第1節」「第4節」「おわりに」を大野真理子が、「第2節」「第3節」「第5節」を岡田航平が担当した。

第6章　学生からみたミネルバ
──長期的インタビューを通じて──

田中孝平・大野真理子・岡田航平・石田智敬

はじめに

　本書では、ここまで、ミネルバ・モデルを、目標とカリキュラム、学習評価、授業法、準正課・課外活動、教職員といった観点から解剖してきた。では、学生はこうしたミネルバでの経験を通して、どのように学び、成長したのだろうか。また、学生たちはミネルバ大学をどのように捉えているのだろうか、そして、その捉え方は4年間を通じてどのように変化したのだろうか。

　いうまでもなく、ミネルバ大学が目指す理念は、学生がミネルバ・モデルをどのように経験し、そしてそれをどのように言語化したのかという、学生の語りに表出される。私たちは、これまで28回にわたって、学生を対象としたインタビュー調査を実施してきた（序章参照）。学生の語りの一部については、第1章から第4章の該当箇所ですでに紹介した通りである。

　とりわけ、序章で概観したように、私たちが調査対象としてきた学生の数がかなりのものとなっているのは、「スノーボール・サンプリング」──ある回答者から知人を紹介してもらい、雪だるま式にサンプル数を増やしていく手法──を用いて、次々に学生を紹介してもらったためである。調査対象とした数多くの学生の中から、本章では、私たちの調査に特に継続して協力していただいた4名の学生（学生A、学生D、学生E、学生G）に焦点化することにしたい。彼らの一連の語りをあらためて整理し、統合することによって、彼らの大学入学前の経験も踏まえつつ、ミネルバでの4年間の学びの軌跡とミネルバに対する捉え方に迫っていくことにしよう。

　もっとも、スノーボール・サンプリングの手法を用いて学生にアクセスして

いる関係で、4名の学生への調査開始時期にずれがあることや、調査形態や質問項目がすべてのインタビュー間で共通しているわけではないこと、提供を受けた資料の量が学生ごとに異なっていることなど、本章にはいくつかの特性がみられる。それでも本章では、4人の異なる著者が、1人ずつ学生のミネルバでの経験に関する分析を担当し、これまで得られたインタビュー・データを各著者自身の分析視角から見つめ直し、インタビュー・データをフルに活用することで、個々の学生のリアルな学びの姿を生き生きと描出することを試みた。

第1節　学生Aの事例

まず、スノーボール・サンプリングの1人目である、日本人学生Aの語りから本章の描写を始めることにしよう。Aと私たちの出会いは、ミネルバの1年目のカリキュラムを終えて帰国していた2020年7月まで遡る。その際に、Aは、京都大学大学院教育学研究科の授業へのゲストスピーカーとして、ミネルバ大学で受けてきた1年目の教育の内実について、質疑応答を含め3時間かけて丁寧に説明してくれた（当初は1コマ1.5時間を予定していたのだが、話に引き込まれた私たちのために、特別に2週連続、授業に参加していただいた）。

その後も、Aが日本に帰国した際には食事を共にするなど、フォーマルにもインフォーマルにも議論を重ねてきた。Aは、私たちとの複数回にわたるディスカッションやミーティングの実施、訪問調査に向けての事前準備、複数の学生の紹介など、私たちの調査に欠かせないキーパーソンとしてさまざまな役割を担ってくれた。

1. 「最適解」としてのミネルバ大学への進学

(1) ハーバード大学との出会い

Aは、公立中高一貫校、とりわけ卒業生を国内の難関大学へ多数送り出す、いわゆる「進学校」出身の学生である。海外との接点は、何度か家族で海外旅行に行ったことがある程度だと語り、大学入学以前には長期的な留学経験は一度もなかった（語り6-1-1）。

語り 6-1-1　大学入学以前までの海外との接点

> 僕は帰国子女ではなくて、親もまったく英語を喋れない、あんまり海外の大学については わかっていないっていう状態でした。一方で、**海外での経験というと、いわゆる旅行で海外に行くぐらいのこと**はありました。（学生 A、2 年次、Int. 3）

　そんな A は、中学校卒業後、高校入学前に開催された海外研修プログラムの一環としてハーバード大学を訪れたことをきっかけとして、「なんでかよくわかんないんですけど、もう絶対にハーバード大学に行きたい」(Int. 3) という熱意を抱くようになった。そこで、「ハーバードを第一志望に、アメリカの大学を受験する」(Int. 3) ことを決めたという。

(2) ミネルバ大学への進学に対する決意

　アメリカの大学への進学を早々に決意していた A は、高校 3 年生になると、「［大学］4 年間で何をやりたいのかっていうのをもっと深く考え始め」(Int. 3) るようになっていた (語り 6-1-2)。

語り 6-1-2　「実践する力」を身につけるための大学 4 年間

> 次の［大学］4 年間でやりたいことっていうのは、何か分野にとらわれたことではなくて、僕は、**分野にとらわれずに「実践する力」を身につけること**だっていうふうに考えました。「実践する力」っていうのは、例えば、自分が面白いと思うアイデアであったりとか、社会とか世界を変えられるかもしれないと思ったアイデアがあったときに、アイデアだけで終わらせちゃうのはすごくもったいない……**それを実際に「実践する力」っていうのを、大学卒業後にもっておきたいなあって思い**ました。（学生 A、2 年次、Int. 3）

　このように、A は大学 4 年間を通じて「実践する力」を身につけたいと考える傍ら、日々の高校の授業では「暗記中心」の座学が繰り返される現状の中で、「アメリカの大学であっても日本であっても……椅子に座りながら［授業を］受けている状態で、『実践する力』が身につくのかな」(Int. 3) という疑問を持ち始めた。そのようなとき、A は「ハーバードよりも難関」と謳った Business Insider[1] の記事を通じて知っていたミネルバ大学のことを思い出す。

「自分で考えながら、自分でやらないと学べないタイプだった」(Int. 3)と語る
A にとって、「世界7カ国を実際に回りながら、実践を通して学ぶっていうスタイル」(Int. 3)を確立していたミネルバ大学は、自身が思い描いていた大学の理想像とぴったり一致した。このとき、ミネルバは、A にとって「最適解」としての志望校へと変わり、そして後に進学先になったのである。

以上の通り、A は、高校時代にミネルバ大学を「『実践する力』を身につける場」とみなしていたことがわかる。では、A はミネルバ大学へ進学後どのような学びを経験し、ミネルバでの学びを捉えていったのだろうか。

2. 「実践する力」を身につけるミネルバでの学び

(1) HC に対する要求の高度化

まず、1年次のカリキュラムを終えた A は、初年次のコーナーストーン科目の印象を次のように語る(語り 6-1-3)。

語り 6-1-3　コーナーストーン科目に対する印象

ミネルバっていうのは、基本的に生徒[=学生]の発言をベースに進めていく授業なので、いろんな質問が飛んできたりもしますし、実際自分が当たってないときでも、「自分だったらどう考えるかな」っていうふうに、**生徒[=学生]に考えさせるような時間というのが、90分続いていくような授業で。僕はそれがすごく好きで、常に自分で考えていられるというところに魅力を感じています。**(学生 A、2年次、Int. 3)

A は当初から「[HCs を]どんどん意識していって、どんどん自分のものにしていきたいっていうようなモチベーションがあります」(Int. 3)と話していたように、HCs の獲得に向けて意欲的であった。

A の場合、こうした HCs 獲得に対する姿勢は継続され、学年が上がっていくにつれて、その要求がより高度化していったようにみえる。例えば、2年次の A

---

1 The founder of a college startup more exclusive than Harvard or Stanford says traditional applications don't measure anything but wealth (https://www.businessinsider.com/college-startup-minerva-harder-to-get-into-than-harvard-2017-5) (2017 年 5 月 12 日閲覧)より。

は「HC を学んでいるんじゃなくて、HC を使う段階に入っているので、意識的に自分でやっていかないといけないかな」(Int. 5) と語っていたが、3 年次になると、さまざまな文脈に応用しやすい HC だけでなく、「ちょっとがんばって、定義の難しい HC も活用していこうと思っている」(Int. 15) と述べている。つまり、2 年次には特定の HCs の幅広い文脈への活用に焦点が向けられていたのに対して、3 年次にはさまざまな種類の HC の活用が意識されていた。一連の語りから、学年をこえて HCs を深く広く学ぼうとしてきた学びの軌跡が読み取れる。

このような学びを通じて、HCs は A にとって自分のものとなっていく。例えば、A は、3 年次には「HCs を意識的に活かそうと思って［準正課・課外］活動してるかっていうと全くそうではなくて、……HCs を自動的に応用している状態」(Int. 15) になったと語っている。他方、「HCs を意識的に……いろんなところに応用していこうっていう時間帯と、……そんなことを全く考えてない」時間帯がある (Int. 15) と述べるように、日常生活における HCs の活用に関して「二面性」が出てきたという。もっとも、すべてのミネルバの学生が常に HC のことを意識しているとは考えにくいが、HCs を徹底的に活用することを意識してきた A だからこそ、このような「二面性」が立ち現れてきたとみることもできるだろう。

さらに、4 年次になった A の語りからは、HCs を自分にとって意味のある学びができているかどうかを確認するための 1 つの「指標」として用いる形へと変化してきた様子が窺える (語り 6-1-4)。

語り 6-1-4　自分の学びの適切さを確認する指標としての HCs

> HCs をしっかり使ってるかどうかっていう、……そこで、自分は本当に正しく学べているのか、本当に意味のある学び方できてるのかっていうのをチェックするための規範みたいな感じに変わってきたって気がするんですよ。(学生 A、4 年次、Int. TP-1)

興味深いことに、A は大学在学中にとどまることなく、大学卒業後の仕事・社会の場面においても、自ら主体的に動いていくための「チェックリスト」として HCs (や LOs) を使うことを意図している (語り 6-1-5)。

語り 6-1-5　卒業後にも続く HCs 活用への意図

> たぶん、僕、HCs と LOs を、卒業してからもずっと、社会人になっても見続ける気がするんですよ、すごく。自分が何かプレゼンテーションを作らないといけないみたいになったときに、自分は本当に #audience を理解できてるかなとか、コミュニケーションのデザインも、規則とか、本当に自分に効果的に応用できてるんだろうかっていう。1 個の成功資料ではないんですけど、**本当にいいものを作り上げられているかっていうのを確認するチェックリストみたいな感じで**、どんどん付き合っていくだろうし、**本当に自分に理解できているのかっていうのを確認する、いいメトリックかな**というふうには思ってる感じです。（学生 A、4 年次、Int. TP-1）

　このように、A が大学入学以前に抱いていた「実践する力」を身につけたいという想いは、ミネルバ大学入学後に「HCs の獲得」という目標へと具体化され、その目標は学年が上がるにつれて高度化されながら発展的に引き継がれることになったといえる。

(2)「アカデミック」と「プライベート」の対比に基づく考え方

　こうした A のミネルバでの学びは、アカデミックとは異なる側面を重視するという A の考え方に支えられている部分が大きい（語り 6-1-6）。

語り 6-1-6　「アカデミック」以外の側面を重視する考え方

> ほかの学生と比べて、大学院に行きたいっていう［想い］とか、［高い］成績［を取りたいという想い］とか、そうでもなかったので、結構、自分がやりたいことだけやって、あとはほかのことを優先していたので……。**アカデミックを若干、プライベートより下に見てる感じは、4 年間を通してあんま変わんなかったかな**と思います……（学生 A、4 年次、Int. TP-1）

　「僕自身がアカデミックな分野にあまり興味がない」(Int. 15) と繰り返し語ってきたように、A は、専門分野を深く掘り下げて学ぶという意味での「アカデミック」と、自分のやりたいことに即した学びとしての意味での「プライベート」を対比的に捉え、後者を優先させている。このような学びの捉え方の背後には、学びにおける「価値観の軸」が存在している（語り 6-1-7）。

第 6 章　学生からみたミネルバ　　205

語り 6-1-7　「価値観」の軸に対する認識の一貫性

——1 年生、2 年生、3 年生、4 年生、っていうふうになるにしたがって、ミネルバ
　の学びの印象に対して変化はありましたかね。
学生 A：自分としては、もちろん見解とかやりたいことっていうのは、めちゃめちゃ
　たぶん変わってるんですよ。……1 年目だったら、コンピュータサイエンスを
　やってみたいだったり、逆に、2 年目終わってからは、ビジネスマーケティン
　グで SNS を使って何かやりたいなだったりっていうふうに。どういうことを
　学びたいか、ミネルバでどういうことがやれるのかっていう、自分の価値基準
　は変わってるんだけど、**そのときの価値観の軸っていうのは、結局今自分がど
　うしたいかっていうのの積み重ねだったかなっていう。……なんか、それは 1
　年目と逆に変わってない気がしてて**……（学生 A、4 年次、Int. TP-1）

　さらに、「常にこういうことをやりたいっていう抽象があって、それに当て
はまる具体的なキャリアアッププランになるのかっていうのをでっち上げるっ
ていう感じで生きてる」(Int. TP-1) と A は語る。このように、A は自分にとって
の目標や理想にしたがう形で、自分自身が学ぶ専門分野や自身のキャリアを選
択するという考え方のもと、4 年間一貫して学びを深めてきた。
　そのため、A は、ある専門分野を深く掘り下げることや、特定の専門職に就
職することに対して特別な関心を示してこなかった。実際、語り 6-1-7 にも示
されている通り、A は 2 年次にコンピュータ科学を専攻としていたものの、そ
の後、3 年次になるとビジネスへと専門分野を転専攻している。当初、認知科
学やデータサイエンスの知見を使って「情報がいかに人を変えるのかみたいな
こと、人の人生ってどうやって決まってるんだろうっていうところ」(Int. 5) を
探究することに関心を抱いていたが、「何やりたいかっていうのを考えたとき
に、コンピューターのプロジェクトをやるっていう気は一切なかったので、大
学 4 年目にコンピューターのプロジェクトで時間が取られるのはちょっと嫌だ
なと思って、経営にシフトした」(Int. 15) という。
　以上のように、A にとって、大学は、専門分野を深く掘り下げて学ぶ場では
なく、「自分のやりたいこと」を発信する手助けとなる枠組みや考え方を学ぶ
場として捉えられていたとみることができる。そして、A は大学生活を通じて、
数多くの「実践」を繰り返してきた。
　実際、A は、大学 2 年次の頃、ミネルバ大学での学びを、映像を通じて発信

するというクラウドファンディングに挑戦し、その時期からミネルバでの学生生活の様子を積極的に YouTube や Twitter（現 X）に投稿するようになった（私たちも、A が定期的に更新する動画を何度も視聴し、楽しみながらミネルバのリアルを感じさせていただいた）。その他にも、ミネルバの他の学生と協力して、日本において中学生や高校生を対象としたトークセッションやワークショップを企画するなど、精力的な活動を続けている。

3. ミネルバ大学への捉え方

　では、ミネルバでの経験を踏まえ、卒業前の A は、ミネルバ大学らしさをどのように形容し、総体的な印象を語ったのだろうか。まず、A は、ミネルバ大学が学習の科学に関する知見に根ざした汎用的能力の育成を体系的に実現しようとしている点に、ミネルバ大学らしさを見出している（語り 6-1-8）。

語り 6-1-8　学習の科学に関する知見に根ざした体系的なカリキュラム

自分で何か実現する力とか、実際の社会を解決する……そういう汎用的能力っていうのを、実際に、**学習の科学ゴリゴリの「理詰め」でカリキュラムを提供**している。そこが、たぶん他の大学はやっぱり全然できてないところなので。学習の科学に基づいたカリキュラムっていうのがなかったら、……全然ミネルバじゃないっていうふうに一般的には考えています。（学生 A、4 年次、Int. TP-1）

　他方、A はミネルバでの学びに対する総体的な印象を次のようにも語る（語り 6-1-9）。

語り 6-1-9　ミネルバの学びに対する総体的な印象

やっぱり、全部、自分から、自分で、やらないといけない。授業の準備もそうだし、実際にどうやって都市で学んだりしていくのかっていうのも、**自分でやっていかないといけない**っていう、その繰り返しが、すごくでかかったなと思ってて。もちろん、……統計を学びましたとか、マーケティングの方法を学びましたっていう学問的なところもそうなんですけど、一番のミソはどちらかというと、**学ぶためのプロセスであるとか、そのための困難を乗り越えた経験であるとか、そういうところの繰り返しが一番でかかった**かなって思います。（学生 A、4 年次、Int. TP-1）

第6章　学生からみたミネルバ　207

繰り返しになるが、この語り6-1-9からも読み取れるように、Aにとって、ミネルバでの学びは、個別の学問分野に関する専門的知識を習得したこと以上に、「学ぶためのプロセス」を身につけた経験として位置づけられている。「受け身で大学の授業を受けてるっていう意識が全然なくて。……なので本当にすごく自分主体というか、自分で何かやってたみたいな」(Int. TP-1)という語りからも、常にAが主体となって学びをデザインしてきた様子が窺える。この語りは、1年次のコーナーストーン科目を終えた直後の「語り6-1-3」とも重なっており、初年次からの一貫性も感じられる。このように、「学ぶためのプロセス」としての汎用的能力の育成については、ミネルバが定める強固な理念や思想のもとで徹底的に行われているものの、その中で、学生が主体となって柔軟に学びを深めているとAが捉えている点は興味深い。

一方、インタビューをつなげてみると、Aは一貫して、ミネルバ大学はあらゆる人に適した大学とはいえないと位置づけてきたことがわかる。例えば、1年次のカリキュラムを終えた直後に「ミネルバの授業には、賛否両論があると思ってて、本当にミネルバって万人向けの大学ではないので、合う人と合わない人がいる」(Int. 3)と語っており、卒業後のインタビューでも「全然万人向けの大学ではないなと思います」(Int. 21)と述べている。このことからも、ミネルバ大学とは「実践する力」の獲得を目指す一部の人のための特別の大学としてAにはみなされているのである。そのようなミネルバ大学の特性を理解しつつも、学生Aは、一貫して自分自身はミネルバの学びに適した存在であると位置づけてきたのである。

4. まとめ

ここまで、Aのミネルバでの学びの軌跡とミネルバ大学の捉え方の変化についてみてきた。Aは「実践する力」を身につけたいという明確な目的のもとでミネルバ大学へ入学し、大学入学後に「実践する力の習得」という目標は「HCsの獲得」へと具体化され、学年を追うごとにHCsを深く広く身につけようという意欲が表れていった。

以上のAの学びは、大学を、専門分野を深く掘り下げる場としてではなく、さまざまな学問分野を学ぶための枠組みや考え方を学ぶ場として捉えるという

考え方によって支えられてきた側面が大きい。こうした考え方の背後には、自分にとって抽象的な理想や目標を実現するために専門分野や自身のキャリアを選択しながら具体化するというAの価値観が前提となっていた。そして、このようなミネルバでの学びは、すべての人には適しているわけではないとしつつ、自分には合った大学だという考えを一貫して示してきた。さらに、卒業後のインタビューでも、「ミネルバ大学らしさ」として、汎用的能力を体系的に育成するカリキュラムを掲げていた点でも、当初からミネルバ大学へ抱いてきた印象の一貫性が感じられた。このような点で、Aは、本章で取り上げる4人の中でも、最もミネルバに対する捉え方の変化が少なかった学生とみることができる。

＊ ＊ ＊

私たちから発する質問に対して常に正面から率直に答え続けてくれたA。ミネルバでの学びを進めていく中で、語りの一つ一つが力強くなるとともに、#audience が実践されていることを私たちは実感した。入学前から変わらない学びに対する考え方を堅持しつつ、ミネルバで磨かれた「実践する力」を武器に、リアルな仕事・社会で活躍していく姿は想像に難くない。

第2節　学生Dの事例

学生Dとの出会いのきっかけとなったのは、2021年5月に実施したミネルバ・シンポジウムであった。シンポジウムの内容に興味を抱いた学生Dから、シンポジウムの登壇者でもあった学生Aを介して、発表に用いた資料を共有してもらえないかという依頼があった。これを機に、当時2年生であった学生Dも、私たちのインタビュー調査の協力者となり、現在に至るまで計6回の調査に快く応じてくれた。

学生Dは、コンピュータ科学と社会科学のダブルメジャーである。学生Dの語りの興味深いところは、入学前から抱いていた将来への構想が、ミネルバ大学での学びと関わりあいながら、一本筋が通った信念を維持しつつ、漠然としたものから徐々に形をともなったものへと具体化していくところにある。まずは、学生Dがミネルバ大学を選択した理由からみていこう。

1. ミネルバ大学を選んだ理由

(1) ミネルバ大学との出会い

　学生Dは、地方にある公立高校の出身で、もともとアメリカの大学への進学を希望していた。その理由を「専攻の自由度」に求めており、「高校生の自分にとって入学前に何学部かを決めて進学するというのがすごくリスキーで、自分の将来にそんなに簡単に責任を取れないなと思い、ダブル専攻などの自由度が高いアメリカの大学を目指しました」(Int. 7) と語る。その中でも、学生Dは、高校在籍時から物理の研究に本格的に従事していたこともあって、「リサーチができるリベラルアーツ・カレッジ」への入学を強く希望していた。しかし、その大学の入試結果はウェイトリストへの掲載、すなわち補欠合格であった。そのようなときにミネルバ大学の存在を知り、受験した。その後、合格通知を受領し、ミネルバ大学について知るにつれ、次第に進学を考えるようになったという (語り 6-2-1)。

語り 6-2-1　ミネルバ大学との出会い

> ミネルバの存在をたまたま高校3年生の1月ぐらいに知りました。それで、とりあえず受けてみるかということで、受けてみたときは本当に何も知らない状態で受けました。合格通知が、2週間ぐらいですぐ届いたのですが、そこからミネルバのことを調べだして、**ダブル専攻をしながら専門性を学びつつ、汎用的な能力を身に付けられるミネルバへの進学を本格的に考えはじめました。……しかも7カ国も回れるということで、より魅力を感じはじめたのです。**(学生D、2年次、Int. 7)

(2) ミネルバ大学進学に対する葛藤と決意

　こうしてミネルバ大学に惹かれていった学生Dだが、ミネルバ大学に進学するかどうかという選択は、同時に、これまでに取り組んできた物理の研究を続けるかどうかという大きな選択でもあった。しかし、学生Dは、研究をやりたいと思ったときにできる環境を大学外に整えた上で、大学では「汎用的な能力」を学ぼうと、ミネルバ大学への進学を決意したのである (語り 6-2-2)。

語り 6-2-2　ミネルバ大学進学に向けた葛藤と決意

もう１つ大きい壁があって、それがリサーチを続けるか、続けないかということです。やはりミネルバに行くと１つの研究室に所属することができないので、自分にとってはそれが大きい障害で、どうしようかなと考えたときに、……奨学金をいただくことができて、もし［リサーチを］やりたくなったら……夏休みなどに研究を続けられる環境ができたので、せっかくだったらミネルバに進学しようかなと思いました。ですから、端的な理由で言うと、**汎用的な能力が学べるカリキュラムがあったことで、それがもともと第１志望だった大学でやりたかったことを網羅しているかなと思ったので、ミネルバにしました。**（学生 D、２年次、Int. 7）

　この、「汎用的な能力が学べるカリキュラム」への期待は、学生 D の興味関心の所在、そして将来への展望とも強い関連があった。次に、学生 D の将来構想と、その具体化に向けてミネルバ大学での学びがどのように関わりあっていったのかをみていこう。

2.　ミネルバ大学での学びと将来構想

(1)　将来構想の実現に向けた学びの進展

　上述のように学生 D は、ミネルバ大学への進学を検討する時点では、研究を続けるか否かで葛藤していたが、一方で、基礎研究の価値を社会に広めるために「研究者を支援する」側にたつという視点ももちあわせていた。そのために、研究者の気持ちもわかる「汎用的な能力」を身につけた人材になりたいと考えるようになったと語る（語り 6-2-3）。

語り 6-2-3　研究者を支援する側になりたい

どちらかというと研究者を支援することに興味が湧いてきて、今は、研究者が基礎研究をする価値が広く認められる社会を創ることを自分のミッションにしています。そのときに**自分がアカデミアの道で研究をするだけではなくて、研究者の気持ちも分かる、汎用的な能力を持った、社会を少し変えられるような人間になりたい**と思った感じですかね。（学生 D、２年次、Int. 7）

　それでは、基礎研究の価値を広く社会に認識してもらうためには、どのよう

第6章　学生からみたミネルバ　211

な方法をとればよいと考えたのだろうか。研究者支援に対する学生Dの想い
は、2年生のときから変わらないものの、当時はまだ方法が具体化されていな
かった。しかし、4年生になると、その想いはキャップストーンのテーマに色
濃く引き継がれ、従来の論文数や被引用数といった指標に限られない、研究成
果の測定に向けた新しいアプローチを検討するというかたちで、方法も具体化
されていった (語り 6-2-4)。

語り 6-2-4　研究成果の測定に向けた新しいアプローチの検討

私の興味は研究助成金の最適化であり、私のキャップストーンのトピックは科研
費の分配制度の評価です。……研究資金が研究成果に与える影響を、計量経済学
(econometrics) の手法を使って評価しているんです。日本の……サイエントメトリ
クス (scientometrics) では、研究者は通常、論文数や被引用数を科学的成果を測る指
標として用います。しかし、**私は、異なる成果指標を用いて、研究成果を測定しよ
うとしています。例えば、研究テーマがどれだけニッチであるか、どれだけアカ
デミアの多様性に寄与しているかなどを測ろうとしています。**……シミュレーショ
ン・モデリングの授業やネットワーク分析などを使って、研究成果のさまざまな側
面を測定しています。(学生 D、4年次、Int. BA-5)

(2) ダブルメジャーがもたらしたもの

　このような、経済学で用いられている手法をサイエンスの分野に活かそうと
いう発想は、コンピュータ科学をベースにしつつ、社会科学での学びも取り入
れようとする、ダブルメジャーだからこそ得られたものであった (語り 6-2-5)。

語り 6-2-5　コンピュータ科学と社会科学の融合

もともとミネルバに来る前から、私は、研究者支援……、基礎研究の価値が社会
に認められる社会を創りたいっていうゴールが1つあって。それに対して、自分は
やっぱりハードスキルを身につけたかったし、データの分野からどうにかアプロー
チしていけないかっていうことで、ミネルバに行って、コンピュータサイエンスで、
データサイエンスのトラックを始めたんです。その中で、たまたま、因果推論の授
業を受けて、その因果推論のつながりから社会科学部の経済学、計量経済学の授
業を受けました。計量経済学を担当していた教授と意気投合し、その教授にキャッ
プストーンの担当になってもらうことになりました。そこから、計量経済学の

様々な手法や、それらを学術分野の評価に使う、サイエントメトリクスっていう分野があることを知って、キャップストーンのテーマを具体化していきました。なので、自分は、**もともとデータサイエンスのスキルを勉強していたのですが、そこから、たまたま受けた授業がきっかけで、サイエントメトリクスという新しい分野に出会い、より深く学ぶために大学院に進学することになりました。**大学院ではサイエントメトリクスとサイエンスコミュニケーションを学ぶ予定です。(学生 D、4 年次、Int. 21)

　学生 D の語りにしばしば表れる「たまたま」という表現からは、偶然受けた授業が、思いがけず自分のやりたいことにつながったというような印象を受ける。しかし、その偶然を見過ごさず、意図をもって結びつけられたのは、学生 D にそれができるだけの素地が備わっていたからだという点に注目すべきであろう。そこでは、ミネルバ大学のカリキュラムや教員からのアドバイスも重要な役割を果たしていた (語り 6-2-6)。

語り 6-2-6　偶然を偶然に終わらせないための素地

――たまたま受けた授業から、やりたいことにつながるときに、そこにすっといけたのも、やっぱり他にいろいろなところの基礎を学んでいたからっていう感覚がありますか。

学生 D：そうですね。その、たまたま受けたソーシャルサイエンス学部の計量経済学の授業のコア科目の一つが CS [＝コンピュータ科学] で以前受けたことがある授業でした。CS のコンテクストで学んだスキルを経済の分野でどうやって使うかっていう授業があるということを、教授に教えてもらって、それを受けたいなと思って。そして、ある時、こういったスキルは経済だけではなくて、科学分野の分析にも使えるんだということに気づいてって感じでしたね。そこから、**キャップストーンでサイエントメトリクスの研究テーマを選ぼうと思えたのは、ミネルバの授業である程度のデータサイエンスの知識を習得していたり、それを経済の分野でアプライするという授業を受けていたからですかね。**あとは、教授のアドバイスも自分の興味がある分野を深める手助けをしてくれた感じです。(学生 D、4 年次、Int. 21)

　こうして学生 D は、入学前から漠然と抱いていた研究者支援のあり方、すなわち基礎研究の価値を社会に知らしめるための方法を、ミネルバ大学での学びを経験する中で模索し、自分のやりたいこととして具体化していった。そし

て、それを深めるため、卒業後の進路を大学院進学に決めた。

　学生 D はミネルバ大学での学びを、「自分がもしやりたいことを見つけた時のベース、ギリギリのベースを作ってくれるっていう感じ」(Int. 21) と表現している。最後に、学生 D がミネルバ大学で何を学んだと認識しているのかを包括的にみていこう。

3. ミネルバ大学での学びを振り返って

(1) 大学での学びに対するイメージとギャップ

　学生 D はミネルバ大学での学びについて、2 年生の時点で、大学が教えてくれることは意外と少なく、やりたいことが決まったら自分で頑張らなくてはならないと語っていた (語り 6-2-7)。

語り 6-2-7　ミネルバ大学での学びに対するイメージとギャップ

> 私は高校のときに、大学に行ったら専門的なことを勉強して、自分のやりたいことが見つかると考えていました。ただ、よくよく考えてみたら、ミネルバの 1 年目のカリキュラムはそういう感じではなく、2 年目を終えた今でも、意外と大学で学ぶことは少ないのかもしれないと思っています。大学 1 割、自分 9 割なのだろうなと、最近気づいた気がしますね。……2 年生でコアコースというものを受けていて、自分の専攻の基礎を身につける授業を受けているのですが、それもやはり、**何か本当にやりたいことが見つかったときに自分自身でその分野をどうにか開拓していけるレベルの、基礎的なことを習得している感じ**です。ですから、やはり何か突き詰めたいということがわかったら、自分の力で相当頑張らないといけないのだろうなと思いましたね。(学生 D、2 年次、Int. 7)

　そして、その印象は 4 年生になっても大きく変わっていない。ミネルバ大学を卒業したからといって、「アカデミック的にこれがもうマスターしましたとか、……これをもう極めましたっていうのがなかなかミネルバでは言いづらかった」と語っており、「知識として学んだことはすごく最低限」であったという。そして「ミネルバに行ったら何か専門性が持てるとか、これが得意になるっていうのは絶対なく」、ただし、「機会は用意して」くれるため、その機会を活用して、深く掘り下げていけるかどうかは学生次第だという (Int. 21)。

(2) 学び方を学ぶ・自分自身を知る

　では、そのような環境で学生Dが学んだものとは、何だったのだろうか。ミネルバ大学は、「学ぶ内容より学び方を重視した大学」(Int. 21) であり、学びのプロセス、すなわち、「どういうふうに勉強を進めたりとか、調べたらいいのかなっていうのを鍛えてくれた」(Int. 21) と、学生Dは振り返る。そしてそのような力は、課題を進めたり、他の学生とディスカッションしたりといった学びの中で得られたという (語り 6-2-8)。

語り 6-2-8　学び方を学ぶ

> マシーンラーニングの教授が毎回どのアサインメントでもよく仰っていたのが、このアサインメントの回答は、1年後には全部古くなって……あまり価値がないだろうということです。でも、このアサインメントを作り上げるまでの過程、どうやって検索したかとか、どうやって他人のコードを……自分自身のプログラムにアプライしたかとか、そういうプロセスを学んでいってほしいみたいな。……**どういうふうにセオリーやフレームワークを使うかとか、そういう知識ではないほうにずっとフォーカスしてた**ので、高校生の時の私が想像していたアカデミックとちょっと違ったのかなみたいな。(学生D、4年次、Int. TP-2)

　また、専門知識を深く掘り下げる代わりに、基礎的な部分を広く学んだことにより、自分でも気がついていなかった興味関心に気づくこともできたという。学生Dはこれを、「自分がやりたいことがどんどんアップデートされていく学び」と表現している (語り 6-2-9)。

語り 6-2-9　アップデートされていく学び

> 授業のフレキシビリティがあるっていうのがすごく自分には、最近大きかったなって感じていて、3年生の後半ぐらいから受け始めた、計量経済学とか……、そういう分野に自分自身が興味あるということは知らなかったけど、**面白い授業を受ける中で、自分が気になる分野がアップデートされていくのを、自分でも実感しました。あと学び方も絶対アップデートされてってって**いて。(学生D、4年次、Int. TP-2)

第6章　学生からみたミネルバ　215

　このような自身の学問的な興味関心への気づきに加え、学生Dにとっての
ミネルバ大学での4年間の学びの経験は、自分について考える機会をもたらす
ものでもあった。それは主に、グローバル・ローテーションを通じて各都市を
まわる経験や、寮生活、周囲の学生からの刺激によってもたらされたようだ（語
り6-2-10）。

語り 6-2-10　自分について知る・考える

> ミネルバに来て最近考えたことが、勉強以外のことで学んだことのほうが多かった
> なと思います。本当に**大学に進学するまでは、大学イコール学問みたいなイメージ**
> **があったんですけど、4年間通して結局一番学んだことは何かなと考えると、自分**
> **について知るとか、自分がどういう価値観を持ってるかとか、そういうことのほう**
> **が学びが多かったなと。**……ミネルバの生活って、やっぱり都市も変わるし周りに
> いる人もすごく短いスパンで変わるので、自分がどういうふうにアクトしたらいい
> かっていうのを、各都市ですごく考える必要がありました。日常で自分自身を考え
> る機会がすごく増えるっていうのと、セルフアウェアネスの高い人が周りに多いか
> ら私自身も自分自身についてより深く知りたいなと思うことが多いですね。（学生
> D、4年次、Int. TP-2）

　要するに、学生Dにとって、ミネルバ大学での学びは、「コンテンツはそこ
まで身についたなあとは思わない」（Int. TP-2）が、学びのプロセスのトレーニン
グや、自分自身について知るということに「価値があったなと思ってるし、学
び自体が楽しかった」（Int. TP-2）と語るように、入学前に想定していた経験とは
異なったものの、最終的には満足のいくものであったようだ。

（3）ミネルバ大学での学びの中核となる要素

　上述のように、ミネルバ大学には、グローバル・ローテーションや寮生活、
多様なバックグラウンドをもつ学生との学びといった様々な特徴があるが、学
生Dが考える、ミネルバ大学をミネルバ大学たらしめている要素は何だった
のだろうか。この問いに対して学生Dは、「全部じゃないですか」と答えた。
その中でも特に重要と思うものを選んでもらったところ、「どうやって勉強す
るか、勉強の仕方、授業の受け方」から「アクティブラーニング」による教え方
や授業の構成、そして「カリキュラム」があげられた（語り6-2-11）。

語り 6-2-11　すべての学生が経験するカリキュラム

> カリキュラム。1個1個の授業がどれくらいデザインされているかとか。教授がそれをどれくらい把握しているかとか。……それが一番、ミネルバ生全員が共通して経験していること。[グローバル・]ローテーションに来てない、来れていない生徒もいるし、寮生活していない生徒もいるし。……ただ、**絶対経験しているのは、カリキュラムで、カリキュラムと学び方はみんな一緒。**（学生 D、4 年次、Int. TP-2）

　さらに、学生 D は、ずっと同じ場所からオンライン授業を受けるのと、世界各都市をまわってオンライン授業を受けるのとでは学びに与える影響に違いが出てくることを認識していた。そして、ミネルバ大学の中核にカリキュラムを据えたとして、そこにグローバル・ローテーションなどの特徴的な学び方が加わることによって得られる学びを、「授業だけ、ローテーションだけではなく、全部が混ざり合わせて授業ができてる」と表現してくれた (Int. TP-2)。つまり、学生 D の「全部じゃないですか」という発言には、ミネルバ大学の中核として何か1つの要素を取り出すことは適切ではなく、すべての要素が有機的に結びつくことではじめて実現される学びにこそ、ミネルバ大学らしさがあるという意図が込められていたのだろう。

4.　まとめ

　ここまで、学生 D がミネルバ大学での4年間を通じて何を学び、どのように成長してきたかをみてきた。学生 D は、基礎研究の価値を人々に認識してもらうことを通じて、研究者を支援するという目的をもってミネルバ大学に入学した。その想いは入学後も変わることなく一貫しており、キャップストーンや卒業後の大学院進学という進路決定にもつながっている。そして、そこに至るまでに、ミネルバ大学での学びの経験が、はじめは漠然としていた目的に形を与え、実現に向けての具体的な方法を生み出すために貢献した。その貢献の内容は、キャップストーン・プロジェクトでの成果であったり、卒業後に大学院で専攻するサイエントメトリクスとサイエンスコミュニケーションとの出会いであったり、様々なところにあらわれていることが窺える。

そして、その過程で学生 D が得た大きな学びは、学び方を学ぶことと、自分自身について知ることであった。大学とは、専門的な知識を深く掘り下げて学ぶところというイメージを抱いて入学した学生 D にとって、ミネルバ大学での学びは、当初想定していたものとは大きく異なっていた。その意味では、専門的な知識、すなわちコンテンツを深く教えてもらえないことに対して、不満を抱いていた部分もあったかもしれない。しかし、ミネルバ大学が、学び方を学ぶ大学であること、そしてそのような学ぶためのベースを作ることの重要性に気づいたとき、学生 D は、ミネルバ大学での学びを肯定的に受け入れられるようになったのである。また、こうしたミネルバ大学での学びは、教授法やカリキュラム、グローバル・ローテーションといったあらゆる要素が有機的に関連し合うことによってはじめて実現できるものであると、学生 D は認識していた。

＊ ＊ ＊

インタビューの最後に、学生 D に大学院進学の準備状況について尋ねたところ、奇しくもインタビューの前日に、志願していたヨーロッパの大学院から合格通知を受け取ったそうだ。自分のやりたいことを具体化し、その実現に向けて、今まさにさらなる一歩を踏み出そうとしている学生 D。その晴れやかな笑顔は、最後のインタビューを飾るのに、これ以上ないふさわしさであった。

第3節　学生 E の事例

学生 E との出会いは、2021 年 7 月である。不思議なご縁なのだが、筆者は学生 E の高校時代の教員と元より面識があり、その教員とお会いした際にミネルバ大学に進学したという学生 E が話題にあがった。その後、我々は学生 E と引き合わせていただける次第となった。計 7 回に渡って、学生 E は我々のインタビューを引き受けてくれた。ミネルバ大学では少数派である人文学(AH)を専攻している点や、在学時代にさまざまな葛藤を経験しているといった点で、学生 E の語りはミネルバ大学を検討する上で新たな視点をもたらしてくれるといえよう。

1. ミネルバ大学への入学と適応の過程

(1) 米国大学での学びと知らない都市での生活への憧れ

学生 E がミネルバ大学へ進学した理由は大きく 2 つであった。それは、米国の大学で学ぶことへの憧れと知らない都市で生活することへの憧れである。

学生 E は米国の大学への進学を志望しており、アイビー・リーグに名を連ねる大学などを受験したため、ミネルバ大学は第一志望校ではなかったという。しかしながら、一部の大学には不合格となり、また一部の大学には合格したものの金銭的な負担の大きさが問題となった。その上で「アメリカのカリキュラムだけれども自分の金銭的に行ける大学は何だろうと考えた時に、ミネルバのことを昔に [友人から] 聞いたことを思い出して、〇〇 [奨学金] でなんとかなりそうなのでミネルバを受け……」(Int. 8)、そして進学を決めている。

とはいえ金銭面だけでなく、7 都市を旅する大学としてのミネルバは彼女にとって魅力的であった。「別の場所へ旅行に行くということではなくて、実際にそこで生活するという、旅行とは全く違う感覚なのがすごくワクワクしましたし、チャレンジングでもあったので……」(Int. 8) と語るように、知らない都市で生活することへの憧れも 1 つの進学動機だったのである。父親の仕事の都合により幼い頃から海外生活の経験も多く有している学生 E にとっても、7 つの都市で学ぶミネルバ大学は魅力的に映ったのだろう。

(2) 入学後 1-2 年間の学びと生活

このような過程を経て入学したミネルバ大学での学びに対して、学生 E はどのような印象を抱いていたのだろうか。学生 E は以下のように語る (語り 6-3-1)。

語り 6-3-1　キラキラしたミネルバでの学び

——ミネルバについて入学前に感じていたことと入学後に変化したことはありますか？

学生 E：入学前はやはり何でも**キラキラして見えて**……例えばミネルバに入ったから**何でもできるとか、何にでもなれるとか、そういう考え方**だったのですが、2 年間も通っていると、**結局、やはり自分次第なのだな**ということが多く見えてきました。(学生 E、2 年次、Int. 8)

可能性に満ち溢れるキラキラ輝いたものとして入学前に想定されていたミネルバでの学びは、学生Eにとっては真新しい経験となった。周りの学生は皆活発であり、自ら意見を発し、自信に満ち溢れている。そのような学生が主体となって授業が展開されていく。「それと裏腹に、みんながあまりにも頭が良かったり、すごく活発だったりするからこそ、私はこの中でやっていけるのかな……」(Int. 8) という不安を感じながらも、学生Eは学びを進めた。特にミネルバの授業に対しては、「自分の考え方がどれだけ制約されているかといったことをすごく実感するような授業」(Int. 8) という印象を抱いており、この過程の中で、自らの考え方やバイアスといったものに気付かされることとなったという。

　他方、生活面では、「[学生同士] お互いに家族から離れて異国で生活するときに、助け合ったり、慰め合ったり、一緒に勉強したり、やはり空間を共有することによって、人と人はつながることが多い…」(Int. 8) と語る。このように互いに助け合うミネルバのコミュニティは学生Eにとって「言いたいことが言えて、したいことができると感じられるコミュニティ」(Int. 8) であり、非常にポジティブな印象を有していたことが下記の語り (語り6-3-2) からも窺える。

語り6-3-2　多様な価値観が交わる寮生活

> **寮がなかったら、自分の友達もずっと自分と似た価値観や文化、背景の人とくっ付きやすくなってしまって、どうしても価値観が固定されてしまう**ことがあると思います。もちろんそちらの方が心地よいのですが、**私はそれに制約されたくなくて、だからこそ寮生活のようにみんなが混ざって生活している空間がすごく大事**だと思います。(学生E、2年次、Int. 8)

　学生Eは正課外において積極的にインターンシップに取り組んでいた学生である。そのうちの1つは夏休みにヨーロッパのホステルで実施したインターンシップである。部屋の清掃などが主たる業務だったというが、グローバル・ローテーションに含まれない土地での1ヶ月間は「ホステルでいろいろな仲間を見つけて、友達とかを作って、いろいろな面白い人に出会ったのがすごく刺

激的で一生続けたい」(Int. 8) 経験だったという。同時期にはオンライン記事の執筆といった無償インターンシップにも取り組んでおり、各地を転々としながらオンラインでの業務にも取り組み、新たな環境や新たな出会いを楽しんでいる学生 E の姿は、まさにミネルバ生らしい正課外の経験を体現している。

2. 高年次になるにつれて生じた学びとその葛藤

(1) 人文学部を選んだ理由と将来の進路

　学生 E の所属は人文学部であり、彼女が人文学を選択した理由は大きく 2 つであった。1 つ目は人文学の価値の喪失という社会課題への認識である。具体的には、テクノロジーや IT の発展の最中で、文学やアート、芸術といったものの価値が忘れられてしまっていることへの危機感、および YouTube やソーシャルメディアの発展の最中で、どれだけの視聴者を稼げるかが過度に重視され本当に伝わらないといけない情報が伝わっていない世の中への危機感である。

　2 つ目は比較的豊富な自らの国際的経験である。父親の仕事の都合で幼少期に海外に住んでいた学生 E は、海外生活を通じて、人と人との結びつきの難しさを認識しており、それを解決するツールとして人文学に関心を抱いていた (語り 6-3-3)。

語り 6-3-3　人と人の交流を支援するツールとしての人文学

個人的な理由としては……色々な国に行って、自分が受けた差別もありますし、人が差別を受けているのも見ましたし、**文化や背景が全然違うと、やはり人と人はすごくつながりにくい場面があります**。それが私はすごく悔しくて、**自分もずっと日本で暮らしていたわけではないから、日本人と繋がるのがすごく大変だった時もありましたし**、かといって、外国人、アメリカ人とつながることが難しい時もあったので、この難しさは何なのだろうと。**芸術とかそういうツールを使ってもう少しつながりやすくなることはあるのかなと考えた先にこの専攻があったので選びました。**(学生 E、2 年次、Int. 8)

　学生 E は将来の進路として、ライターとして独立することを目指しつつ、会社員として他者と協働する経験を積みたいと考えている。いずれは、文章を紡ぐことへの想いを胸に、ジャーナリストや作家、クリエイターなど、文章

第 6 章　学生からみたミネルバ　221

を書く仕事に就きたいという。加えて「パソコン 1 台でできる仕事ですし、あまりチームと同じ場所にいなければいけないという規制もない」(Int. 8) ことや、ミネルバでの経験を通じて「やはり旅が好きなのだなと思うことが多くて、疲れたら少し家に帰って落ち着いて、もう 1 回旅をしたいと思った時に旅をするような……フレキシブルな生活がすごく好き」(Int. 8) だったこともライターを志す理由であったという。

　「常に自己分析をしながら、どのように「文章を紡ぐ」という一種の芸術を介して社会に貢献できるのか、そのために色々な業界や知識に触れて考えを深めていきたい」という学生 E の意志が、人文学部での学びや卒業後のキャリアへの考えを駆り立てる大きな原動力になっている。

(2) 高年次になるに連れて生じた葛藤

　ここまではある種、直線的な語りや志向性が見られた学生 E ではあったが、高年次になるにつれてさまざまな葛藤を感じるようになったという。特に大きな葛藤であったのが自分とは異なる他者との交流に伴う葛藤である。価値観に制約されることなく多様な人々と触れ合いたいと述べていた学生 E であったが、これまでの学びを振り返って、4 年次には以下のように語っている (語り 6-3-4)。

語り 6-3-4　自らを問い直し続けざるを得ない環境

> **あまりにも自分と違いすぎる人が多くて、自分の常識を何回も見直して、自分がおかしくないよねって何回も疑ったりして。** どんどん麻痺ってくるんですよ。……何回も自分を問い直して正解を見つけるみたいな。誰も教えてくれないから、**みんな違う正解を持っているから、** 自分だけで正解を探りあてていかないといけないし。……ミネルバは、**IT 系とビジネス系、アート系の人たちで結構分かれているんです。思想とか性格とか全部分かれていて……** 結構惑わされることが多いんですよ。(学生 E、4 年次、Int. TP-4)

　多様な価値観を持つ人が集い、様々な地で共同生活を行う。このようなミネルバ独自の環境の中で、学生 E は自分自身の価値観がわからなくなるという葛藤に陥った。価値観とはそもそもあってないようなもの、結局は人に影響されて出来上がるものだと前置きした上で、学生 E は「あまりにも [ミネルバ大

学で生じる] 影響が多様すぎるから、価値観がどんどん削られていっちゃって、それはそれで困るんですよ。先入観がなくなるという意味ではいいんですけど」(Int. TP-4) とこれまでの経験を振り返っている。

ミネルバの特色であるオンライン授業においても葛藤を感じていたようである。具体的には、オンラインで授業が展開されるがゆえに、授業前後における学生同士の関わり合いが少なくなっており、アフターディスカッションをしたいと考える自分自身の気持ちと周囲の学生の行動との間に葛藤を感じていたことを語っている (語り 6-3-5)。

語り 6-3-5　授業時間外での学生同士の交流の不足

やっぱり**授業のスペースと授業以外のスペースできっかり分かれている**なと思って。対面の授業だったら、授業始まる前とか休憩時間とか、その後ご飯食べにいったりとかするじゃないですか。周りの人と嫌でも関わらないといけないような感じです。本当にミネルバは、**授業は授業だけの関わりで、授業以外では全然違う人と関わるみたいなことが自然にできちゃって**。それでも興味とか関心が似ていると同じ授業をとっている人と仲良くなったりしてるんですけど、そういうのが私の場合はほとんどなくて。……せっかくだから授業で話した内容を、もっと深くパーソナルに、もっと深く掘り下げたいとか、実際に授業ですごく言いたそうだったけど言えなかった、この話をもっと聞きたいとか。……その機会があんまり生まれなくなっちゃうなというのは思う。(学生 E、4 年次、Int.TP-4)

学生同士の関わりに伴う葛藤は、年次が進むにつれて学生生活においても生じた。端的にいえば、「ミネルバでの 1 年目は皆コミュニティ重視で頑張っていた」(Int. TP-4) という。実際に、1 年生の頃は、学生同士でハイキングを企画したり、一緒にご飯を作ったりしていたようである。このように毎日多様な人々とまさに共同生活していた一方、高年次には自他ともに落ち着いてきており、「2、3 年生になると人のボロが見えてくるみたいな。自分も他のみんなも、少しずつ、関わりやすい人とだけ関わっていたいっていう気持ちになってくる」(Int. TP-4) という。

これらオンライン授業における葛藤や学生同士の交流に関する葛藤は、その後も継続して彼女が抱えていたものであり、講義形式ではない授業であるがゆえに人間同士の関わりが時に深くなったと前置きした上での「ミネルバでやっぱり 4 年間オンラインで授業を受けてきたからこそ、仕事とか今後大学院とか

に通うときは対面がいいなって思います」(Int. TP-4) という語りからも窺える。

(3)「個人主義」の研究

　ここまで記した通り、高年次につれて学生 E は、主として学生同士の交流を通じた葛藤を抱くこととなった。それらの経験をも理由として、学生 E は哲学を専門分野として選び、「個人主義」をテーマに卒業研究に取り組んでいる(語り 6-3-6)。

語り 6-3-6　卒業研究テーマとしての個人主義

> ミネルバに来て、**みんなすごい個人主義なんですよ。私はこういう人だからこういうことをしたい**、みたいなのを思ってて。でも多分それはミネルバの特徴ではなくて**西洋の特徴かと思い、卒論でも研究しています**。自分とはどういう人間か、友達とどう違うのかとか、常に自分の特徴を引き出したりしていること自体が不思議で、それに対して辛さみたいなものを感じるようになりました。この人と仲良くしてて自分傷ついているなとか、わざわざ考えるようになって……。(学生 E、4 年次、Int. TP-4)

　研究内容としては「方法論は主に哲学的なもので、個人主義について様々な哲学者の主張や、こうした自由主義の思想の歴史についてレビューをしている」(Int. BA-8) という。これらを通じて「わたしたちが自分自身をどのように認識し、社会をどのように認識しているのかということが、社会そのものによってどのように作られているのか」(Int. BA-8) について深く考えており、「私たちが自分の夢やキャリアを追い求め、自分の個性を自分のものとして、あるいは自分の経験を自分のものとして、感情を自分のものとして大切にする行動様式がとても現代的である」(Int.BA-8) ことについて学びを進めている。

3.　人文学の学びを通じたミネルバでの学びへの想い

(1) 人文学における学びの具体例——哲学——

　学生 E は、総じてミネルバ大学の学びを評価している。それは「HC とかそういう考え方があるから……論文を、各自のテーマを選ぶ自由がその分すごいある」(Int. TP-4)、「今、キャップストーンを結構自信を持って取り組めている。というのも、今までそういうこと[深く掘り下げるという作業]ばっかりしてきて…」(Int. TP-4) という語りからも窺えよう。

224

　一方、人文学における学びに関しては、いくらか引っ掛かりを感じていたことも事実である。例えば、哲学を専攻している中で、仏教という大きなテーマをたった1回の授業でしか取り扱わなかったという事例である。その授業に対して、「1時間半の授業で仏教のことがわかるわけないじゃないですか。そういうのが多すぎて、仏教の次はすぐキリスト教に移ったりして。それだけだと、全然［仏教や哲学を］味わえない感じがするので、そういう意味ではミネルバじゃない方がよかったなって思うんですけど……」(Int. TP-4) と語る。

　しかしながら、これはミネルバにおける学びのアプローチの志向性が反映されているともいえよう。その一例として儒教をテーマにした授業が挙げられる。儒教をテーマにした授業では「親子の関係」という項目のみにフォーカスして授業が展開されたという。しかしながら、例えばカントだったらこれについてどのように言及するのかなど、フォーカスされた項目は深く扱われており、「いろんな側面・視点から同じテーマを見るみたいなのは、授業中もやっているのでそういう意味では掘り下げられている」(Int. TP-4) と学生Eは振り返る。

(2)　プラクティカルになりすぎてしまう学びの懸念

　このように人文学における学びを振り返った上で、学生Eはミネルバの志向性であるプラクティカルな学びと、人文学の学びとのギャップを指摘し、実践を過度に意識しすぎることで損なわれている学びがあると示唆している (語り 6-3-7)。

語り 6-3-7　プラクティカルなことへの過度なフォーカス

ミネルバだけの特徴かわからないんですけど、**プラクティカルなことにフォーカスを置きすぎている**と思うんですよ。哲学の授業も、哲学の話をしているだけじゃなくて、半分くらいは「では、**この哲学を使ってどういう生き方がいいのか**」とか。例えばカントだったら、人間一人一人に価値があるみたいな考えじゃないですか、簡単に言えば。ではそれで避妊についてはどのように言えるんだろうとか。……**すぐプラクティカルな話になっちゃうからちょっと惜しいなって思ったりするんですよ。……例えば避妊についてとか LGBTQ についてとか、今たまたま話題になっているトピックから話してみよう**みたいなニュアンスがあるんですよ。……今このキーワードがバズってるからこれについて話そうみたいなのが多いなと思います。
(学生 E、4 年次、Int. TP-4)

これらの不満は専攻の選択にも影響したという。実際に学生 E は、当初文学やアートの専攻を選ぶ予定だったものの、最終的には哲学を専攻することとなった。文学においては「小説を読むだけじゃなくて、では実際にお話を書いてみようみたいな……」(Int. TP-4) というプラクティカルな側面が重視されており、「自由、ある意味楽しいのが一番最初に来て、学びは二の次みたいになっているのをちょっと感じたので、哲学専攻に変えた」(Int. TP-4) のである。

これらを踏まえた上で、学生 E がどのように HC を捉えているのか、その語りを示したい (語り 6-3-8)。非常にクリティカルなこの語りは、ミネルバ生が HC を用いる上で、プラクティカルや実用性が過度に重視されているのではないかという警鐘を鳴らしているとも捉えられよう。

語り 6-3-8　実用性が求められる HC への懸念

> HC は皆というか、学校の風潮の捉え方として、**実用的に学んだことをアプライするみたいなことだけが HC** みたいになっていると思うんですよ。でも実際、HC は もっと**全般的に頭を柔らかくするツール**みたいなものだと思っていて。今のアプライの仕方、例えば**カントや儒教の理論を LGBTQ にアプライするだと、LGBTQ が先に来てる**じゃないですか。逆に頭が柔らかくないんじゃないかみたいに思っちゃうんですよ。(学生 E、4 年次、Int. TP-4)

このように実用性が過度に求められているのではないかという HC に対する懸念を示している一方、学生 E 自身は自分なりの着眼点を意識することで、HC を学術的に使用できていると語っており、学術的な性質と実用的な性質という HC の二面性を意識することの重要性にも言及している (語り 6-3-9)。

語り 6-3-9　HC における学術性と実用性の両側面への認識

> ——HC がかなり実学志向というか、実践重視の適応型のものが多くて、それが [人文学を] 味わっていったりとか、深く考えたりするっていうところとあまり親和的じゃないのかなっていうふうにも思ってお話を聞いてたんですけど、そういうふうには認識されていないですか?
> 学生 E：**でも HC を学術的に使うことも全然できる**と思うんですよね。実際自分はそういうふうにひねって捉えてるし、全然成績に影響はないので。……[HC

は]学術的にも使えるし実学的・実用的にも使えるしみたいなのがありますね。……自分としては学術的に使えるし、使いたいわけじゃないですか。ただ、やっぱりちょっと少数派意識があるなと思って。（学生 E、4 年次、Int. TP-4）

(3) ミネルバでの学びを振り返って

ここまで、学生 E のミネルバでの経験を垣間見てきた。最後に、学生 E がミネルバでの学びをどのように振り返っているのかをみてみよう。まずは、卒業を 2 ヶ月後に控えた時点での語りである。学生 E にとってミネルバでの学びとは、極限すぎる環境で「ゴリゴリ」と自らの先入観を全てひっくり返されるような経験であり、結果として、自分自身が入学以前に比べて「マイルド」になったという（語り 6-3-10）。

語り 6-3-10　自らの先入観をひっくり返されるゴリゴリの学び

―― 自分のミネルバにおける 4 年間の学びってどんな学びでしたか？
学生 E：**ゴリゴリの学び**です。本当に**限界まで押し潰される感じ**です。潰されるわけじゃないけど、なんだろう。めっちゃ限界まで伸ばされる？……あんまりに極限すぎる環境を経験したからこそ、**極端すぎるからこそ自分がマイルドになった**みたいな感じ。
―― 自分がマイルドになった？
学生 E：**自分の今までの先入観が全てひっくり返された感じ**です。例えば高校の時はある意味全然自分のことを疑っていないような人間だったんですよ。18 歳とかだったし。とてもフェミニストでキャリアウーマンになりたくて。典型的な帰国子女の夢みたいな感じだったんです。……でも、**そういう自分の先入観、帰国子女特有の先入観みたいなのも全部最初から疑わないといけない経験が多かった**のでゴリゴリですね。（学生 E、4 年次、Int. TP-4）

次に卒業直後に行われたインタビューにおける語りをみてみよう。端的にいえば、学生 E はミネルバ大学を「ソフトスキル、とりわけ性格・人格といった要素が磨かれる大学であった」と評している。そしてそのような経験・成長を自らは望んでいたとして、4 年間の学びを肯定的に評価している（語り 6-3-11）。

第 6 章　学生からみたミネルバ　227

語り 6-3-11　ソフトスキルが磨かれるミネルバ大学

――4 年間通って、ミネルバ大学ってどんな大学だと思いますか？
学生 E：やっぱり**ハードスキルよりソフトスキルを磨く学校**だなって思って。……
　　会社に入ってずっとそこで働くとか、ずっと研究者になるとか、そういうプラ
　　ンを立てている人だったらそんなに向いていないかな。ハードスキルの方が大
　　切になってくるから。……でも私としては、すごい**性格・人格が磨かれた**みた
　　いなところがあって。例えば、**新しい環境に慣れやすくなった**とか、**人とコミュ
　　ニケーションがとりやすくなった**とか、**自分の求めていることをもっと追求で
　　きるようになった**とか。……［そのような要素は］テストとかで現れないじゃ
　　ないですか。だから自分の成長を自分で察して。……自分も最初から求めてい
　　たことだったのですごいよかったと思います。（学生 E、4 年次、Int. 21）

　学生 E の言葉を借りれば、プラクティカルな志向性を持つミネルバでの学
びとは「新しい才能を身につけるっていうよりは、今の才能を使って、人間ら
しさ、人間らしい才能、例えばクリティカルシンキングとかを使って、課題を
どのように解決するのか」（Int. 21）に重きが置かれているのである。このような
志向性は、他方、「専門知識が身につかないし、自信過剰になりやすいかなっ
て……」（Int. 21）という懸念も孕んでいる。「実際に知らないことを学ぶってい
うよりかは、知ってることをやり続けてちょっと自信がつくみたいな感じでし
た。なので、実際どれだけ賢くなっているかとかはあまりわからないです。今
の感じでは」（Int. 21）という語りが示すように、時には学生に不安を抱かせるこ
ともあるだろう。しかしながら、紆余曲折を経ながらも、特異な環境で 4 年間
を生き抜いたミネルバでの学びは、学生 E にとってかけがえのない学びや経
験となっているに違いない。

4.　まとめ

　以上を踏まえ、学生 E の語りからは大きく 2 つのことが示されたといえる。
第一に描き出されたのは、高年次になるに連れて生じた葛藤であり、これらは
人文学部で哲学を専攻したという学習歴や、ミネルバ特有の学生間の交流に起
因するものであった。第二に描き出されたのはプラクティカル・実用性に焦
点を当てたミネルバの学びの特質であり、学生 E の語りは時に、その学びが
孕んでいる懸念を批判的な視点から示したともいえよう。学生 E は時に悩み、

葛藤に向き合いながらも、ミネルバでの4年間を介して確固たる自信を得た。「自信はついたと思います。前はもっと大げさな自信だったんですけど、今は自分の戸惑いや、未経験なことに対してもなんとかできるという自身がある感じです」(Int. TP-4) という語りからも学生Eの学びの軌跡が窺える。

＊＊＊

計7回に及ぶインタビューに協力してくれた学生Eに感謝を記すとともに、これから待っている学生Eの卒業後の歩みに、そして卒業後に実感するであろうミネルバでの学びの成果に、期待してやまない。

第4節　学生Gの事例

我々が学生Gに出会ったのは2021年11月のことである(オンライン・インタビュー)。Gの語りに引き込まれた我々は、2021年12月に長野(対面)、2022年11月にブエノスアイレス(対面)、2023年3月に台北(対面)でと、世界各地でインタビューを続けていった。最終インタビューは、Gがサンフランシスコ滞在中の2023年5月にオンラインで実施した。ここでは、Gのミネルバでの学びがいかなるものであったか、その内実に迫りたい。

1.　Gのバックグラウンド

まず、Gのバックグラウンドに触れておこう。Gは小学校6年間を国外で過ごした。中学校進学の際に帰国し、都市部の中高一貫校へ。しかし「高校3年間、海外の人と一緒に寮生活できることに漠然と憧れを感じて」(Int. 10)、自然豊かな地域にある全寮制の国際学校へ進学。同校は国際バカロレアのディプロマ・プログラム(IBDP)を採用しており、IBDPを修了してミネルバへと進学した。ミネルバを選んだ理由は、何よりもHCに惹かれたから。ミネルバの存在は雑誌の記事で知った。「HCだけが進学の理由だったというのが正直なところ」(Int. 10) と語る。HCに惹かれたのは「もうちょっと目的意識とかを明確に自分の言葉で語れるようになりたい」(Int. 10) という思いがあったから。高校時代の自分は「感覚的に」生きていたと、当時を回顧する。

Gはミネルバで自然科学(NS)を専攻し、とりわけエコロジー(生態学)につ

いて学んだ。G は「どうやって統計とかプログラミングを生態学に応用できる
のかっていうのが今の僕の関心です」(Int. 10) と 3 年次の段階で語っていた。と
はいえ「専攻外の授業もほんと自由に取れるので……自分の専門じゃない授業
科目も結構取っていて、あまり専攻に縛られていない……ほんと専攻に限らず
学べるものは何でも学んでいくっていうのが、僕の今のアプローチです」(Int.
10) と語るように、G は専攻に限らず分野を横断して幅広く学びを展開しよう
とする。また、G は、各都市でのローカルなつながりを重視する。例えば、ブ
エノスアイレスでは、週 3 回ほど地元のラグビーチームに参加したり、台北で
は、ダンスを習ったりしたという。

　ここで、G は同学年のコホートとは異なるグローバル・ローテーションを行っ
ていることに触れておきたい。G は 3 年次に、ドイツ・ベルリンではなく、森
林について学ぶために日本・長野に滞在した。このようにミネルバでは、それ
ぞれの学生の目的意識に応じてローテーションを変更し、任意の土地で学びを
展開することができる。実際、そのような学生が毎年数人いるという。

2. キャップストーンとシニア・チュートリアルに関する経験

(1) キャップストーン

　G は、生態学研究者の指導を受けて「生物進化を真似した人工知能のアルゴ
リズム開発」という主題でキャップストーンに取り組んだ。テーマ設定の経緯
について「長野で森林生態学、エコロジーをやっていたのと、ちょっと自分の
中で新しい人工知能とかプログラミングを学びたいなって思いがあって、その
2 つを組み合わせよう」(Int. 20) と思ったと語る。G は最終的に 2 種類の成果物
を提出した。1 つ目はアルゴリズム (コード)。2 つ目は「どういう Evolutionary
Biology の理論を使って、アルゴリズムにあてはめたのか」を記述した報告書で
ある。G は、キャップストーンを振り返ってこう語る。「本当、終わってよかっ
たっていうのが、正直なところです……うまくいかなかったことの方が全然多
くて、ちょっと成功体験としては言えないんです……ここまで炎上プロジェク
トみたいなのをやったことがなくて、こういうふうにするとプロジェクトって
うまくいかないんだっていうのをハードに学んだ経験でした」(Int. 20)。そして、
その困難の内実を次のように語る (語り 6-4-1)。

語り 6-4-1 キャップストーンでの困難と格闘

コードは問題なかったんですけど、**生物の理論をプログラムに当てはめる、その正確性が欠けていた**んです。コンプレックスシステムのプロジェクトだったんですけど、コンプレックスシステムって分野横断型で、例えばなんでしょう……生物を社会に当てはめるとか、文化に当てはめるみたいな、分野横断することが多いんですけど。横断の仕方が、僕はちょっと曖昧というか、めちゃくちゃだったというか。なんとなく、生物進化っていうのが上に成長していくってイメージと人工知能も学習を重ねてくっていう、なんかそれが似ているから、ちょっと理論を使おうみたいにしていたんですけど。僕のメンターの人が、生物進化の先生で「いや何を言っているんだ、そもそも、この遺伝子の定義はどうやってコンピューターに当てはめたのか」とか「遺伝子が発現する体の特徴としては、生物で現れるのはプログラミングで実際どうなのか」みたいな。#analogies を当てようとしたときに全然うまく説明できなくて。(学生 G、4 年次、Int. 20)

G が取り組んだ内容は、オリジナルで創造的なアイデアを実際に具現化・実装化しようとするもので、卒業研究としてはかなり難易度が高い。したがって、このような帰結はある意味「想定内」と言えるかもしれない。他方、G は、キャップストーンと格闘している最中、キャップストーンがまさにミネルバの学びの集大成となっていることを次のようにも語っていた。

「HC、LO が一気にガッてまとまってきた感じです。総和みたいな話。こういうところでいろいろつながってくるんだっていう発見が、今すごく多くて。キャップストーンを通じてですけど……新しいことをやるというよりも、これまでの 4 年間の振り返りとしてキャップストーンを使っています。だから再発見が多いです」(4 年次、Int. BA-7)。G の一連の語りは、キャップストーンが、思うようにはいかなかったハードな経験となった一方、ミネルバでの学びを結集して取り組む良い機会となったことを示している。こうしたキャップストーンの取り組みには、後述する夏季インターンシップの経験も大きく生かされた。

(2) 夏季休暇における研究インターンシップの経験

G の学びでエポック・メイキングとなったのは、アメリカ国立科学財団が提供する学部生向けの研究体験制度 (Research Experience for Undergraduates: REU) への参加であった。本制度は、夏休みの期間、給料をもらいながら各地の研究所や

第6章　学生からみたミネルバ　231

大学に赴き、研究プロジェクトに参画し、大学教員や研究者たちと研究活動を共にする機会を提供するものである。REU は原則、米国籍の学生のみが対象だが、大学が独自の予算を持つ場合、外国籍の学生も対象となる。G をはじめ、STEM（社会科学、コンピュータ科学、自然科学）専攻の少なくないミネルバ生がこの制度を利用する。G は、ミネルバのキャリアコーチや教員がプログラムに採用されるように、大きなサポートを提供してくれたと説明する。

　G は、米国南西部に位置するある研究所で、学部生向けの「複雑性研究（complexity research）」のプログラムに参加した（3・4年次の間の夏季休暇）。これは、10週間の滞在型研究プログラムであり、6000米ドルの俸給に加え、住居、食事、往復旅費が支給される。G は10週間でキャップストーンに関するシミュレーションをプログラムし、研究者仲間から様々なアドバイスを受けた。G はこの経験が自身にとって「めちゃくちゃインパクト大きかった」と語る。語り 6-4-2 は、G が提供してくれた当時の日記の記述である。

語り 6-4-2　日記における記述（抜粋）

研究所では、**アメリカの最先端科学に圧倒**される毎日だった。ここは分野を超えた発見を目指していて、数学者や哲学者、生物学者などが机を並べて、毎日議論している。面白いと思った研究テーマには、次のようなものがあった。「物理法則を使って、バッハのコード進行を解析する」「生命の情報伝達に必要な化学物質を考え、次の宇宙生命探査先を決める」「都市の人々のつながりが、どう森の食物連鎖のネットワークと似ているかモデルする」。
僕自身は「進化」をテーマに、物事がどう周りの環境を探索し、適応するのか、**人工知能と森林生態を使って考えていた**。考えが行き詰ったときは、**気軽に先生に相談**しに行けるのが心地よく、お互い下の名前で呼び合って真摯に議論できるのが新鮮だった。研究所にいる時間、まるで50人の世界中の研究者と一つの船旅に出ているような感覚だった。所長の指針を頼りにお互いの興味に合わせて役割を持ち、全員でサポートしながら新しい発見を目指す。**僕も1人の対等な研究者と受け入れてもらえたのが嬉しかった。**

（3）シニア・チュートリアル

　G は、科学哲学をテーマとして4年次のシニア・チュートリアルに取り組んだ。専門内容を突き詰めていくチュートリアルもある一方、G はすべての専攻の学生を対象とした「ジェネラルな」チュートリアルを選んだ。G は、その経

験について「philosophy of science をやって、めちゃくちゃ鍛えられた。AH［人文学専攻］の人、日頃授業で関わるようなことが全くない人と科学について話すっていうのは、こんな見方があるのかって、衝撃を受けまくった 14 週間だった」(Int. 20) と述べ、その内実を次のように語る (語り 6-4-3)。

語り 6-4-3　シニア・チュートリアルでの困難と格闘

すごく印象に残っている学びとしては、NS［＝自然科学専攻］のコア［＝専攻コア科目］とかコンセントレーション［＝専門領域科目］って、自然科学の手法についてばっかり話すんですけど。例えば、実験をどうやるかとか、統計をどう使うかとか。でも、AH［＝人文学専攻］の人たちって、そもそもなんでそれがあるのかとか、もうちょっと根本、その土台になっている、元々の動機とか意図とかを議論する人たちが多くて。僕は、その部分を考えたことがなくて。……例えば科学予算の組み立てられ方とか。アメリカの場合だったら、結構、防衛予算、防衛の部分が基礎研究を支えているっていう側面がものすごく大きかったりとか。そこで、じゃあどういうリサーチが採択されているのかっていうので、結構、科学って、純粋な好奇心だけで進められているみたいに思っていた部分もあったんですけど、長野のときとかは。でも、philosophy of science をやって、相当、例えば政治的な部分だったりとか、科学って思っていたほど客観的じゃないんだっていうか、すごく恣意的にリサーチが選ばれているみたいなのをみんなと話して。僕は、最初にそれを言われたとき、めちゃくちゃ怒ったというか、**自分の中で受け入れられなくて。**「何言っているんだ、お前ら」みたいな。10 人ぐらいの授業で、8 人が AH の人でNS が 2 人で、8 人の AH 同級生達に対して、1 人で僕が対峙しなきゃいけないみたいなのが、最初の 10 週間ぐらいできずに。キャップストーンもできないし。NS やっているくせに、何もできなくて、こういうツッコミもされて、もうやばいなとか思っていたんですけど。ここはもうプライド捨てて、反論しまくるしかないとかと思ったら、**意外と最後の 4 週間とか割と身になる議論ができた**っていうのがあって。ああ、議論ってこういうふうにするのかとか。心地よくない議論相手というか。NS の授業を受けているだけじゃ、そういうのってなかなかなかったので。**自分が今まで考えてなかったことを、突っ込まれた経験はすごく大きくて。**(学生 G、4 年次、Int. 20)

　自然科学専攻の G は、シニア・チュートリアルで人文学専攻の学生らと激しく対峙することで、自身がこれまで当たり前としてきた価値観や認識論を大きく揺さぶられた。語り 6-4-3 は、価値観や認識論の対立と揺らぎ、お互いの対話と理解を通して、議論が次第に成立し深まっていく過程を描いている。G は、こうして学問的立場を超えて議論することの困難さと面白さを学んだ。

第6章　学生からみたミネルバ　233

　インタビュー当時、Gはサンフランシスコでマニフェストに取り組んでいた（マニフェストの詳細は第1章を参照）。そこで、チュートリアルの経験が活きていること、4年間の成長を実感していることを、こう語ってくれた。「今マニフェストで、みんなの授業を受けているんです。4年ぶりにHCメインの授業を受けて、こんなにも自分って話すことが増えているんだみたいな。HCを使う時に、今まで見えてなかったことが4年目になって見えているし、言えているっていうのがちょっと自分の中で経験としてこの1週間あって。それがすごくチュートリアルのおかげだったかなと思っています」（4年次、Int. 20）。

3.　ミネルバにおけるGの学び

（1）ミネルバでの学びを振り返った印象

　Gは「4年間のミネルバでの学びにどのような印象を持っているか」という我々の問いに対し、①「箱の中身を詰めるよりも箱を広げる時間だった」、②「研究とか勉強に集中する環境を探す4年間だった」、③「挫折と失敗経験」の3点を挙げた（4年次、Int. TP-3）。

　第一に、ミネルバでの4年間の学びは、「箱」に何かを詰めていくのではなくて、これからの人生でいろんなものを詰めていくことになるであろう「箱」を広げていくような、さらにいえば、自分の小さな「箱」を壊していくような経験だったと比喩的に語ってくれた。「箱を広げるっていうことなんですよね。専門の工学の内容を詰めるんじゃなくて、もっと何か無理やり限界を、器を壊されまくった感じがするので。［ミネルバに］入ったときよりは少し視点が広がっているといいなって感じがしています」（4年次、Int. TP-3）。

　この点と関連して、Gはミネルバでの学びは「ハード」な部分ではなくて「ソフト」な部分が多かったと表現する。「ハードっていうのは、それこそ具体的なこの人の参考文献とか、この実験方法みたいなのがハードだと思うんですけど、ソフトっていうのは、例えば自分で問いを立てて、なかなかうまくいかないでもがくとか、あと、いろんな人に頑張って聞きながらやってみるとか……」（Int. TP-3）。Gは、HCなど汎用的な認知能力や他者との関わり方などに関する非認知能力のことをソフト、専門的な知識・技能のことをハードと表現する。ミネルバでは、前者に焦点が向けられることで「箱が広がる」学びが展

開されると捉えている。

　第二の「研究とか勉強に集中する環境を探す4年間だった」については、「カオス」なミネルバの学びと対比してこう語る。「これもやっぱ全部つながっているんですけど、ハードをもうちょっと学びたいなって、今改めて思うというか。というのも、結構集中する環境っていうのもすごく大事な感じがしていて。例えば半年に1回引っ越しするとか……理学の人が少なかったりとか……ちょっと突き詰めて考える余裕とか暇があんまりなかったっていうのを、すごく感じていて。もうちょっと静かに穏やかに集中できる環境が、卒業後はあったらいいなって思いますね」(4年次、Int. TP-3)。Gは、「箱を壊して広げる」ようなミネルバの学びを経験しつつ、同時に、何かひとつのことについて突き詰めて追求するような落ち着いた時間も求め続けていた。

　第三の「挫折と失敗経験」の内実については、キャップストーンやシニア・チュートリアルでの経験においても触れた。ただし、Gはこれらアカデミックな側面だけではなく、対人関係などアカデミックではない側面での学びが大きかったと振り返る。価値観のぶつかり合いや対人関係での悩みをこう語る。

語り6-4-4　価値の対立や対人関係の経験

ぶつかる価値観がミネルバではすごく多かったと思っていて。例えば……グローバルで世界に通用する研究を求めているみたいなときに、[長野で]僕はすごく田舎の集落にいて、グローバルなんて言っている場合じゃなくて、もっと地元の生活をいかに大事にするのかみたいな。ミネルバやりながらそういう環境に身を置くと、一体どっちをどういうふうにうまくやったらいいのかとか。あるいは今の科学哲学の授業でも、人文系の子だと「なんでこんな科学に投資してんの」みたいな。「他にもっと優先しなきゃいけない課題がたくさんあるのに、なんで今悠長に宇宙のこと言ってんだ」みたいな。でも理学系をちょっと経験した身から言うと「いやそんな突っ込まれると」みたいな。でも、人文系の子は議論とかもうまいから結構バシバシきて、それを英語でディベートするっていうのは僕的にはすごく……(学生G、4年次、Int. TP-3)

みんながみんな、無条件で人を好きになるわけじゃないんだみたいなのを学んだことが初めてで。これまで、わりと温かいコミュニティの中で生きてきたっていうのがあるんですけど、やっぱミネルバでは、みんなそれぞれのなんでしょう、やっぱ

り自分それぞれの**色が強く出る部分**とかも多いので。高校の延長で、なんかそれなりに誰とでも仲良くなるみたいな感じ、全然いかなくて（学生 G、4 年次、Int. 20）

ソフトスキルっていうか対人関係の学びがアカデミックと同じぐらいか、それ以上に多いんです。本当に。ここまでなんか限界じゃないけど**結構特殊な環境**に置かれているからこそ、自分こういう一面あったんだとか気付く……（学生 G、4 年次、Int. BA-7）

　語り 6-4-4 は、ミネルバでのインフォーマルな学びの実像をよく表している。G は、世界の様々な都市を巡りながら、世界中の多様な学生と共同生活を送る中で、多様な価値観に出会い、自己を揺さぶられる経験をした。このようなミネルバでの経験は、G にとってまさに格闘だったのであろう。

（2）失敗と格闘を通した成長：高校と大学での学びの対比
　G は「ミネルバでの経験を一言で表すと」「ミネルバに入って一番良かったことは」という我々の問いに対して「悩みまくった 4 年間とかですかね。さまよい続けた 4 年間とか」「良かったことは迷えたことだと思います。苦しいですけど」（Int. TP-3）と答えた。ただし、G は、ミネルバにおけるタフな格闘の経験を単にネガティブなものではなく、長期的には成長につながるポジティブなものとしても捉えている（語り 6-4-5）。

語り 6-4-5　失敗と格闘を通した成長

環境的には、僕、高校と大学で結構似ていたのかな。環境っていうので見れば、■■［出身高校名］とミネルバというのは、どっちも国際色豊かな学生が寮で生活する……**高校の時よりも大学の時の方が圧倒的に自分の人生、これからの方向性が変わったっていう体験が、ミネルバの方がすごく多くて**。……高校では、なんとなく違う価値観あるなぐらいにしか思ってなかったのが、今となっては大学では、この人はこういう価値観を持っていて、自分はこういう価値観で、こういうイベントがあったときに、こういうところで価値観がぶつかって、それでうまくいかないのかみたいなのが、より鮮明に見えてきた。それを踏まえて、じゃあ自分はどういう選択をしていくのかみたいなのも、より能動的にとるようになったのがミネルバだった。環境は両方似ているけど、**自分の中での成長はミネルバの方がよかった**かなって。（学生 G、4 年次、Int. 20）

やっぱ、失敗が多かったので、自分の好き嫌いっていうのを考えさせられる、っていう中身でした。高校はあんまり失敗する機会がなかった……内省しているって自分、意識はあったけど。**甘い内省**だった。……高校より大学の方がいろいろもっと考えさせられる機会が多かったかなと今では思います。（学生 G、4 年次、Int. 20）

僕、高校のときは、まだ多様性に**表面的な部分しか触れられてなかった**っていうか。ご飯違うねとか、行動の微妙な違いとかあるねみたいな、そのぐらいのレベルだったんですけど、大学に入って、もっとその先の一歩二歩先の、本当に多様性ってここまで違うのかみたいな。もうちょっと**深く関われる**ような気がして（学生 G、4 年次、Int. BA-7）

　語り 6-4-5 で、G は高校での経験を「甘い内省」だったと表現して、ミネルバでの経験を対比させる。価値の衝突や失敗といったミネルバのタフで困難な経験に直面したことが、より深く考え、関わり合い、自己をより成長させることに繋がったと捉えていることが印象的である。

（3）ミネルバでの 4 年間の変化

　ミネルバでの G の学びは 4 年間を通して何か変化があったのか。サンフランシスコに戻ってきた G は「1 年目はめちゃくちゃ気合入っていたと思うんですけど、なんか 4 年目になってちょっと肩の力抜いて楽に行くか」（Int. 20）と自身の変化を語る。そして、ブエノスアイレス滞在時の頃から、ミネルバでの学び方、人との関わり方に変化が生じてきたことを語る（語り 6-4-6）。

語り 6-4-6　学び方や人との関わり合いの変化

1、2 年目は高校からの勢いで、よし頑張るぞみたいな気持ちで全力で HC とか LO とか細かく覚えていた……3 年目になって、**一体何をやってんだ**これは、みたいな感じになって。（学生 G、4 年次、Int. BA-7）

4 年目にリモートから戻ってきたときとかに、**同級生から学ぶこと**がすごく多いなと思って。……最近は同級生と分からないなりに、お互いともに助け合って、プロジェクトしたりとか話し合ったりとかって学ぶことがすごく多い。今まではそれがちょっと、みんなとんがっているから、何言ってんだおまえとか、しゃべりにくかったりとかしていたんですけど、4 年目になって少しずつ合ってきたから、**こんなにもお互いから学べることがあるんだ**って思って。（学生 G、4 年次、Int. BA-7）

お互いに気遣いができるようになって。あと思うのは、中高で結構プロジェクトとか、自分の好奇心とかに振り切っていた人が多いから、**基本的な対人関係とかを今僕は学び直しているんです**。だから、中高ですっぽかしてきたソフトスキルを、今ちょっとずつ学んでいる。それに合わせて**大学の印象も変わってきた**。(学生 G、4 年次、Int. BA-7)

人によると思うんですけど、僕は結構ミネルバの世界が今楽しくて、ミネルバのなかでもいろんなところから人が来ているから。例えばアフリカの文化をその人としゃべることによってアフリカにいる気分になったりとか、中国人の人と一緒にいるだけで中国のこと知れたりとか、結構、**人としゃべっているだけで今、学べることが、できることが多いから**、そっちが今僕は結構メイン。(学生 G、4 年次、Int. BA-7)

　語り 6-4-6 は、他者との関わり方や学び合いの関係を紡ぎ直すことで、自身の認識や学び方が変容していったことをよく示している。また、G は、自分自身の変化について、次のように語る (語り 6-4-7)。

語り 6-4-7　ときほぐされた 4 年間

結構最初は、すごく自分はきっとたくさんできるだろうなんて、ちょっと**自分に対する期待値が高くて**。それはやっぱミネルバに対しても求めてたと思うんですけど。たくさん教わってそれをすぐ使えて、いろいろできるようになるだろうみたいな。でも 4 年通じて**意外とあんまできたこと増えなかったな**って気がすごくしていて。やっぱかき回されている最中なので、それが次どうつながるかも少し楽しみではありますけど。それがどういう方向に行くのかはまだ見えてない感じです。(学生 G、4 年次、Int. TP-3)

細かいことを気にしなくなったっていうのが大きいと思います。やっぱり 1 年目とか 2 年目はすごく高校の延長だったなと。初めて [インタビューを] やったときとか。たぶんなんかルーブリックを見てアサイメント書いているみたいな話をしていたと思うんですけど。やってられないやあっていうのが、今思うところで。とりあえず、書き終わらせないといけないし、とりあえずチュートリアル、来週みんなと話すから、話す内容を見なきゃみたいな。……これはアカデミックの例ですけど。ノンアカデミックな生活の面だと、既読無視とか未読無視とか、あとは、なんかちょっと人間関係がうまくいかないときとか、ちょこちょこあったりとかしますけど。高校のときとかだと、すごい、それでプンスカプンスカしたりとか、自分もちょっと偉そうにしていたと思うんですけど。もうそんなことやっている場合じゃないなと思うのがあって。**ちょっと肩の力が少し抜けたかな**っていうのが、今思う

ことですね。……やっぱり成功体験よりも失敗を通じて、自分のまだいいところとか、悪いところとかを振り返る機会が多かったっていうのが、多分細かいこと気にしなくなったっていうのに、少しは影響しているんじゃないかなって思います。(学生 G、4 年次、Int. 20)

　ミネルバの経験を経て G は、アカデミックな側面でも、アカデミックではない側面 (例えば、他者との関わり方など) でも、次第に「おおらかに」「柔らかく」なっていった。これらの語りは、「ほぐれていく」「ときほぐされる」学びというひとつの成長のあり方を示している。ミネルバのカリキュラムは、学生を極端に刺激の多い空間へと否応なく引き込む。その揉まれる経験の中で、ミネルバの学生は人間として成長していくのだろう。

4. G からみたミネルバの特質

　最後に、G からみたミネルバの特質は何かというミネルバ像についての語りにフォーカスしよう。G は、自らのミネルバでの経験を踏まえて、ミネルバの教育に対する印象を、次のように語る (語り 6-4-8、6-4-9)。

語り 6-4-8　ミネルバに対する印象 (3 年次)

すごくミネルバは、**セオリーファースト**だと思います。現場の体験が全くゼロなので、オンラインの授業という制約があるから、それに対して、今 [長野] でやっている森っていうのは、知識じゃなくてやっぱ**現場体験から始まる**ところがあるので…… (学生 G、3 年次、Int. 10)

現場体験が圧倒的にミネルバ [の授業だけでは] は少ないと思っています。オンラインで、**分析中心の授業**なので、実際自分で何かを作るっていうのが、なかなかなくて。作るといっても、レポートとかプレゼンは書きますけど、実際にアートワークを作っているわけではないので。……でもやっぱり自分で作ってみないと分からないことって、たくさんあると思うし、そういうのは、**自分で学外でその時間を作ってやりなさい**……っていうのが、この学校のポリシーだとは思うんですけど。(学生 G、3 年次、Int. 10)

やっぱり **1 年目のコーナーストーンのほうがすごくユニーク**だったなと思います。……やっぱり専門って何か他の大学と正直あまり変わらないなって感じていて。やっぱ手法はすごく独特だと思いますけど。1 年目に **HC をすごく具体的な例を通じて学べた**っていうのは大きかったかなと思います。……1 年目の HC を学んだっ

ていう体験が一番僕のなかでは大きいと思っています。（学生G、3年次、Int. 10）

やっぱ複雑系、**コンプレックスシステムの授業**が面白いと思います。これまでの伝統的な科学というのは、リダクショニスト・アプローチ［要素還元主義］を取っていて……1つの要素だけに絞って、周りとの相互作用をあまり考えないっていうのが、今まで科学の手法で。でも、1年目からコンプレックスシステム、リダクショニストじゃなくてそれぞれの要素がすごく一緒に作用しているんだっていう［ことを学んでいく］。……そういう概念、考え方を学べたというのが大きいと思います。（学生G、3年次、Int. 10）

語り 6-4-9　ミネルバに対する印象（4年次）

――一番ミネルバをミネルバたらしめている要素って何だと思いますか？
学生G：アカデミックな部分でいうと、**複雑系科学**は独特だなって思います。……物理、科学、生物、社会って分けるんじゃなくて、横断的に見るのが大事だよねっていうのが、今結構ブームで。それを1年生のときから最初に教えているっていうのは、すごいなと思います。……2つ目は、**グローバルレプリゼンテーション**がすごく大きいと思います……いろんなところから学生を呼ぶっていうのが。他のアメリカの大学って、留学生の割合って多くても9パーセントとか10パーいかないところがほとんどなんですけど、グローバルって宣伝している学校でも。ミネルバって、たぶんアメリカ人10人いないぐらいなので……人をたくさん集めてそこで起こる化学、自然現象みたいな、**それがなかったらやっぱミネルバじゃない**のかなと思います。（学生G、4年次、Int. TP-3）

　語り6-4-8、6-4-9を集約すれば、Gは、ミネルバを次の3点で特徴づけていると言える。すなわち、①思考の方法、物事の考え方をまず学ぶこと（HCを1年次のコーナーストーンで徹底的に学ぶこと）、②分野横断の視点を重視していること（コンプレックスシステムの重視）、③グローバルレプリゼンテーションが高いこと（世界中の多様な学生が集まっていること）である。Gによるミネルバの特徴づけは、ミネルバ側の意図ともおおむね重なる。ただし、とりわけ②と③の強調は、Gのアクチュアルな学びともよく連関しているという意味で、Gの経験からみたミネルバの特徴をよく表している。

　なお、①に関して卒業後のGは、ミネルバは必ずしも現場経験を疎かにしているわけではないと語り、「現場に放り込まれていきなり実験をしろと言われても軸となる考えがなければ上手くできないので、どう問題に取り組めば良

いのかということを、授業内でのディスカッションを通じて訓練し続けた4年間だった」「何にでも基礎となるスキルを効率的に学べた」と補足してくれた。

5. まとめ

　実のところ、Gの森林や生態学に対する関心は、高校時代に林業に関わった経験まで遡ることができる。このように高校時代から引き継ぐ自分の思いを大切にしながら、Gはミネルバという「嵐」の中で揉まれ学び成長していった。

　第一に、Gの学びで注目すべき点は、分野横断や他の分野とのコミュニケーションという視点にこだわり続けていることである。それは、ミネルバがこだわり続けている汎用性や遠い転移というコンセプトとも重なる。Gの事例は、経験されたカリキュラムという次元において、ミネルバの意図したこだわりやリベラルアーツの精神が達成されていることを示している。

　第二に、Gの学びの履歴は、人間関係や他者との関わりの中で学ぶという点において、とりわけ注目に値する。世界中の都市を巡りながら、多様な学生と寮生活を送り、多様な価値観に触れることで生起するインフォーマルな関わりを通した学びである。Gの事例は、フォーマルでアカデミックなカリキュラムはもちろんのこと、ミネルバにおけるインフォーマルなカリキュラム（非認知的な側面）の豊かさをも示している。Gは、他者との関わりや学び合いの関係を紡ぎ直し、人としての深みをもたらす成長を実現している。

＊＊＊

　――「4年ぶりのサンフランシスコどうですか」。G：「ああ、すごく懐かしいっていうのが、一番思うところで。来てすぐ最初の時にゴールデンゲートブリッジの方に歩いていって。ちょうど、その橋からサンフランシスコ全体を見渡せる感じなんですけど。この建物ではなんか Civic Project したなとか、こっちの公園行ったなとか、あそこにチャイナタウンがあって、ご飯食べに行ってたなみたいな、そういうのが忘れてた思い出が一気によみがえってきたっていう感じです」(Int. 20)。Gは、ミネルバでの4年間の経験に思いを馳せつつ、ひとつの区切りを付け、今、新しい世界へと羽ばたこうとしている。

おわりに

　本章では、4名の学生（A・D・E・G）にフォーカスし、長期間に及ぶインタビューでの彼・彼女らの語りを読み解くことで、彼・彼女らのミネルバでの4年間の経験と学びの軌跡、そして、ミネルバに対する捉え方を描き出した。学生らの「経験されたカリキュラム」の実像に迫るため、我々は学生の語りのエッセンスを引き出し、学生らの経験を読者が追体験できるような「厚い記述」を生み出すことを目指した。

　第1に、さまざまな学問分野を学ぶための枠組みや考え方を学ぶ場として大学を位置づけ、「実践する力」としてのHCを深く広く身につけようと学びを展開したAの事例を描いた。

　第2に、大学入学前からの将来の構想に対する信念を貫き、ミネルバ大学での「学び方を学ぶ」「自分自身について知る」といった学びを活かし、自分がやりたいことを実現するための方法を具体化していったDの事例を描いた。

　第3に、専門分野の学びや学生同士の交流に起因する葛藤を感じながらも、プラクティカルで実用的なミネルバの学びを自らの理解で咀嚼し、4年間で確固たる自信を得ていったEの事例を描いた。

　第4に、非常にタフで多様なミネルバの環境の中で、分野横断的な学びを展開し、揉まれ失敗し葛藤していく中で、他者との関わりや学び方を紡ぎ直し、人として成長していったGの事例を描いた。

　もちろん、本章で取り上げることができた学生らの語りは、我々が実施したインタビューの総記録のほんの一部である。学生たちの魅力的な語りを全て取り上げることができたわけではない。さらに言えば、インタビューにおける学生の語りは、学生たちの経験の総体のほんの一部である。けれども、4名の事例は、ミネルバにおける「経験されたカリキュラム」の実際に対して、具体的なイメージを存分に与えてくれる。

　ミネルバの学生らの語りから我々が強く感じたことは、ミネルバでは「計画されたカリキュラム」が、「実践されたカリキュラム」、「経験されたカリキュラム」へと着実に浸透しており、これら3つの次元にしっかりとした軸が通っているということである。これは、ミネルバの意図が「経験されたカリキュラム」

のレベルにまで具現化されていることを意味する。しかし、「計画されたカリキュラム」が、そのまま「経験されたカリキュラム」へと降りてきていると言いたいわけではない。

　本章で取り上げた4名の事例は、ミネルバの「経験されたカリキュラム」が、軸が通ったものであると同時に、それぞれの学生によって、より魅力的なものへと個性化されていることを示している。そして、それは批判的にも受容されているのである。このように、ミネルバにおける「経験されたカリキュラム」は、「計画されたカリキュラム」のそのままの反映ではなく、個性的・批判的な受容を踏まえて成立している。このように学生が自らカリキュラムを形作ること、すなわち完成させることは、ミネルバが願っていたことでもあるだろう。

＊＊＊

　最後に、長期にわたってインタビューに協力し続けてくれたA、D、E、Gに心からの感謝を伝えたい。彼・彼女らがミネルバでの学びをそれぞれの人生において花開かせ、世界中で活躍していくことを願ってやまない。

付記

　本章では、「はじめに」「第1節」を田中孝平が、「第2節」を大野真理子が、「第3節」を岡田航平が、「第4節」「おわりに」を石田智敬が担当した。

エッセイ

ミネルバ大学訪問記——ブエノスアイレス調査——

松下佳代・石田智敬

　我々は、ミネルバ大学の「実践されたカリキュラム」、そして「経験されたカリキュラム」の内実を明らかにするため、アルゼンチン・ブエノスアイレスへと飛び立った。この調査は、2022年10月28日から11月7日の行程で、執筆者のうち松下佳代、石田智敬、田中孝平、大野真理子の4名で実施した。このエッセイでは、ブエノスアイレス調査の概要、現地でのミネルバ生の生活、インタビューのハイライト、調査で得た知見や気づきなどについて描き出す。

1. ブエノスアイレス訪問調査
(1) 概要

　2022年10月28日午前8時、フランス・パリを経由し、約30時間にも及ぶフライトを経て、我々調査チームは、アルゼンチン・ブエノスアイレスのエセイサ国際空港に到着した。我々にとって待ちに待った瞬間だった。

　ミネルバのケーススタディを始めた2020年以降、ソウル、ハイデラバード、ベルリン、ロンドンと、我々はミネルバ訪問の機会をうかがってきたが、COVID-19のパンデミックの影響で、海外に出ることはできなかった。日本帰国時の隔離措置が緩和されて以降、ブエノスアイレス調査の準備を急いで進め、ミネルバ側に粘り強く交渉した結果、ようやく調査が実現した。

　はじめに、訪問調査の全行程の概要を示しておこう（**表 E-1**）。

　アルゼンチンの首都ブエノスアイレスは、同国の政治・経済・文化の中心であり、「南米のパリ」と形容される美しく活力ある都市である。時差12時間。日本からみるとほとんど地球の裏側だ。我々が訪れた10月〜11月は、日本は秋だが、ブエノスアイレスは春。朝晩は少し肌寒く、日中は少し汗ばむ程度の

表 E-1　ブエノスアイレス訪問調査の行程

日程	主な活動内容
10/27（木）	東京・羽田空港発、経由地パリ・シャルルドゴール空港着、ブエノスアイレスに向けて同空港発
10/28（金）	ブエノスアイレス・エサイサ国際空港着 ブエノスアイレス・ゴリチ寮の見学 Integrated Learning Course（3 年生）の授業見学（約 90 分） 現地の SL（Student Life）スタッフ 3 名とのインフォーマル・ディスカッション（約 30 分）
10/29（土）	インタビュー実施に関わる最終調整および準備
10/30（日）	インタビュー実施に関わる最終調整および準備
10/31（月）	ブエノスアイレス・エスメラルダ寮の見学 SL スタッフのリーダーへのインタビュー（約 30 分） 日本人学生 8 名へのグループ・インタビュー（約 75 分）
11/1（火）	学生 A ほか 4 名へのグループ・インタビュー（約 70 分）
11/2（水）	学生 D ほか 2 名へのグループ・インタビュー（約 120 分） 学生 G ほか 1 名へのグループ・インタビュー（約 45 分） 学生 D・G へのインフォーマル・インタビュー（約 120 分）
11/3（木）	学生 E ほか 2 名へのグループ・インタビュー（約 60 分） 学生 A・E へのインフォーマル・インタビュー（約 60 分） タンゴショー見学
11/4（金）	City Experience（Cafe Montecarlo でのエンパナーダ作り）の参与観察（約 60 分） ブエノスアイレス・エサイサ国際空港発、パリを経由して 11/7 午前に帰国

心地の良い季節だった。我々は、Santa Fe - Carlos Jauregui 駅近くのサンタフェ通りに面したアパートメントに滞在した。サンタフェ通りは活気あふれる賑やかな大通りである。

　ブエノスアイレスは、「南米のパリ」の異名に相応しく、歴史的な建物が残り、統一感のある景観が形成されている。人々には活力があり、南米っぽさ、情熱を感じる。物価は、日本よりも少し安い程度だろうか。クレジットカードはほとんど使えず、基本的に現金社会である。我々がまず驚いたのは、アルゼンチンでは両替に公式レートと市中レートという、少なくとも 2 つのレートが存在するということだ。公式レートと市中レートは倍近く異なる。市中レートでの両替は、大通りからちょっと引っ込んだところにある両替所で行われている。この馴染みのない状況を理解するのに少し時間を要した。

　公用語はスペイン語。ブエノスアイレスの街中では、英語は一切通じないと

言っても過言ではない。だが、Hola! Gracias! という挨拶、そして、身振り手振りと笑顔で基本的なコミュニケーションは取れてしまうのが面白い。食事に関して言えば、現地のお肉料理（ステーキやソーセージ）と赤ワインはどこで食べても絶品。ただ、お菓子やケーキ類はとても甘く少々大味だ。

　COVID-19の影響によりグローバル・ローテーションの順序が変更されたため、我々が訪問した2022年10月当時、ブエノスアイレスには、ミネルバ大学の3年生と4年生が滞在中だった。普通、複数年次の学生が同時に同じ都市に滞在するということはない。そのため臨時に、4年生にはエスメラルダ寮、3年生にはゴリチ寮という2つの学生寮が用意されていた。エスメラルダ寮は、ブエノスアイレスのど真ん中のタワーマンションの中にあり、ゴリチ寮は、中心部から少し離れた小洒落たカフェや飲食店が立ち並ぶ地区にある。ミネルバ生によれば、どっちの寮も一長一短あり、タワマン生活やカフェ・ライフをそれぞれに楽しんでいるという。我々は、幸運にも両方の寮を見学させてもらうことができた。

　ここで、ブエノスアイレス訪問調査で行えたことをまとめておこう。(1) ミネルバ大学の数少ない対面授業 (Integrated Learning Course) を見学することができた。(2) 準正課活動としての City Experience を参与観察することができた。(3) 3・4年次の多種多様なミネルバ生に長時間にわたるインタビューを実施することができた（合計8回）。(4) Student Life スタッフ（SLスタッフ）の方々にインタビューを実施することができた。(5) 最後に何よりもミネルバ生が生活を送っている都市の空気を感じ取ることができた（ミネルバ生と街の固有名詞で話ができるようになった）。これらは実際の訪問なくして実現することは難しく、この調査を通じて多くの新しい情報や気づきを得ることができた。文献やウェブサイトで知っていたこと、ミネルバ生からオンライン・インタビューで耳にしていたことも、実感を伴ってすっと理解できるようになった。

　他方、できなかったこともある。通常授業（オンライン）を参観すること、そして、Civic Project などのその他の準正課活動について観察することである。通常授業の参観については許可を得ることができなかった。Civic Project については、当初はブエノスアイレス市当局とのゴミ問題のプロジェクトを見学できることになっていたが、キャンセルとなってしまった（代わりに City Experience

246

が行われた)。その他の準正課活動については、スケジュール上の都合で機会を得ることができなかった。

(2) 行程

1日目は、空港に到着してすぐにタクシーで滞在先へ。長旅の疲れを休める暇もなく、ミネルバ大学ゴリチ寮を訪問。早速、ILC の授業を見学させてもらった。我々にとっては、はじめてミネルバの授業を見学する機会である。授業は、ブエノスアイレスでの過ごし方、準正課活動の状況、寮生活などのお題について、付箋にコメントを書いて満足度別 (3 段階) に模造紙に添付した後、お題ごとにグループに分かれて意見の共有、改善の提案というものだった。まあ、比較的よくあるワークショップ形式の授業だった。学生たちの話では、ILC は学生にとって息抜きのようなものらしい。授業見学後、2 名の SL スタッフと懇談し、質疑応答を通して、ブエノスアイレスでのミネルバ大学の実態 (授業、カリキュラム、準正課活動、寮生活、ローカルでのイベント、SL スタッフの役割など)について、幅広くヒアリングするとともに、意見交換などを行うことができた。その後、我々は、Santos Manjares という市内中心部のレストランで名物のステーキと赤ワインを愉しみ旅の疲れを癒した。Santos は、ミネルバのエスメラルダ寮から徒歩 5 分ぐらいの場所にあるステーキ・レストランで、ミネルバ生にも大好評という。

2日目と3日目は、訪問チームメンバーで、1日目に SL スタッフから新しく聞くことができた情報などをふまえて、今後のインタビュー調査をどのように進めるのか、その最終調整および準備を進めた。また、アパートメント近くのカフェでエンパナーダをつまむなど、合間にブエノスアイレスの街も楽しんだ。

4日目は、ブエノスアイレスのダウンタウンにそびえ立つタワーマンションの一角を占めるエスメラルダ寮へ。寮では、Global Director を務める SL スタッフに、ラウンジ、ワーキングスペース、プール、ジムといったコモン・エリアを案内してもらうとともに、現在空室となっている学生部屋を見させてもらった。真新しく綺麗なコモン・エリアが印象的だった。高層階の学生部屋からは、ブエノスアイレスの街を一望でき、まさに絶景である。ただし、実のところ、去年まではエスメラルダ寮近くの異なる建物を寮として使用していた。その建

物は老朽化が進んでおり、学生からも不満の声が多かったという。

　寮内の見学の後、そのタワーマンションの1階にあるカフェでSLスタッフに
インタビューをさせてもらうことができた。インタビューでは、主にSLスタッフがどのような仕事を担当しているのか、どのように採用を行っているのか、アカデミックチーム、他の都市のSLスタッフや他の学生支援スタッフ（メンタルヘルス担当など）とどう連携をとっているのか、といった点について細かく話を伺うことができた。このときのインタビューの成果は、第5章第4節に活かされている。

　インタビューの後は急いでアパートメントに帰り、夕食の支度。ミネルバ生にふるまうためだ。その後、グループ・インタビュー（4年生5名、3年生3名の計8名）を実施。普通は学年ごとに移動しているので、学年を越えて対面で集まる機会はめったにない。コロナ禍でグローバル・ローテーションが変更されたことで生まれた貴重な機会だった。インタビューの一部は後述の「インタビュー・ハイライト」で紹介したい。インタビューの後はお礼と親睦をかねて、お手製のパーティー。特にいなり寿司が好評だった。

　5、6、7日目は、ひたすらミネルバ生に対するインタビューを実施した。対象はすべて4年生、専攻や国籍の異なる13名である。お手製のパスタやピザなどをふるまった。インタビューの内容は主に、これまで学年進行で行ってきたオンライン・インタビューではまだ聞けておらず、ベン・ネルソンらによるミネルバの書籍でもあまり詳しく書かれていない部分——キャップストーン・プロジェクトやシニア・チュートリアルを中心に、3・4年次でどのようなカリキュラム・指導・評価が行われているか、どのような学びができていると認識しているか、キャリアや進路をどう考えているか——である。基本的にはどの学生グループにも同じ項目を尋ねたが、学生の専攻や回答内容に応じて適宜、インタビュー項目を追加していった。この3日間のインタビューの成果は、第1章から第6章までの分析の中にちりばめられている。

　インタビューの合間には、地元のタンゴ教室に通っているミネルバ生が勧めてくれたタンゴショーを見に行くなど、アルゼンチンの文化も堪能した。

　8日目は、アパートメント近くのダウンタウンを散歩。その後、準正課活動の一つであるCity Experienceを見学しに、かのチェ・ゲバラもお気に入りだったという老舗カフェ、Montecarloに向かった。ブエノスアイレスでは、市当局

が審査をして歴史と雰囲気のある銘店とカフェを認定する仕組みがある（認定されたカフェはCafe Notablesと呼ばれる）。MontecarloもCafe Notablesの一つである。

　Montecarloで行われたCity Experienceの趣旨は、エンパナーダづくりの体験を通して、アルゼンチンの食文化への理解を深めることであった。エンパナーダは、アルゼンチンの名物料理で、肉類や野菜やチーズなどさまざまなものを具材とした半月型のパイである。同イベントには、約30名の学生（3年生、4年生の混成）、そして、SLスタッフ4名が参加した（各都市のSLスタッフはふつう3名なのだが、ブエノスアイレスには変則的に2学年滞在していたので6名いた）。イベントの全体的な流れは、地元で著名な女性シェフが、エンパナーダの歴史や作り方についてレクチャーしながら作ってみせる、それを見ながら学生もエンパナーダを作りみんなで実食するというものであった。

　最後に、Montecarloの前で調査チームの4名で記念写真を撮り（**写真E-1**）、空港に向かった。フライト・スケジュールが変更になったため、経由地のパリで一泊し、無事日本に帰国した。

写真 E-1　シェフ、ミネルバSLスタッフと調査メンバー、Cafe Montecarloにて
（写真右：左から、石田、大野、松下、田中）

2. インタビュー・ハイライト in ブエノスアイレス

　ここでは、ブエノスアイレス訪問調査で実施したインタビューでの学生らの興味深い語りを、ハイライトとして紹介したい。

(1) グローバル・ローテーション——各都市の魅力について——

――これまで巡ってきた都市のこと、現地で経験したこと、どんなことを学んでいるのかとか、どんな都市でのどんな学びが良かったのかとか、あれはイマイチだったなとか、ざっくばらんに教えてほしいなと思います。

学生K：私がたぶんこのなかで一番いろんな都市を巡っていて、コロナ前から結構いろいろ転々としていたので[注：学生Kは1年休学していたため、他の4年生より入学年が早い]。今まで行ったのは、サンフランシスコ、韓国、インド。そのインドのときにコロナが起こって、そこからドイツ、アルゼンチンに来ているっていう感じです。そのなかでも、私は個人的にすごくインドが好きで、もともと3、4回ぐらい個人的に行ったことがある国だったんですけど。ハイデラバードっていう都市が、知らない人たちがすごく多くて、expectations があんまりなかったってところもあって、結構面白いとこだなと思ったんです。テック企業が、ガーッと入ってきているところなので、そこの成り上がりみたいな感じの都市の勢いっていうのがすごく面白い。例えば、チャイを売っているところがすごくあるんです。チャイって1つだいたい10円ぐらいなんですけど、そこで飲んでいると、外国人だからみんなから話しかけられるんです。みんなGoogle で働いている、Microsoft で働いているとかっていう感じで、その人たちも、インドのなかでエリートの人たちなんですが。……ただ、たぶん一番面白かったのは、1人でリシュケシュっていうところに旅行に行ったんですが、そこで、全然外国人に会ったことのない人たち、特に子どもたちと出会って話したこと。**日本では絶対ない環境**なので、日本人はおろか外国人にもそもそも会ったことのないみたいなのは。何かそういう意味で、やっぱ格差っていうのは、本当にどこでもあるんだなっていうのを感じたし、ミネルバじゃなかったらできなかったことだなと思っているので、そこが一番学びが多かったなあと思っています。

学生D：私的には、**都市の印象は結構、誰と一緒にいたかで決まっているな**と思っています。2020年の韓国とかベルリン。春学期だったんですけど、その前の学期が結構みんなコロナで世界中に散らばっていて、久しぶりに韓国でみんな同じように住めるみたいになって、自分では、一番印象に残っている学期で。寮自体も、その前に私ドイツにいたんですけど、ドイツはアパートメントスタイルで、1つ1つのアパートメントがあって、3人、キッチンもお風呂とかも全部自分のアパートメントにあって、コモンルームだけがどこかにあるみたいな、すごく分かれた生活だったんです。でも、韓国は、3つのフロアしかなくて、大きいキッチンが1つあるみたいな、そんな感じだったので、すごく自分的には、ミネルバらしい生活をしたイメージがあります。学びが多かった都市、一番 LBA［＝ Location-Based Assignment］とかが structured されていたのは、

ここアルゼンチンか、サンフランシスコだと思います。それも結構 Student Life チームによると思っていて。

　例えば私たちがロンドンにいたときの Student Life イベントとかは、どちらかというと COVID のこともあって、みんなが集まるイベントがなくて、例えば feast とか、ごはんを食べれるイベントとかも、学校側が、10 人だけ行けるレストランを予約したから、行きたい人 10 人で行ってね、みたいな。そういうバウチャーがもらえるみたいな。全然コミュニティイベント的な感じじゃなかったので、Student Life チームによっても結構、自分がどういうふうに、その都市と関わり持っていくかも変わるって感じですかね。

学生 G：今ちょっと考えていて、すごく深いなと思って。どうだろうな。都市的には僕はベルリンがすごく楽しくって、先学期半分いたんですけど。K に少し似ているというか、僕は**発展途上のところ**の方がいて楽しくて、何かがこれから成り上がろうとしてる。ベルリンも、東ドイツの名残みたいなのが結構あって、サブカルチャーとか、自分らしさを重視した人々の暮し方が、全く別世界にいるような感じで、都市としてはすごく印象に残っています。ただ、学びがどこで大きかったかっていうと、**あんまり都市に依存しない**というか。僕は先学期と今学期が自分のなかではすごい、まさに、すごく学びが多いというか、自分のなかで振り返りをするのがすごく多いというのを感じているんですが、それはたぶん、大学 3 年目とか 4 年目とかで結構、これまでの 4 年間の大学生活を振り返る**タイミング**に入ってきたりとか、これからどうするのかっていうのを、ちょっとずついろんな人と話したり、自分のなかでも考えたりしなきゃいけないっていうのもあるからかな。ミネルバのなかで一番学んでいるのは本当に今だなあというのはすごく感じています。でもそれは正直あんまり、ブエノスアイレスだからっていうわけじゃないかもしれません。

学生 F：それでいうと、確かに、どれだけ自分が成長したかとかは、あまり都市に依存しないっていうのは私も賛成。やっぱり自分のなかのタイミングっていうのもあると思うし、その都市との相性みたいなのも、**自分のタイミングとその都市が持っているものとの化学反応**だと思っているので。そういう意味では、この都市がっていうのはあまりないんですけど、今のところブエノスアイレスが一番貧しい都市なんです。サンフランシスコ、ソウル、ベルリンに行って、ここに来ているので。でも一つ、ソウルに行って私が思ったのは、ソウルって今、発展していて、都市が発展するとこういうふうになるんだなあっていうのが垣間見える、スカイスクレーパーっていうんですか、それと、ちょっと端のほう行ったときの飲み屋の景色の乖離とか、そういうのはすごく面白いなあというふうに思った。私個人的にソウルが結構好きだったんですけど、Civic Project が良かったなあと思っていて。コンピュータサイエンス専攻なんですけど、ラジオ番組を作る Civic Project をやったんです。韓国で言う TBS っていう放送局の英語でやっているラジオ番組を、一から作ってみようよみたいなやつだったんですけど、ミネルバ生に対する期待値が高すぎて、結果的に言うとプロジェクトが終わらなくて、途中打ち切りになったんですけど、

でも文化とビジネスってすごく密接しているんだなあっていうふうにそのとき思って。韓国の人たちがどういうふうにビジネスをするのかとかいうのが見られたのもすごく楽しかったし、放送局だったので、週に何回かとかバスで行かなきゃいけなくて、そのなかで**ミネルバの外で韓国をちゃんと見ることができた**ような気がしてたので、それが個人的にはすごく楽しかったんです。でも、やっぱり個人の事情というか私のタイミングに結構依存していたなあというふうには思います、どの都市が楽しかったかっていうのは。回答になっていたらいいんですけど。

学生Ｉ：僕のなかでは結構、やっぱミネルバでの都市回りっていうのは結構、**偏見が崩れていくのが面白い**なっていうのがあって。ソウルは結構発展していて、すごいみんな何かこう賑やかなイメージがあったりとかっていうのがあるけど、やっぱり、ソウルの古きよき街並みが残ってたりとかもあるし、ベルリンも先ほど言っていたように東ドイツの名残みたいなのがあったりして、結構面白くて。やっぱり自分が思っていたのは、もっと発展して、モダンな感じなのかなと思っていたら、割とそうじゃなかったりする一面もあって。アルゼンチンもそうで、いろんなニュースあるじゃないですか、金融関係が結構まずいみたいなのがあって、僕はあんまりいい印象が、実はなかったんです。けど、来てみて、すごいみんな幸せそう、僕らのエリアがすごいみんな幸せそうだし、落ち着いているけどやっぱり、**人生楽しんでいる感じ**が伝わってきて。そういうのが、偏見を破ることができたっていうのはすごいいい学びなのかなあっていうふうには思います。

学生Ｊ：個人的に、都市についての学びと、あと都市での生活を通じて、自分についての発見みたいな、そうした側面がどの都市でもあって。ただ、総括してお話しすると、**各都市での学びとしてはやっぱりカルチャーが全然違うっていうのは、よく練られている**なって。ソウルは本当東アジアの、キリキリとして、勤勉でみたいな。ほんとに、それを Civic Project でしたり、あと日々の、バスとか電車とかに乗っていると、ちゃんと時刻どおりに来て、みんなバスとかに間に合うために走るみたいな、自分の東京での生活を本当にそのままソウルでしていたんです。けれども、それがベルリンとブエノスアイレスだと、本当にうってかわって、**時間がゆったりと流れる感じ**があって、そうした文化的な学びもあったりとか。あと個人的にできるだけ現地で知り合いができるよう、知り合いを増やすためでもないんですけど、**現地での体験をするために習いごとを各都市で**していて。これまで一番続いているのがダンスなんですけど、そこだとブエノスアイレスが個人的に一番お気に入りな理由としては、すぐ友達できるんです。初回でダンスレッスン行ったら、その場で友達できて、しかもインストラクターの方が授業の途中でレッスン止めて、「どこから来たの？　名前何？　大学どこ？」みたいに、めっちゃクエスチョン投げ掛けてくるんです。なので、そういう面で、この文化好きだなって思って。かつ、**ここにいる自分好きだなっていう、そういった自己発見につながって。**都市での学びが良くなかったなっていうことは、特にないです。どの都市もそれぞれいいところ悪いところがあって、ただそれすべてが自分での学びというか。

学生 A：みんないい点にフォーカスして言っていたので、良くなかったことを話すと、この都市だったから悪かった体験とかはなくて、シンプルに**コロナ禍でオンラインに結構依存していた体験は、全然面白くなかった**なあと思っていて。例えばドイツ、1回目2020年のドイツとかは、例えば Exploration Day とかいろいろ、都市を探索するイベントとかあるんですけど、全部オーディオツアーで、レコーディング渡されて、そのオーディオ聴きながら、自分で勝手にどっか行ってねみたいなやつだったので、それは単純に体験として、学びがあるかどうかじゃなくて、そもそも面白くなかったっていうのはある。なので、やっぱり実際に**オフラインでできる体験**っていうのが用意されているっていうのは、たぶんすごく重要なんだろうなっていうふうに思いました。これも良くなかった点じゃないし、準正課活動かどうかって言われるとあれなんですけど、僕がすごい4年間いて感じるのは、ミネルバでいろんな国を回って得られるものって、**その各国の歴史とか文化を学べるっていうよりかは、どんなコンテクストでも生きていけるようになるっていう、そっちの個人的なスキルとか、オープンマインドになるみたいな、そっちの要素が強い**なと思っています。これ前にも何かインタビューあった気がするんですけど。じゃあ例えばアルゼンチンに行きました。アルゼンチンの**歴史とか文化を学びましょうってなると、ミネルバのカリキュラム以上に自分で努力をしないと、そこを学ぶことはできない**と思っていて。例えば京大にいて京都に4年間住んでいても、別に京都の歴史文化について詳しくなるかって言われたら、別にそこは努力しないと、そこは伸びていかないのと同じように。各国で住んだりとか、その文化のなかで thrive する術は身に付くんだけど、実際にそこに対してどれくらい理解できるかどうかって言われたら、そこは自分で頑張んないといけないなっていうのは思っています。

——ありがとうございます。これまでに参加した City Experience とか、Civic Project のことを話してくれた人もいました。もしそれ以外で、印象に残っている City Experience とか、Civic Project とかあったら、教えてほしいです。

学生 G：じゃあ、これって**ミネルバが提供している以外のことでもいいんですか？** 自分で探したものでも？ それだと、さっき I とか F が言っていたのにもちょっとつながるんですけど、ここで僕今、ラグビー始めて、すごくインフォーマルな形で現地のリアルな生活をしているっていうのがすごく楽しくて。経済危機の大変な状況のなかでも、気さくに話してくれる心の豊かさとか。例えば、D もタンゴをやったり、水泳やったり、その人のつながりが楽しいっていう話とかをしていて、そういう各都市、都市それぞれで**地元の人との関わり方**は違うと、印象も異なるんです。最新の思い出としてはそれがすごく印象に残ってます。

学生 F：G の言ったことはすごい私も思っていることで、**地元の人から、一番その国について学んでいる**なあっていうふうに思っているので。これは**ミネルバ外のことですけど、それが、私が一番ミネルバのなかで好きなパート**ではあるかなあと思います。

学生 I：僕はちょっと韓国で一番印象に残っているのは、City Experience で韓国の議会のほうにお邪魔させていただく機会が設けられていて。結構ラッキーなんですけど、僕もそれに参加することができて、そこの議員の方とおしゃべりする機会とかがあった。そういう機会って自分でただ韓国に行くだけで味わえる機会ではないので、そうやって**大学側がつながりを作ってくれて**、そういう機会を持ってくれるっていうのはすごくありがたいことだったなというふうに、僕は思いました。それが結構楽しかったです。(Int. BA-3)

　ミネルバの特徴としてよく挙げられるグローバル・ローテーションだが、それについての学生の意見もそこから学んでいることも実に多様である。大学側が提供した Civic Project や City Experience から多くを学んだという学生もいれば、大学外での地元の人々との交流や習い事からの学びが大きかったという学生もいる。一方、各都市での学びや成長を形づくるのは、自分のタイミングとその都市が持っているものとの化学反応だという意見も興味深い。また、7つの国の7つの都市を巡ることで多様な歴史や文化を学べるというのは確かにその通りなのだが、どれだけ深く学べるかはその学生次第であり、むしろ、どんな状況でも生きていけるようになるというスキルやオープンマインドさという要素の方が強いというコメントも注目される。

(2) キャップストーンで学んだこと

　キャップストーンについては、4年生14名全員に尋ねたが、とくに印象的な語りをしてくれた学生 P の語りにしぼって紹介しよう。P はアフリカ出身で、自然科学と社会科学のダブルメジャーである（この組み合わせはミネルバでは珍しい）。「ラッサ熱の蔓延に寄与している生物学的・心理学的要因を探ること」をテーマにキャップストーンを行っていた。

――キャップストーン・プロジェクトでどのようなトピックを研究しているかという質問に移りましょう。なぜそのトピックを選んだのかという理由、そして、スーパーバイザーの情報も教えてください。

学生Ｐ：私の研究テーマは、ナイジェリアで繰り返し起こるラッサ熱の蔓延に寄与
している生物学的・心理学的要因を探ることです。ラッサ熱はエボラ出血熱
に似た出血性熱病です。私は**医学と公衆衛生**に興味があるので、このプロジェ
クトはとても興味深い方向だと思いました。ミネルバが重視しているのは、
「ギャップ」を見つけることです。研究、ウェブサイト、ビジネスなど、どん
なものであれ、その分野のギャップに到達しなければなりません。私は、ラッ
サ熱の生物学的要因と心理学的要因を探究するリソースが国内にはあまりな
いことに気づきました。私は**ダブルメジャー**なので、**2つの専攻を取り入れる
必要**がありました。そして、これはギャップをどう考えるかを整理する上で
も役立ちました。

　3年次においては、キャップストーン・アドバイザーの先生と一緒に、何が
ギャップなのかに関する全体的プロセスを考え抜きます。なぜなら、4年次に
もっと焦点を絞った研究を始めるために、その前の年に全体的プロセスを考え
抜き、それについて教授にテーマを審査し承認してもらうからです。このプロ
セスの大部分は、研究におけるギャップが何なのか、私の2つの専攻をどの
ように取り入れるのか、そして現実世界の解決策や介入策を提供するのに役
立つものをどのように生み出すのかを見つけることでした。これが私のトピック
クを形作りました。……**3年次のキャップストーン・アドバイザーは、社会科
学の教授**でした。彼はケニア出身なので、アフリカに関連することについて多
くの経験と知識を持っており、彼の考えや指示はとても有益でした。その授業
で模索していたのは、主に、私の成果物の内容と形式でした。例えば、この
トピックをもっと芸術的なものに変換して、このトピックについて**ポッドキャ
スト**を行い、プロの医師や疫学者を招いて、彼らと共にこのトピックについて
話をすることもできます。また、私がやっているような二次研究を**研究論文**
にすることもできます。あるいは、ラッサ熱に関する資料やリソースを掲載し、
人々がこの病気とその蔓延についてもっと学び、効果的で利用しやすい予防
と制御の介入策や戦略に関与するために利用できるものを開発したウェブサ
イトである可能性もあります。まとめると、3年次は自分が何に焦点を当てた
いのか、そしてそれがどのようなものなのかを見極め、形にするための期間
でした。

　そして、4年次には、キャップストーンをより深く発展させ、繰り返し改善
していくプロセスになります。そして、一緒に仕事を進める上で役立ちそう
な教授や、プロジェクトに助言を与えてくれそうな教授をシェアすることも
できます。私の主なキャップストーン・アドバイザーは、自然科学とコンピュー
タ科学の教授で、私の研究全体について話し合い、生物学的な分野に焦点を
絞って、彼女の豊富な知識、専門知、経験から、非常に貴重で詳細な洞察や指
示されたフィードバックを与えてくれます。……また、キャップストーンの
ためのセカンド・リーダー（second reader）がいます。……そのうちの1人は社
会科学の教授で、3年次にキャップストーンの授業を担当した教授です。私の
キャップストーン・アドバイザーは生物学的な側面に重点を置き生物学的な

経験が豊富な教授で、加えて、心理学や社会科学的な側面で多くの経験を積んでいるセカンド・リーダーもいるのです。

——先生とは、どのくらいの頻度で打ち合わせをしているのですか？

学生Ｐ：授業のない休暇期間以外は毎週です。もちろんいつでも入れるオフィスアワーもあります。今年は、過去１年教授と一緒に模索してきたその研究の展開の方に時間を費やしているため、回数がかなり少なくなっています。これまで２、３回お会いしました。

　それと並行して、教授［＝アドバイザー］とセカンドリーダー、そして他の誰かを招待しての committee meeting があります。例えば、ある団体や他の研究者を巻き込んだ研究をしていて、そのプロセスに参加してもらい、彼らにも話を聞きたい場合は、指導教員に連絡した上で招待することが可能です。

　３年生では、１クラスに 10 人、15 人、20 人という人数のクラスがありますが、今は指導教員が決まっているので、その教授についている学生が４人ほどいるだけです。ふだんの授業はみんなで集まって、授業全体の進行をするのですが、委員会 (committee meeting) では私一人が行って、自分の研究の進捗状況や具体的に何をしているかを発表し、その場で的を射たフィードバックをもらいます。そして、指導教員とセカンドリーダーの両方からフィードバックを受けることができます。

——次の質問は、キャップストーンとシニア・チュートリアルの経験についてです。キャップストーンとシニア・チュートリアルを通して何を学びましたか？ この質問は少し抽象的ですが、ぜひ答えてみてください。

学生Ｐ：大まかに言うと、キャップストーンの旅を通して、プロフェッショナルとして、エキスパートとして、自分自身をもう少し考えるようになった気がします。このトピックではかなり深く掘り下げる必要があるので、疫学の議論にとても良いレベルで貢献できると感じています。教授を説得し、ミネルバの基準を満たし、ミネルバ以外の専門的な基準、つまり科学界の基準を満たすものであることを感じ、最後にとても誇らしい気持ちになりました。でも、もっと具体的に言うと、キャップストーン・プロジェクトに参加すると、本当に良いものを発表したいと思うようになるんです。多くの時間を費やし、さまざまな題材に触れ、自分を追い込み、何かを学ぼうとします。

　私は当初、研究論文とポッドキャストの両方を成果物として提出することを考えていました。ポッドキャストを作ったことはありませんが、健康ドキュメンタリーを見たり、病気の広がり、その背景にあるバランスについての資料を読んだりするのが好きなんです。でも、その過程で、**このプロセスは単に私がプロジェクトを作るのではなく、私が新しいスキルを身につけ、何かに挑戦し、ミネルバで学んだこと、あるいはトピックの中での経験という点で得たものを発展させること**なのだと知りました。それが大きな特徴です。

また、一般的に言えば、私の教授が指導する 5 人のクラスの中で、私は多く
のことを学びました。みなさんは私のキャップストーン・クラスの 1 人に会わ
れますが、彼は私と一緒に生物学や遺伝学、生化学の授業をたくさん受けて
きました。私たちはたくさんのクールなワークを一緒にやっています。これ
はミネルバがキャップストーンで重要視しているもう一つのことです。**自分
だけでやるのではなく、他の学生と話し合うこと。アイデアを共有すること**で、
さまざまな専門知を持つ人たちが集まってくるからです。私が学んだことの
一つは、このクラスで進捗状況を発表するたびに、より遺伝的な側面から研
究している人のことを知ることができたことです。私のプロジェクトは、ラッ
サ熱の遺伝子レベルに完全に焦点を当てているわけではありませんが、興味
のあることを学び、それは私がここで行ういくつかのステップに反映される
かもしれません。また、クラスメイトやグループ内の人たち、さらにはグルー
プ外の人たちにもフィードバックを与えなければなりませんから。そのため、
相手の話を意図的に聞き、彼らのプロジェクトについて学び、類似点がない
かどうかを確認し、実際に多くのことを学んで、自分のプロジェクトを前進
させることができます。(Int. BA-5)

　キャップストーンは、日本の卒業研究・卒業論文にあたるが、ミネルバで
は、3 年次・4 年次の 2 年間をかけて行う。3 年次は、ふつうの授業と同じ形
式で毎週行われる。それぞれの学生の専攻にあわせて、どんなテーマにするか
を徹底的に考える。学士の学位論文として適切なサイズの問題を設定すること、
ギャップがどこにあるかを見出すことが重視されるという。「ギャップ」とい
う用語は、HCs のうちの一つ #gapanalysis（＝創造的な解決がどこで必要とされるの
かを明らかにしてくれる（知識、マーケット・オファリング、さまざまなアイデア等に
おける）ギャップを特定する）から来ている（インタビューの最後に好きな HCs を書い
てもらったが、P は #gapanalysis を挙げていた）。

　キャップストーンの成果物の形式が、研究論文、ポッドキャスト、ウェブサ
イトなど多様性に富んでいることも注目される。他に、プログラム、映像作品
などもある。ただし、いずれの場合も、簡単な説明文書をつける必要がある。

　指導の手厚さも予想以上だった。2 年間かけるだけでなく、4 年次には、ア
ドバイザーとセカンドリーダーの 2 名がつく。指導教員を誰にするかは、専攻
が考慮されるだけでなく、学生側も希望を出すことができる。

　評価は、第 2 章でも述べたように、非常に厳格である。一度、不合格となり

再提出を求められたという学生もいた。ある学生は、ミネルバはジェネラリストを育成する大学だ、と語っていたが、分野横断的なテーマであっても、それなりの深い探究が行われていることが窺われる。

3. 実際に行ってみるということ

なぜ、わざわざ我々は地球の裏側まで行ったのか。ミネルバの特徴はオンライン授業だし（しかもそれを傍らから見学することも認められなかった）、インタビューだけならオンラインでもできる（実際、私たちはそれまでに何度もオンライン・インタビューをやっていた）。

だが、ミネルバの学生たちと同じ都市に身を置き、同じ空気を吸いながら、数少ない対面授業や City Experience を見学できたことは得がたい経験となった。手作りの食事をともにしながら、ちょっと打ち解けた雰囲気の中で、国籍も専攻も異なる 17 名の学生に集中的にインタビューするということも対面でなければ不可能だった。また、予想以上だったのが、SL スタッフの存在の大きさだ。彼女たちのフレンドリーな笑顔に 30 時間の長旅の疲れがほぐれるような気持ちがしたが、それは、半年ごと（インターンシップや休暇を除けば、正味の滞在期間は 4 ヶ月）に都市を移動し、厳しい授業と評価にさらされている学生にとっても同じだろう。教員だけでなく、このような現地スタッフの力があってこそ、ミネルバのコミュニティが築かれ、ミネルバ生たちは人間的にも成長していくのだろうと強く感じた。

付記

このエッセイは、松下佳代と石田智敬が共同執筆した。

終章　ミネルバ・モデルの日本の大学へのインパクト

松下佳代

はじめに

　ここまで、ミネルバ・モデルについて、学生の声をまじえながら多角的に分析を行ってきた。終章では、各章と付論での分析をふまえて、ミネルバ・モデルの日本の大学へのインパクトを明らかにしたい。

　海外の大学やそこで使われているモデルについて、日本の大学への示唆を検討しようとするときには、それぞれの置かれた背景の違いを認識しておくことが必要である。

　ミネルバ大学は学生がグローバルに移動し、世界各国から留学生が集まっているとはいえ、アメリカの大学であり、アメリカの大学教育の現状と課題を背景に設立された大学である。その設立の動機の中心をなすのは、アメリカの大学教育が非常に高額になっていること、にもかかわらず、社会に出て必要な力を十分育成できていないこと、であった。そのため、ミネルバでは、実践知につながる汎用的能力を育成し、自前のキャンパスはもたず世界の都市をキャンパスにすることで、多文化的な学びを実現するとともに、学費（授業料や寮費等）を低減することに主眼が置かれた。授業をオンラインにすることは、そのための手段であり、目的であったわけではない。とはいえ、オンラインでのフル・アクティブラーニングを可能にしたのは、デジタル・テクノロジーの発展であり、20年前であれば不可能だっただろう。一方、授業がオンラインになったおかげで、教員は世界中のどこにいてもよく、ミネルバの理念に賛同する優秀な教員の採用が容易になった。また、デジタル・テクノロジーの発展は、世界中から志願者を集め、無料で受験できるようにする上でも有用であった。

では、日本の大学教育の場合はどうだろうか。日本の大学の学費はアメリカの大学ほど高額ではない (OECD, 2017)。ただし、奨学金の受給を考慮に入れれば、その差は見かけほど大きくはない。事実、アメリカと同じく、日本でも、奨学金の返済負担は大学卒業生に重くのしかかっており、また、家庭の所得、地域、男女による大学進学率の格差は大きな問題となっている (小林, 2008)。一方、大学が社会に出て必要な力を十分育成できていないという不満があるのは、日本も同じであり、それに対して、政策側からも、社会人基礎力、学士力といった提案がなされてきた。さらに、コロナ禍によってオンライン授業が大幅に導入されたことは、ミネルバの実践をぐっと身近なものに感じさせることになった。

実際、ミネルバはすでに日本の高等教育政策にも影響を及ぼしつつある。2022 年 9 月に、1991 年の大綱化以来ともいわれる大学設置基準の大がかりな改正が行われた。この改正で、「先導的な取組」を行う大学に対して「教育課程等に関する特例制度」が大幅に認められることになった。そこには、「遠隔授業の 60 単位上限」「校地・校舎面積基準」などの適用除外 (基準の緩和) が含まれている。つまり、すべての授業をオンラインで行うことができ[1]、校地・校舎の面積も確保しなくてよい、ということである。これはミネルバ大学のイメージに近い。事実、文科省が示した特例制度のモデルケースでは、「ミネルバ大学」のような取組を国内で展開し、グローカル人材育成をめざすという例が紹介されている[2]。またすでに、このモデルケースを先取りしたような形で、日本の地域を巡りながら学ぶ「日本版ミネルバ大学」を謳った大学も生まれている[3]。

さらに、2023 年 6 月には、1 学年 5 千人という規模のオンライン大学 (通信制大学) の構想も発表された[4]。こちらもミネルバ大学を参考にしており、グロー

1　ただし、上限を超える分は、オンデマンド型ではなく同時双方向型でなければならないとされている。

2　文部科学省高等教育局大学教育・入試課 (2023)「大学設置基準等における教育課程等に係る特例制度の申請・審査 (令和 5 年度) について」(https://www.mext.go.jp/content/20221108-daigakuc01-000025195_06.pdf) (2023 年 7 月 30 日閲覧)。

3　さとのば大学 (https://satonova.org/)。新潟産業大学の通信教育課程 (オンライン) とのダブルスクールにより、大学卒業資格を取得すると同時に、各地域を巡りながら PBL を通じて学ぶという方式を採っている。ただ、入学者はまだごくわずかである。

4　ZEN 大学 (https://zen-univ.jp/)。まだ構想段階だが、授業料は年 38 万円と低く抑えられている。

終章　ミネルバ・モデルの日本の大学へのインパクト　261

バル・ローテーションや世界各地の学生寮は採用していないものの、オンライン授業と、地域・企業と連携した課外プログラムや研究プロジェクトとを組み合わせるという点では共通している。小規模、旅する大学などの特徴は捨てることで、授業料のいっそうの低減を図っている。

　この2つの大学はいずれも通信制大学（あるいはそれと連携したプログラム）だが、先の大学設置基準の特例制度は、これを通学制大学でも可能にしようとするものである。

　このように、ミネルバ大学のイノベーションは、すでに日本の大学教育に影響を及ぼしつつある。大学教育の空間的制約を取り払い、オンラインと地域でのプロジェクトを組み合わせた新しい教育形態によって学生の力を育むとともに、所得格差や地域格差を解消しようとする点に、ミネルバのアイデアが生かされている。

　終章では、本書の内容に即して、汎用的能力の育成に主軸に置きつつ、ミネルバ・モデルが日本の大学にどのように適用できるのか、導入にはどんな可能性と問題があるのか、を考えていきたい。

第1節　大学の目標・カリキュラムへの示唆

1. 汎用的能力を身につけるということ

（1）ミネルバで汎用的能力は身につけられたか

　序章で述べたように、汎用的能力の育成については、相対立する見方があった。否定する側は、「論理的思考、創造性、コミュニケーション力、協調性などの習得がきわめて困難と思われる能力」を教育目標に掲げ、それを「要素に分解」し、「即時フィードバック、達成の度合いを明示する形成的評価、ルーブリックに基づく評価」で教える方法は、大学での教育を「ごっこ」遊びに変えてしまい、学生の知的成長を妨げる、と批判していた（鈴木, 2017）。このような目標と方法は、これまで見てきたとおり、まさにミネルバ・モデルと一致する。だが、それは果たして大学での教育を「ごっこ」遊びに変えてしまい、学生の知的成長を妨げるものだったか。答えは No である。

　ミネルバ側は、それを CLA+ のような標準テストの結果や雇用主の評判と

いったエビデンスで示しているが (Goldberg & Chandler, 2021)、私たちは、学生の声から、答えが No であることを実感している。国籍も専攻も異なる 20 名の学生に、HCs やルーブリックにもとづく形成的評価の有用性について尋ねたが、否定的な意見はまったくと言っていいほど聞かれなかった。むしろ、学生たちはそれらを高く評価していた。他の点では批判をすることもあったので、この高評価は彼らの率直な意見であったと考えられる。実際、ミネルバ生たちは、1 年次のコーナーストーン科目で、ビッグ・クエスチョンについて考えるために、要素化された汎用的能力である 80 個近い HCs を学習し、それ以降、様々な文脈 (分野や場面) に適用していた。もちろん、専攻によっては使いにくい HCs があったり、HCs の中身の深め方が物足りないと感じられたりすることもあったようだ (第 6 章参照)。それでも、HCs のかなりの部分が、彼らにとって共通言語となり、知的ツールとなり、物事を考えるベースとなっていた。それは決して「教育ごっこ」というようなものではなかった。

　先の汎用的能力育成への批判があてはまるのは、ミネルバよりむしろ日本の大学の方だろう。ディプロマ・ポリシーに抽象的で曖昧な目標を掲げ、カリキュラムマップでそれらの目標と各科目を紐付け、形だけのルーブリックや質問紙調査、レーダーチャートで学習成果を可視化できたことにしている大学が少なくないのが、日本の大学の現状である (コラム参照)。ミネルバでの 4 年間の学士課程教育全体を通じた HCs の育成やその評価の厳格さを目にすると、世界中から集まった優秀な学生たちを相手にここまでやってようやく、汎用的能力が共通言語化し、習慣化するのかと思い知らされる。そうしたディシプリン (鍛錬) もないまま、汎用的能力を身につけさせようとしても、それはまさに「教育ごっこ」でしかないだろう。

(2) 清泉女子大学の場合

　では、日本の大学で汎用的能力の育成可能性はあるのだろうか。日本の大学でミネルバ・モデルを採用した例に、清泉女子大学文学部地球市民学科のプログラムがある[5]。地球市民学科では、Kosslyn & Nelson (2017) に掲載されて

5　清泉女子大学 2021 年度公開 FD 研修会「高等教育の再創造」(2022 年 3 月 3 日) 資料、およ

いる 114 個の HCs を、自学科のディプロマ・ポリシーと対応させるとともに、学生の属性や輩出したい人材像を意識して、「101 のコンセプト」という目標に再構成した。カリキュラムは、ミネルバの 4 つのコア・コンピテンシーに対応する批判的思考力、創造的思考力、情報発信力、関係構築力という 4 種類の「コンセプト」をヨコ軸に、メディア・社会、平和・対話など 6 領域の「コンテンツ」をタテ軸に構成され、ミネルバと同じく、初年次に「101 のコンセプト」をすべて学び、2 年次以降の「専門事例」「プロジェクト」で応用・実践することになっている。授業は対面だが、反転授業を取り入れ、Perusall[6] というツールを使ってオンラインで事前課題の協働学習ができるようにしている。この「101 のコンセプト」は 2 年間の教員研修を通じて開発され、教材作成も教員全員の手で行われているという。

　＜コンセプト×コンテンツ＞というアイデアは、序章でふれた「タテ型の専門教育とヨコ型のリベラルアーツ教育を交差させてカリキュラムを構成する」という発想とも共通するものであり、それが、ミネルバのようなエリート大学ではなく、中堅どころの大学で試みられていることは興味深い。他方、「知の習慣と基本的概念」である HCs を「コンセプト」に置き換えることで変質は生じていないのか、学ばれたコンセプトが実際どのように学生の学習成果になっているのか、専門教育で学ぶべきコンテンツとどう組み合わされているのか、キャップストーンのような統合の機会はあるのかなど、検討の余地もある。また、清泉女子大の地球市民学科は、グローバル市民の養成を目的としていてももともと海外研修が組み込まれていたこと、1 学年 60 名と小規模であることなど、ミネルバと類似の組織属性も有しており、その点では導入しやすい素地もあったということができる。

　び三菱みらい育成財団採択プログラム（https://www.mmfe.or.jp/partners/1076/）（2023 年 6 月 23 日閲覧）より。元ミネルバ大学日本連絡事務所代表の山本秀樹氏がカリキュラム開発の顧問として関与している。

6　ピア・インストラクションの考案者であり、反転授業のパイオニアでもあるハーバード大学のエリック・マズール（Eric Mazur）らによって開発された、オンラインのソーシャルアノテーションプラットフォーム（https://www.perusall.com/）（2023 年 6 月 23 日閲覧）。反転授業の事前課題にオンラインで書き込み（annotation）をしあうことで、協働学習ができるようにしたツールである。

では、ミネルバ・モデルは、ミネルバと類似の組織属性をもたない大学にとってはどんな示唆を与えうるのだろうか。カリキュラムの点から掘り下げてみよう。

2. 文理横断・文理融合教育

(1) 文理横断・文理融合教育の4つの方法論

中央教育審議会大学分科会は2023年2月に「学修者本位の大学教育の実現に向けた今後の振興方策について(審議まとめ)」を出した。その中で強調されているのが「文理横断・文理融合教育」である。文理横断・文理融合教育は、社会の課題の多様化・複雑化によって少数の専門分野の知による課題解決が困難になってきていること、にもかかわらず、日本では、高校での早期の文理選択によって文理分断が生じていること、という問題意識を背景に提案されたものである。1991年の大学設置基準の大綱化によって、一般教育のカリキュラムやその担当組織であった教養部が解体されて以降、日本では繰り返し、一般教育、教養教育の再興が提唱されてきたが(吉田, 2013)、今回の提案には、「数理・データサイエンス・AI」の知識・スキルを文理問わず「新たなリテラシー」として獲得させる必要性や、18歳人口の減少に伴う大学間の連携・統合に向けた「人的・物的リソースの共有化」といった新しい要因も含まれている。

注目されるのは、具体的な方法論が、以下のような4つのアプローチとして示されていることである。

①リベラルアーツ教育を中核に据えた学位プログラム

入試を学部・学科等で分けず、入学後も、幅広い学問的基礎力・学際的思考を身につけ、2年次以降、専攻を選択するというレイトスペシャライゼーション、ダブルメジャー制やメジャー・マイナー制などを通して学ぶ(例:国際基督教大学)

②文理横断・文理融合教育を通じた課題解決力等の涵養に重点を置いた学位プログラム

文理横断的な思考・手法等により、課題を解決する力を身につける(例:九州大学共創学部)

③文理横断・文理融合的な学問分野に基づく学位プログラム

　環境学、データサイエンスなど、それ自体が、人社系と自然科学系の学問の知見を組み合わせることを要する学問分野を学ぶ（例：滋賀大学データサイエンス学部）

④一般教育・共通教育における文理横断・文理融合教育の取組

　文理横断的な学習を通じた資質・能力の育成を、一般教育・共通教育の目標として明確化・必修化したり、一般教育・教養教育を専門教育と連携させたりすることで、カリキュラム全体の中に組み込む（例：東京工業大学）

（2）ミネルバ・カリキュラムとの比較

　ミネルバの汎用的能力の実質をなすHCsは、文理を問わず用いられていることから、ミネルバのカリキュラムとこの「文理横断・文理融合教育」とは親和性が高い。

　実際、ミネルバのカリキュラムは、①〜④のいずれとも重なりがある。入学者選抜は一括で行い、1年次で全分野について学んだ上で[7]、2年次で専攻を選択すること、ダブルメジャーやメジャー・マイナーの選択が推奨されていること（①）、文理横断的な課題解決力の育成をめざしていること（②）、ビジネス専攻は学際的分野として位置づけられていること（③）、一般教育で育成する資質・能力を明確化・必修化し、一般教育と専門教育の連携を図っていること（④）、である。逆に見れば、4つの方法論のいずれにおいても、ミネルバの試みから得るものがあるといえる。

　ただし、方向性においては重なりがあるとしても、それは、「計画されたカリキュラム」のレベルでの話である。

　ミネルバの実践を見ていて強く感じるのは、計画されたカリキュラムが、実践されたカリキュラム、経験されたカリキュラムの層まで、確実に浸透し実現されているということである。学生たちは目標として掲げられているHCsがどんな内容で、各専攻や科目の中でどんなふうに具体化されているか、そして、

7　第1章で述べたように、コーナーストーン科目には、HCsを学ぶ一般教育科目というだけでなく、各分野（専攻）についての専門導入科目的な性格もある。

それを自分が今どの程度身につけているかを、尋ねられたらすぐ答えられる
くらい、よく認識している。学生たちは、学習の行為主体（エージェント）とし
て、自分の学習に対するオーナーシップを発揮していた。各 HC について詳し
い説明がなされ評価基準も共有されていること、評価ダッシュボードでいつで
も HCs の習熟状況が確認できること、課題においてどんな HCs を用いるかを
教員が指示するだけでなく学生が自分で選択できること、HCs に関する学生
の意見が反映される体制が作られていること——こういった仕組みが学生の
エージェンシーの醸成に寄与している。日本の大学は、計画されたカリキュラ
ムの中身以上に、それを実践されたカリキュラム、経験されたカリキュラムと
どう結びつけるか、そのことをいかに学生自身の手で実現させていくか、とい
う点においてミネルバから学べるところがあるだろう。

第2節　大学の授業・学習活動への示唆

1. コロナ後の対面授業への揺り戻し

次に、授業・学習活動について見ていこう。

文科省の直近の調査によれば、ピーク時（2020 年 5 月 20 日時点）には 90％の大
学が遠隔授業のみで実施していたが、2022 年度後期（2022 年 9 月 30 日時点）には、
7 割以上を対面授業とする予定とした大学等が 98.5％（うち全面対面は 64.1％）に
上っている（文科省, 2022）。コロナ禍により大学はオンライン授業の導入を迫ら
れたが、コロナ禍がほぼ収束した後はほとんどの大学が対面授業に戻ったこと
になる。

それは、授業の基本は対面であるという信念が多くの大学人の中にあるこ
と、コロナ禍のオンライン授業で学生側のメンタルヘルス上の問題が生じたこ
と、授業料の安い通信制大学との差別化を図る必要があること、大学側の施設
設備や学生側の通信環境がオンライン授業にたえるものになっていない場合が
あることなど、複数の要因によると考えられる。

だが、オンライン授業は単に緊急避難的なものではなく、大学教育における
空間と時間の制約を解放し、バリエーションを豊かにするべきものである。日
本私立大学連盟（私大連）は早くも 2021 年 7 月に「ポストコロナ時代の大学のあ

終章　ミネルバ・モデルの日本の大学へのインパクト　267

り方—デジタルを活用した新しい学びの実現—」という提言を出している。それには、オンライン授業による修得単位数の上限の撤廃、校地・校舎面積基準の削除・改訂など、前述の大学設置基準の改正につながる内容も数多く含まれている。では、このような「ポストコロナ時代の大学のあり方」を構想する上で、ミネルバ・モデルからもたらされる示唆はどのようなものだろうか。

2.　ハイブリッド学習

　まず確認しておきたいのは、ミネルバが提供しているアイデアは、「オンライン授業」ではなく、「ハイブリッド学習」だということである。「ハイブリッド」というと、対面授業とオンライン授業を組み合わせた「ハイブリッド授業」をイメージしやすいが、「ハイブリッド学習」にはそれ以上の意味が込められている。

　ミネルバにおけるハイブリッド学習とは、「科目、プログラム、あるいは機関全体のレベルで、対面とオンラインの指導を結びつけたアプローチ」(Minerva Project, 2023, p.9) のことである。この定義からすれば、ハイブリッド授業は、ハイブリッド学習のうち、「科目レベル」で対面とオンラインの指導を結びつけたアプローチということになる。「プログラムレベル」のハイブリッド学習アプローチとして考えられるのは、例えば、同じプログラムの中で、対面の授業科目とオンラインの授業科目を組み合わせたり、オンラインの授業と対面の学習活動を結びつけたりすることである。「機関レベル」のハイブリッド学習アプローチとなると、オンラインの授業と対面の寮生活や準正課プロジェクトとを組み合わせるというようなものが考えられるだろう。

　これまでの章を振り返ると、ミネルバの場合は、正課の授業はフルオンラインで行われているが、プログラムレベルや機関レベルではハイブリッド学習のアプローチがとられていることがわかる。オンライン授業、ハイブリッド授業から、このような重層的な「ハイブリッド学習」への概念拡張は、日本の大学でのデジタル活用を考える上でも有用だろう。

　もう一つ重要な点は、ハイブリッド学習を、大学側が提供する授業や学習活動だけでなく、個々の学生の学習経験において把握する必要がある、ということである。この点は特にミネルバ・プロジェクトの取組から窺い知ることがで

きる。例えば、UC バークレー・ロースクールのプログラムはオンラインのみ
で提供されているが、すでに法曹界で活動している受講生には、対面での現場
体験が大学外で豊かに存在しており、オンラインのプログラムはそうした体験
と組み合わせるようデザインされている。つまり、その受講生の学習経験の総
体としてみればハイブリッドになっているわけである。

　コロナ禍の中でのオンライン授業が、社会人学生にはアクセスのしやすさか
ら歓迎されたのに対し、経験の場や学習コミュニティが形成されていない新入
生にはメンタルヘルス上の問題を引き起こしたというのも、こうした学習経験
の総体を視野に入れれば、理解しやすくなる。

　このように、ハイブリッド学習を科目・プログラム・機関の各レベルで重層
的にデザインすること、大学が提供するものだけでなく学生の学習経験の総体
として把握することは、ポストコロナの日本の大学教育を構想する上で有効な
視座を与えてくれる。

第3節　導入における潜在的な問題点

1.　汎用性（広さ）の偏重

　以上で見てきたように、ミネルバ・モデルは、目標・カリキュラムの面でも、
授業・学習活動の面でも日本の大学教育を再考する上で、ある角度をもった示
唆を与えてくれる。

　しかし、仮にミネルバ・モデルを導入しようとすると、いくつかの問題が生
じる可能性がある。

　第一は、汎用性（広さ）の偏重という点である。これまで何度も述べてきたよ
うに、抽象的で曖昧なままに置かれがちな汎用的能力を、コア・コンピテンシー
から HCs に具体化し、4 年間の学士課程教育を通じて、徹底的に習得・活用させ、
共通言語化、習慣化していくというのは、ミネルバの目標・カリキュラムの最
大の特徴である。また、2 年次以上の専門教育では、HCs と同様に、ハッシュ
タグ形式で各専攻での学習成果（LOs）が抽出され、学生に習得・活用されていく。
これによって、「広さと深さの両立」が目指されるのである。

　このような方法は、汎用的能力の育成可能性、遠い転移の実現性を実証して

みせたという点で意義がある反面、広さと深さのうち、広さを偏重しているきらいがある。

　実際、学生は最後のキャップストーン、マニフェストまでHCsの評価に縛られ続ける。学生からは、HCsの活用の仕方が適切かより、「遠い転移」ができているかに重きが置かれすぎている、という不満も聞かれた（語り終-1）。

語り終-1　HCの適用の偏重①

［マニフェストでは転移の成績の重み付けが大きいので］なんか、全然アカデミックって感じよりかは「HCアプライ大会」みたいな感じになってる。でも、ミネルバは、それを4年間やってきて、HCをアプライ、いろんなコンテクストでできるかっていうのを求めるならそれでいいと思うんですけど。私はそれよりはみんながやったことを知りたかったなって。（学生D、卒業後、Int. 21）

　また、HCsやLOs自体はもっと学問的に中身を掘り下げられそうなのに、すぐどう使うかに焦点が移ってしまうので深められないという声もあった（語り終-2）。

語り終-2　HCの適用の偏重②

ミネルバだけの特徴かわからないんですけど、プラクティカルなことにフォーカスを置きすぎていると思うんですよ。哲学の授業も、哲学の話をしているだけじゃなくて、半分くらいは「では、この哲学を使ってどういう生き方がいいのか」とか。
　　……
実用的に学んだことをアプライするみたいなことだけがHCみたいになってると思うんですよ。でも実際、HCはもっと全般的に頭を柔らかくするツールみたいなものと思ってて。逆に今のアプライの仕方、例えばカントの理論とか、儒教の理論をLGBTQにアプライするとかだと、LGBTQが先に来てるじゃないですか。で、逆に頭が柔らかくならないんじゃないかみたいに思っちゃうんですよ、私は。（学生E、4年次、Int. TP-4）

　広さと深さのバランスのどこに着地点を見つけるかは、個々の大学の選択になるが、ミネルバの着地点がベストだとは限らないことは指摘しておきたい。

2. 分野による適合性の違い

　私大連（2021）でも指摘されているように、大学教育の中でも、「医療薬学系や理工系、農畜産学系、芸術系、体育系における実習・実験授業や演習授業」などは、単なるデジタル化は適切ではない教育分野だとされてきた。これらは、ミネルバの5専攻でいえば、自然科学と人文学の一部にあたる。

　ミネルバでもこのことは意識されており、様々なやり方で、キャンパスをもたないオンライン授業であることの制約を克服しようとしていた。例えば自然科学部の教員・学生らによるガールらの論文（Gahl et al., 2020）では、オープンソース化された観察データを用いることで、生態学者の科学的スキルと批判的思考を教えると同時に、休暇期間の研究インターンシップにおいてフィールド調査やプロジェクトに取り組むことで実習・実験の経験を補うということが提案されている。また、「居住地に根ざした課題（LBA）」を通じてフィールドワークを実施したり、滞在都市の大学との連携でラボを使わせてもらったりすることも行われている。

　ただ、やはりこれだけでは、日常的にラボやフィールドに浸って教員や上級生たちとの関係性の中で学習する方法に比べると、どうしても学習経験が手薄になる。生態学に興味のあった学生Gの場合は、一時的にグローバル・ローテーションから外れて他大学に在籍し、そこでフィールドワークに参加していた（ただし、こういうときでも、大学を休学する必要がなく授業を受講し続けられるというのは、オンライン授業のメリットだ）。さらに、4年生になる前の夏季インターンシップでは、米国南西部に位置するある研究所における学部生向けの「複雑系研究」プログラムにも参加していた（第6章第4節参照）。

　このように、分野によるオンライン授業との適合度の違いを認識し、不足する学習経験を補う手立てが必要になる。ミネルバでは、そのための個別のサポートが行われている。

3. 教員の機能分化

　ミネルバ大学の教員は全員博士号を取得しているが、ミネルバの職務としては教育に専念することを求められる。一般教育科目（コーナーストーン科目）の授業の実施、専門教育科目の設計・実施、それぞれの評価（毎授業後の全員に対す

るフィードバック、課題の評価など）、キャップストーンやシニア・チュートリアルの指導、授業やカリキュラムの評価・改善のためのミーティングなど、教育上の職務は多岐にわたり、負担はかなりのものであると推察される。また、教員自身の居住地が限定されないというメリットはあるが、基本的に、任期は3年で再任は1回のみとなっている（第5章参照）。

　教員たちは、ミネルバ大学の理念に賛同して応募し、詳細な「職務記述書 (job description)」をもとに契約を交わして入職しているので問題はないし、流動性の高い社会では、任期の短さもマイナスには感じられないかもしれない。ミネルバの教員をつとめたという職歴は彼らのキャリアのプラスになるだろう。

　だが、所属大学で教育と研究の両立を図りたい教員には、このようなミネルバ式の雇用形態は認めがたいものだろうし、雇用流動性が低い日本社会において、仮に既存の大学がこのようなやり方を導入しようとすれば、大きな軋轢を生むことになるだろう。

　そもそも、ミネルバの教員たちが博士号を取得しているということは、彼らの養成においては、博士号を授与する研究大学の存在に依存しているということを意味する。ミネルバ大学は、「難関」とはいえ、学士課程教育に重点を置くリベラルアーツ大学であり、雇用流動性の高いアメリカの大学であることを忘れるべきではない。

　他方、日本の大学において、教員に求められる教育・研究・管理運営・社会貢献の4機能のうち、近年とくに管理運営や社会貢献の機能が肥大化して教育や研究にしわ寄せが来ているという現状を見ると、教員の職務が明確に記述され、教員と職員の役割が切り分けられた上で教職協働がなされている点、テクノロジーによって徹底的に効率化が図られている点など、ミネルバから学べる点も多い。

4．大学のビジネスモデル

　ミネルバ大学はシリコンバレーの実業家・起業家であるベン・ネルソンによって創設された大学であり、実際、ミネルバ大学の設計書ともいうべきKosslyn & Nelson (2017) は「新たなビジネス・経営モデル」という章で締めくくられている。営利教育企業のミネルバ・プロジェクトとは別個の非営利の教育

機関ではあるが、大学の経営全体がビジネスモデルで考えられていることは間違いない。ミネルバ大学は、プラットフォームである Forum の使用によってミネルバ・プロジェクトに利益をもたらしており、また、ミネルバ大学の成功はそのままミネルバ・プロジェクトの広報にもなる。

ビジネスという性格は、目標の中身とも無関係ではない。ミネルバ大学が教育目標として掲げる「実践知」は、「人が変化する世界に適応するために使うことのできる知識」と定義されている（序章参照）。本田 (2009) は、教育と仕事との関係について、「適応」と「抵抗」という 2 つの側面があると主張する。仕事への「適応」とは、仕事に関わる知識やスキルを身につけ、仕事の現場で求められているような柔軟な振る舞いができることである。一方、仕事への「抵抗」とは、間違った要求や無理な要求には従わないという姿勢であり、そのためには労働法や労働者の権利に関する知識や実践方法などを身につける必要があるという。

ミネルバでは、社会との関わり方は、もっぱら「適応」として語られ、「抵抗」の側面にはほとんどふれられていない[8]。ミネルバの「指針原則 (guiding principles)」の最初には「慣習にとらわれないこと (Being unconventional)」が掲げられているが、これは「抵抗」というよりはむしろ変化への「適応」に必要な態度だろう。

もっとも、だからといって、ミネルバ・モデルの価値が大きく損なわれるわけではない。近年の大学改革に対して鋭い批判を行っている山口裕之は、現在の大学において求められる教育機能を、民主主義社会を支える「賢さ」だとし、それを「さまざまな問題について、その背景を知り、前提を疑い、合理的な解決を考察し、反対する立場の他人と意見のすり合わせや共有を行う能力があるということ」(山口, 2017, p.148) と定義している。そしてこのような能力は学問的探求だけでなく職業の場においても役に立つはずだという。ただ、それをどう実践するかの提案は、山口 (2017) では教員個人の授業の枠内にとどまっている。

HCs のリスト（表序 -1 参照）をあらためて見てみよう。主張を評価する、正当

8　挙げるとすれば、#ethicalframing（倫理的問題を特定し、それを解決するよう枠づける）や #ethicalconflicts（優先すべき文脈を用いることによって、倫理的な諸原則の間のコンフリクトを解決する）など、「倫理的問題を解決する」に含まれる HCs だろうか。ただ、ここでは、社会的問題ではなく倫理的問題として捉えられており、抵抗よりは解決に方向づけられている。

終章　ミネルバ・モデルの日本の大学へのインパクト　273

化を評価する、データを分析する、決定を分析する、問題を分析する、発見を促進する、研究方法を適用する、問題を解決する、言語を使用する、非言語的コミュニケーションを使用する、複雑系の内部で相互作用する、交渉する・説得する、他者と協働する、倫理的問題を解決する——山口の主張を逆方向から見れば、これらは、学問的探求や職業の場においてだけでなく、民主主義社会を支える「賢さ」としても求められる能力である。HCs は、このような能力を、より高い解像度で分析し、抽出したものといえる。

　教育と社会（仕事）との関わり方には、「適応」と「抵抗」の他に「創造」を加えることができる。既存の社会に問題があると感じられるときには「抵抗」するだけでなく、新しい社会のあり方を「創造」することも可能である。ミネルバは現在の高等教育の抱える問題を、新しい大学を「創造」することで乗りこえようとした。つまり、ミネルバのいう「適応」は既存の社会のあり方を前提した適応ではなく、むしろ「創造」も含むより広い意味での「適応」だということができる。

おわりに

　ミネルバの創設者ベン・ネルソン、創設時にミネルバの中身づくりに多大な貢献をなしたスティーヴン・コスリンの二人が共同で編集し、ミネルバの主要メンバーが執筆陣に名前を連ねている著作 *Building the intentional university: Minerva and the future of higher education*（Kosslyn & Nelson, 2017）のタイトルは、ミネルバ大学の特徴を実によく表している。「意図的な大学を構築する」——そう、ミネルバ大学は最上位の理念から目標、カリキュラム、授業、評価、正課外活動、教員採用・研修、キャンパス、入学者選抜、学費、広報に至るまで、自らの設定した原理・原則に則って、意図的に構築された大学である。

　それは、学費の高騰で多くの学生がローンに苦しめられ、にもかかわらずこれからの社会を生きていくのに必要な力をつけていない（とくにリーダーとなる人間を育てられていない）というアメリカの大学教育の現状認識に立って、大学教育の常識を問い直すことから始まった。キャンパスをもたねばならない、授業は対面でなければならない（オンライン授業は対面授業より劣る）、入試では属

性（人種、スポーツ実績、卒業生子弟など）による定員枠を設けなければならない、などの常識が問い直された。これらの制約を外して、大学を構成するそれぞれの要素を見直し、テクノロジーの力を最大限に活用して「新結合」（＝イノベーション）を創り上げたのが、ミネルバ大学である。

　その中核にあるのがHCsとハイブリッド学習であることは、ミネルバ・モデルを導入している大学や他の教育機関のいずれもが、HCsやそれに類する目標と何らかの形態のハイブリッド学習を採用していることからも明らかだろう（付論参照）。とりわけ、HCsはオリジナリティが高い。汎用的能力の粒度を小さくし、さまざまな文脈（分野や場面）でそれらを組み合わせて用いることで、文脈依存性と汎用性を両立させようとしている。

　HCsはまた、一般教育から専門教育まで、分野をこえて4年間使い続けられるという点で、カリキュラムのヨコ軸とタテ軸を構成するものでもある。ただし、これはミネルバ大学がリベラルアーツ大学であるという性格を反映したものであって、別のタイプの大学（例えば研究大学）であれば、HCsと各専門分野の知識・スキルの組み合わせ方はこれとは異なるものになるだろう。

　ミネルバ大学は、決して汎用的な大学モデルを提供しているわけではない。むしろ非常にとんがった大学である。学生Aはこう語っている（語り終-3）。

語り終-3　ミネルバ大学とは

[ミネルバ大学って] 全然万人向けの大学ではないなと思います。……本当に合う人にめちゃめちゃいい教育を、少しずつ少人数で、そのモデルを広げていこうっていう大学なので……（学生A、卒業後、Int. 21）

　結局、ミネルバ・モデルとは何なのか。ミネルバ・プロジェクトの動向をふまえれば、HCsを軸として構成されたカリキュラムとフル・アクティブラーニングを含むハイブリッド学習が、ミネルバ・モデルの中核であることは確かだろう。だが、学生たちの語りからは、ミネルバ・プロジェクトでは必須の要素とされていないグローバル・ローテーションや文化的多様性に富んだ学生集団も、彼らの学びと成長をもたらした大きな要因であったことが窺える。そして、これらが組み合わされた大学は、今のところ、ミネルバ大学以外にはない。

終章　ミネルバ・モデルの日本の大学へのインパクト　275

　とすれば、ミネルバ・モデルを、中核部分とミネルバ大学に見られるフルモデルとに分けて考える必要があろう。フルモデルとは、最上位の理念から目標、カリキュラム、授業、評価、正課外活動、教員採用・研修、キャンパス、入学者選抜、学費、広報まで、大学を構成するあらゆる要素について、常識の制約を外し、テクノロジーの力を利用して生み出された新結合そのものである。

　日本の大学がミネルバ大学から何かを学ぶとすれば、自分たちの大学がどのような大学なのか、何を目指すのかを明確にした上で、ミネルバ・モデルのどこを採用しどこを採用しないか、どこをどうアレンジするかを決める必要がある。ただし、ミネルバ・モデルは一つの系（まとまり）をなしているものであるから、ある要素だけを抽出したり改変したりすることが、系の他の要素に影響を及ぼすことに注意しなければならない。例えば、フルオンラインのアクティブラーニングだけ、あるいは旅する大学だけを導入するということはありえない。オンライン授業は寮生活や準正課活動といった場での身体性を伴った交流や経験に支えられているし、また旅する大学は同学年の学生集団がともに生活し一緒に移動するというコミュニティの存在に支えられているからである。

　ミネルバ大学という独特な大学の試みが、日本の大学において表面的・部分的な模倣にとどまらず、大学教育の常識を問い直し自分たちならではの新結合を生み出すことにつながることを願っている。

文献

Gahl, M. K., Gale, A., Kaestner, A., Yoshida, A., Paglione, E., & Bergman, G. (2020). Perspectives on facilitating dynamic ecology courses online using active learning. *Ecology and Evolution,11*, 3473–3480. doi: 10.1002/ece3.6953

Goldberg, R., & Chandler, V. (2021). Measurement of student learning outcomes-Minerva Schools at Keck Graduate Institute: A case study. In C. Hughes, & M. Tight (Eds.), *Learning gain in higher education* (pp.153-167). Emerald Publishing.

本田由紀 (2009)『教育の職業的意義―若者、学校、社会をつなぐ―』筑摩書房.

小林雅之 (2008)『進学格差―深刻化する教育費負担―』筑摩書房.

Kosslyn, S. M., & Nelson, B. (Eds.). (2017). *Building the intentional university: Minerva and the future of higher education*. Cambridge, MA: The MIT Press. S. M. コスリン, B. ネルソン編 (2024)『ミネルバ大学の設計書』(松下佳代監訳) 東信堂.

Minerva Project (2023). *Toward the hybrid future*. (https://www.minervaproject.com/white-paper/

toward-the-hybrid-future)（2024 年 4 月 19 日閲覧）

文部科学省高等教育局高等教育企画課総合教育政策局生涯学習推進課 (2022)「大学等における令和 4 年度後期の授業の実施方針等に関する調査の結果について（周知）」.（https://www.mext.go.jp/content/20221129-mxt_kouhou01-000004520_2.pdf）（2023 年 7 月 30 日閲覧）

日本私立大学連盟 (2021)「ポストコロナ時代の大学のあり方―デジタルを活用した新しい学びの実現―」.（https://www.shidairen.or.jp/files/user/20200803postcorona.pdf）（2023 年 7 月 30 日閲覧）

OECD 編 (2017)『図表でみる教育―OECD 教育インディケータ（2017 年版）―』（矢倉美登里他訳）明石書店.

鈴木宏昭 (2017)「教育ごっこを超える可能性はあるのか？―身体化された知の可能性を求めて―」『大学教育学会誌』39(1), 12-16.

山口裕之 (2017)『「大学改革」という病―学問の自由・財政基盤・競争主義から検証する―』明石書店.

吉田文 (2013)『大学と教養教育―戦後日本における模索―』岩波書店.

付論　ミネルバ・プロジェクトの動向

松下佳代・田中孝平

はじめに

　ミネルバでは、ミネルバ・モデルを、ミネルバ大学のようなグローバルなエリート大学だけでなく、他の教育機関にも広めたいと考えている。序章で述べたように、ミネルバには、営利教育企業であるミネルバ・プロジェクト (Minerva Project) と非営利教育機関であるミネルバ大学 (2012 年に Minerva Schools at KGI として設立、2021 年に単独の大学として認証されて Minerva University に改称) という 2 つの組織がある。当初は、ミネルバ・プロジェクトの中にミネルバ大学 (Minerva Schools at KGI) が含まれていたが、2021 年の Minerva University への改称の際に、両者が分離して、両組織の性格や役割の違いがより明確になった (序章参照)。

　ミネルバ・プロジェクトでは現在、ミネルバ大学で有効性が確かめられたミネルバ・モデルを、さまざまな教育段階や国・地域に普及し、拡張している。そこでは、それぞれの教育段階や国・地域にあわせたローカライズが行われている。ちょうど、プログラム自体の「遠い転移」を試みているようなものと言ったらよいだろうか。

　この付論では、高等教育における拡張、高校教育への拡張、企業研修への拡張に分けて、ミネルバ・プロジェクトにおいてどのような「遠い転移」が行われているかを明らかにする。

　このセクションを「章」ではなく「付論」としたのは、一つにはミネルバ大学とミネルバ・プロジェクトを区別するためであるが、もう一つの理由がある。本書では、ミネルバ大学の教育を「実践されたカリキュラム」や「経験されたカリキュラム」のレベルまで解剖することを目指して、インタビュー調査や訪問

調査を行ってきた。だが、この付論は、文献やウェブサイトによる情報を中心として、ミネルバ・プロジェクトの展開状況を広く紹介するものとなっている。関係者にインタビューできたのは企業研修に関わる節のみである。そういうわけで、このセクションは主張の根拠の点で、他の「章」とは異なる。それが「付論」としたもう一つの理由である。とはいえ、ミネルバ・モデルについて考える上で、ミネルバ・プロジェクトの動向を知ることは大きな意味がある。それでは、どんな拡張が行われているかを見ていこう。

第1節 高等教育における拡張

　ミネルバ・プロジェクトでは、高等教育における拡張として、新しい教育組織の設立支援、既存の大学の組織改革支援、既存の大学の新しい学部・学位の設置支援などを行っている。ミネルバ・プロジェクトのウェブサイトに挙がっている事例を整理したのが**表付-1**である。地域は、やはりアメリカが多いがヨーロッパ、中東、東アジアにも広がり、教育段階も、一般教育から専門職大学院まで多様である。

　本節では、高等教育における拡張の特徴をより明確にするために、他の文献やサイトなどにもあたりながら検討していくこととする。

1. 一般教育

　かなり早い時期にミネルバとの提携を結んだのが香港科技大学 (The Hong Kong University of Science and Technology: HKUST) である。HKUST-Minerva Scholars Program[1] は、2018 年秋学期に開始された。HKUST では、コーナーストーン科目を1・2年次に受講するとともに、HKUST コースも並行して受講できるようになっていた。さらに、ミネルバ大学の学生も、最終学年には、HKUST で授業を受け、HKUST の教員の下で研究・実習を行いながら、キャップストーン・プロジェクトに取り組むこともできる。実験・フィールド調査などが行えない

　1　香港科技大学のサイト (http://ceidev.ust.hk/news/hkust-minerva-scholars-program) (2023 年 6 月 22 日閲覧) より。

付論　ミネルバ・プロジェクトの動向　279

表付-1　ミネルバ・プロジェクトと提携している高等教育機関の例

教育機関	University of Miami	UC Berkeley, School of Law	Zayed Univeristy
国	アメリカ	アメリカ	アラブ首長国連邦
教育段階	学士課程	専門職大学院	学士課程
タイプ	学位プログラム	科目	組織改革
内容	学際的、加速的、経験的で職業統合的な性格をもつ、イノベーション、テクノロジー、デザインの新しい学位プログラムの設立。学生が職業や市民活動を通じて磨く実践的なスキルの開発に焦点をあてたプログラム。	「Leadership in the Legal Profession」という名称のオンライン科目の作成。経験豊富な弁護士を対象とした10週間のプログラムの開発。	ビジネス・トランスフォーメーション、計算システム、社会イノベーションの学術プログラムを備えた新しい大学の創設に向けたコンサルティング。

教育機関	USC Annenberg, School of Communication and Journalism	Esade
国	アメリカ	スペイン
教育段階	学術大学院	学士課程
タイプ	科目	学位プログラム（ビジネス）
内容	修士課程の全学生が履修するDEIA（多様性、公平性、包摂性、アクセス）に関する応用科目の開発。	ミネルバのコーナーストーン科目とEsadeのビジネスの教育を統合させた学位プログラム。キャップストーン科目として、社会的インパクトを与えるスタートアップ企業の設立を求められる。EsadeのキャンパスとForumの両方で学ぶ。

教育機関	Shenandoah University	KENTECH (Korea Institute of Energy Technology)
国	アメリカ	韓国
教育段階	学士課程（一般教育）	学士課程（専門教育）
タイプ	一般教育改革	学際的プログラム
内容	プロフェッショナルなキャリア体験と教養教育を融合させたことで知られる大学。スキルの体系的な導入・強化ができるハイブリッドプログラムの開発。	エネルギー産業を発展させるために必要な、問題解決、リーダーシップ、コミュニケーション、批判的思考などのスキルを身につけるためのカリキュラムと教育法の開発。

(出典) Minerva Project ウェブサイト（https://www.minervaproject.com/partnerships/）（2023年2月5日閲覧）をもとに作成。

のは、フルオンラインで正課の授業を実施しているミネルバの弱みだが、それを他の大学との連携で補った例といえる。

　もっとも、2023年時点では、HKUST-Minerva Scholars Program websiteは閉鎖されており、現在も継続されているかは定かではない。ただし、このように既存の大学との連携で実験室、図書館やその他の施設設備が利用できるようにするという形態は、現在、ソウルの漢陽大学校（Hanyang University）や国立台湾大学との間で続けられている。

2. 新しい学位プログラム

ポール・クイン・カレッジ (Paul Quinn College: PQC) は、2020 年より、Paul Quinn College x Minerva Urban Scholars Program[2] を開始した。PQC は 4 年制のリベラルアーツ系私立大学で、米国初の都市型ワークカレッジである。本プログラムは、奨学生プログラム (オナーズプログラム) であり、3 年制の学際的な加速学習コースである。公衆衛生、刑事司法改革、貧富の格差のうち一つの問題を選んで、その解決策を開発することになっており、経営学と公共政策の学位が取得できる。授業はフルオンラインで、2 年次からは、週 15 〜 20 時間勤務しながら大学教育を受ける。また、1 年次はペルグラント (連邦政府) 奨学金、2・3 年次は雇用主の補助金や奨学金を得ることにより、低額で大学教育を享受できるようになっている。

アメリカのフロリダ州にあるマイアミ大学 (University of Miami)[3] では、学長とプロボストの強いリーダーシップの下で、13 人の教職員を Academic Innovation Fellows として選出し、そのチームが新しい学位プログラムの提案をまとめた。アントレプレナーシップ、イノベーション、デザイン思考に焦点をあてた、加速型の学際的学位プログラムである。加速型、学際的というのは PQC とも共通している。ただし、マイアミ大学では、対面・オンラインの授業、経験学習、プロジェクトを組み合わせたハイブリッド型教育が行われている。

3. コーオプ教育──中南米地域の大学──

序章でも紹介したゴールデンバーグらの論文 (Goldemberg, Genone, & Wisor, 2020) のタイトルは、「破壊的イノベーターはいかにして今日の学生を明日の労働力へ育てるか？ (ミネルバのコーオプモデル：スキルギャップ解消への道筋)」で

2　ビジネスワイヤでの報道 (https://www.businesswire.com/news/home/20200709005295/en/Paul-Quinn-College-Minerva-Project-Announce-Urban-Scholars-Program-Launching-Fall-2020) (2023 年 6 月 22 日閲覧) より。

3　マイアミ大学のサイト (https://news.miami.edu/stories/2021/11/university-launches-effort-to-revolutionize-the-undergraduate-experience.html) (2023 年 6 月 22 日閲覧)、および Minerva Project のケーススタディ (https://learn.minervaproject.com/hubfs/MinervaProject_UnivMiami_Case2022.pdf?utm_source=content&utm_medium=pdf&utm_campaign=case2022&utm_id=case2022) (2023 年 6 月 22 日閲覧) より。

付論　ミネルバ・プロジェクトの動向　281

ある。この論文は、中南米地域の大学におけるコーオプ教育の構想を述べたものであり、米州開発銀行（Inter-American Development Bank: IDB）から出版されている。

　コーオプ教育（co-operative education: co-op）とは、学内の授業と学外での就業体験を組み合わせたプログラムで、インターンシップ、サービスラーニング、臨床実習・教育実習などとならぶ職業統合的学習（work-integrated learning: WIL）の一つである（吉本・稲永, 2013）。インターンシップが比較的短期で、職場が提供し、ふつう無給であるのに対し、コーオプ教育は比較的長期で、大学と職場を交互に行き来しながらも大学主体でプログラムを組み、ふつう有給である。

　中南米地域でのコーオプ教育は、学費（授業料や寮費等）の増大が高等教育へのアクセスを制限し、学習成果の低さが学位取得の価値を疑問視させているという現状に対し、それを克服するべく提案されたものである。このコーオプモデルでも、学生は 3 年間で学士号を取得する。これは、特別な 3 学期制によって可能になっている。この 3 学期制は、一般的な 3 学期制とは異なり、1 学期あたり 14 回授業を行うもので、いわば 2 学期制のセメスターを 1 年間に 3 つ入れたかたちである。1 年次には、ミネルバ大学のコーナーストーン科目と似た内容の科目を履修して、学際的な思考をもつ人材となるために必要な基礎的なスキルと知識を身につけ、その中で一定以上の成績を収めた学生のみが、2 年次・3 年次にコーオプ教育を受けることができる。基準に達しなかった学生は、もう 1 年学んで準学士号を取得するか、あるいは、同じ大学か他の大学でもう 2 年学んで学士号を取得する。

　このプログラムでは、学生の抱える経済的な制約は、授業料等の経費の一部を雇用主が補助することで解決され、一方、雇用主は、自分たちのニーズを満たす人材を雇用しやすくなる。

　このプログラムはまた、従来のコーオプ教育に対しても新機軸を打ち出そうとしている。従来のコーオプ教育は、工学部のプログラムが中心で、リベラルアーツ大学の特徴である、仕事・個人・公共の生活のための幅広いスキルを準備させる学際的な教育を軽視していた。それに対して、ミネルバのコーオプモデルは、「21 世紀の経済に必要なツールと考え方に基づいた学際的なカリキュラムと、学生が習得中の知識とスキルを実践できる専門的な職業体験の機会を組み合わせたもの」（p.16）である。

このプログラムでは、コーナーストーン科目を組み替えた一般教育が始まるのは3学期制の第2セメスターからで、1年次の第1セメスターには、中等教育の不十分さを補うために「ベッドロック科目」が提供され、中等教育と高等教育の接続が図られている[4]。また、仕事で必要なマナー等は1年次に準正課プログラムで学ぶことになっている。このように、高大接続と大社接続の両方を視野に入れているのも大きな特徴である。

4. 大学院教育

カリフォルニア大学バークレー校(UCB)のロースクールでは、Executive Leadership Program for Legal Professionals[5]というプログラムをミネルバと共同開発し、2020年5月よりスタートさせた。これは、10週間のビジネススクール形式のプログラムで、取引弁護士ではなく、法廷弁護士になるために必要なツールとスキルを提供するものである。このプログラムではさらにプロフェッショナルなネットワークの拡大やBerkeley Law Executive Educationコミュニティの一員になるという社会関係資本の構築もめざしている。授業はForumを使用したフルオンラインで、それによって費用の障壁を下げている。

5. 共通する特徴と抜け落ちているもの

以上の事例から浮かび上がってくる特徴は何だろうか。すべてにあてはまるわけではないが、多くのプログラムに見られる特徴を拾い出してみよう。

目標：実践知や汎用的能力、大学と大学外・大学後（ときには大学前の中等教育を含む）とを接続させたコンピテンシーの育成がめざされている。中南

4　1年次第1セメスターのベッドロック科目には、「戦略的な学習と成長」「表現の明瞭性」「応用的・数量的思考」が、また、1年次第2・第3セメスターの一般教育科目には、「批評とコミュニケーション」「創造的・批判的思考の応用」「システムと社会」「統計的直観と応用」「エビデンスからの洞察の導出」「解釈、コミュニケーション、デザイン」「システムと戦略的リーダーシップ」が挙げられている。

5　UCバークレー・ロースクールのサイト（https://www.law.berkeley.edu/article/berkeley-law-and-minerva-project-partner-to-launch-executive-leadership-program-for-legal-professionals/）（2023年6月22日閲覧）より。

米地域のコーオプ教育に見られるように、HCs をローカライズした科目が設定されている。

内容：伝統的な学問分野（「モード1」）よりも、一般教育や、専門教育における学際的領域（「モード2」）が中心である[6]。法学のような伝統的分野の場合でも、学問と実世界との関連が重視されている。

形式：広義のハイブリッド学習が行われている。UCB ロースクールのように授業はフルオンラインの場合もあるが、その授業は授業外での実務と組み合わせること（つまりハイブリッド）で機能するように作られている。ミネルバ・プロジェクトによる報告書「ハイブリッドの未来へ」（Minerva Project, 2023）では、パンデミック後の高等教育界ではハイブリッド学習が強力なトレンドになるとしているが、ここでの「ハイブリッド学習」は単なるハイブリッド授業ではなく、「科目・プログラム・機関の各レベルで、対面とオンラインの指導を組み合わせたアプローチ」（p.9）へと意味が拡張されている。この定義にしたがえば、ミネルバ大学の教育も、授業はフルオンラインだが、準正課活動と組み合わせたハイブリッド学習ということになる。本節で取り上げたいずれの事例も、どのレベルでどのように組み合わせているかのバリエーションはあるが、すべてハイブリッドである。

連携組織：世界的に知られた大学から中堅の大学まで多様だが、いずれの組織も改革に意欲的であるという点では共通している。また、機関レベル（大学全体）での開発は稀で、一つの科目またはプログラムが主な開発単位である。

対象学生：学生についても、奨学金プログラム（オナーズプログラム）の受講生や一定の成績基準を満たした者など、意欲的で、かつその機関内で優秀な学生が対象となっている。学習意欲が低い学生に対してモチベーションを引き上げるということは、ミネルバの教育目的には入っていない。

6　ギボンズ（Gibbons, M.）は、知識生産の様式（モード）を、「個別の研究分野・研究方法論（ディシプリン）中心型の学問」に対応する「モード1」と、「個別の研究領域・研究方法論に依存しない、領域越境型の科学であり、実世界と深い関連をもつ問題を発見し、その解決をめざす学問」に対応する「モード2」に分けた（ギボンズ, 1997）。現代の主な潮流は、モード1からモード2へ（およびその反動）ということができる。

期間：中南米のコーオプ教育をはじめ、いくつかの事例で、4年制から3年制へという在学期間の短縮が行われている。この短縮のために、1年間に3つのセメスターを入れる3学期制にすると、その分、休暇期間が短くなり、インターンシップなどの体験は行いにくくなる。しかし、例えばコーオプ教育では、その分を2年次・3年次の就業体験（対面型の経験学習）で補うことになっている。このようにして、在学期間を短縮し、授業をフルオンラインで実施する場合でも、対面での経験学習の機会は別のかたちで得られるように組み立てられている。ただし、その分、理論的学習は削られる。

学費：在学期間の短縮は、学費の低減にも関わってくる。それとあわせて、奨学生プログラム、コーオプ教育など、奨学金、企業からの補助金、給与などを利用することで、学費を低く抑える努力がなされている。

　ミネルバ・プロジェクトと提携している高等教育機関・プログラムにはこのように類似した特徴を見出すことができ、その多くはミネルバ大学とも共通している。一方で、ミネルバ大学の重要な特徴でありながら、ここで挙げたすべての事例から抜け落ちているものがある。グローバル・ローテーションである。第4章で取り上げたLIUグローバルに見られるとおり、グローバル・ローテーションはミネルバ大学の専売特許ではなく、ミネルバ大学でなければ実現不可能ということではない。では、なぜ取り入れられなかったのだろうか。

　ミネルバはゼロから立ち上げた大学だったが、上の事例はいずれも既存の大学であり、キャンパスをもった大学の中で科目やプログラムの開発、大学の組織改革のコンサルティングとして提携が行われている。グローバル・ローテーションは、大学の組織やカリキュラムに大きな変更を迫るものであり、そのため各大学は導入しなかったし、ミネルバ・プロジェクト側もあえてそれを要求することはなかった、と考えられる。この場合、グローバル・ローテーションは、ミネルバ・モデルの必須の要素ではないということになる。

　だが逆に、グローバル・ローテーションは重要だからこそ、それを含んだミネルバ・モデル全体はミネルバ大学でしか体験できない特別なものとして扱われていると考えることもできる。

　いずれにせよ、グローバル・ローテーションの欠落は、第2節でみる中等教

付論　ミネルバ・プロジェクトの動向　285

育、第 3 節でみる企業研修でも生じている。

第 2 節　高校教育への拡張 [7]

　本節では、ミネルバ大学の「高校教育版」として再創造された「ミネルバ・バカロレア (The Minerva Baccalaureate: MBacc)」のカリキュラム、目標と評価がどのように構想されているのかについて、ウェブサイトの情報や各事例などを整理しながら、紹介していくことにしたい。MBacc は、Kingston Taipei (台湾) や Elite Open School (日本) など、世界 5 カ国でインターナショナルスクールを中心に展開している。実際、Elite Open School のパンフレットを確認すると、MBacc のプログラムは、Advanced Placement (AP) プログラムや IBDP (国際バカロレア・ディプロマプログラム)、GCE-A レベルなど [8]、既存の教育プログラムと比較して複数の観点において他の教育プログラムよりも優れていることが喧伝されている (Elite Open School, n.d.)。ただし、現時点では、MBacc は、既存の類似の教育プログラムと比較するとかなり限定的な規模での展開にとどまっている点には注意を要する。

1.　カリキュラム

　では、MBacc において、どのようなカリキュラムが実施されているのだろうか。MBacc の正課カリキュラムは、原則、全米の基準にそって作成され、最初の 3 年間の標準的な科目と、4 年次に行われる 1 年間のオプション科目で構成される (MBacc, n.d.)。このプログラムを修了すると、MBacc の修了資格と、通常、認定された中等教育学校の高校卒業証書が授与される。さらに、4 年次のオプ

　7　本節は田中 (2022) の内容の一部に改訂を加えたものである。
　8　AP (Advanced Placement) プログラムとは、カレッジ・ボード (College Board) によって提供され、大学の一般教育レベルの内容を中等教育段階で先取りして学ぶ科目単位のプログラムである。また、IBDP (International Baccalaureate Diploma Programme) は、国際バカロレア機構が定める 4 つの教育プログラムのうち、日本の高校教育相当の総合的な教育プログラムのことである。さらに、GCE-A レベル (General Certificate of Education, Advanced Level-A) とは、イギリスの大学入学資格として認められる統一試験のことであり、通常 2 年間かけて受講する。

ション科目を修了し、ミネルバ大学に進学する場合に限り、互換可能な32単位を取得することができる。ただし、MBaccの修了がミネルバ大学への合格を保証するものではない。

3年間の標準的なコア科目 (Core Course) は、理科、社会、英語、数学という4つの教科に、個人的スキル (Personal Skills) を加えた5つによって構成されており、生徒は、3年間かけて5つのコア科目をすべて履修し、毎年1科目ずつ受講していく。

例えば、理科の場合、1年次に生物を、2年次に化学を、3年次に物理を履修し、社会の場合、1年次に世界の文化 (World Cultures)、2年次に世界史、3年次に政府 (Government) といった具合で履修する。このように、MBaccの内容配列に関しては、従来型の積み上げ式の標準的なカリキュラムが採用されている。「個人的スキル」の科目では、自己認識や人間関係、責任ある意思決定、他者との協働といった能力を身につけることが目指される。特に、3年次には2年間で学んだ成果に基づいて、SDGsに関連したプログラムを自ら計画し、それを具体的に実行していくことが求められる。

MBaccの1年次〜3年次のそれぞれの科目 (「個人的スキル」科目以外の、理科、社会、英語、数学に関する科目) については、従来の学問的知識を伝達する教育と、学際的なコンセプトとスキルを育成するための教育に分けられ、毎週2つの相補的なパートの授業が実施される (MBacc, n.d.)。前者については、生徒は対面またはオンラインプラットフォームで、ガイド付きの自習を通じて学ぶ (3単位)。それに対して、後者については、ピア・エンゲージメントや学際的なスキルの育成に重点が置かれ、ミネルバ大学と同様にForumでの2時間の対話型セミナーが行われる (2単位)。なお、「個人的スキル」の科目は、Forumを用いた対話型セミナー形式のみで実施される。

4年次のオプション科目は、複数の高校を同時双方向でつないだ状態で、ミネルバ大学の教員が担当する。科目自体は、ミネルバ大学の初年次学生が必修科目として履修するコーナーストーン科目のカリキュラム (詳細は第1章参照) を参考にすることによって、大学レベルの特別な学習内容が提供されている。4年次の選択科目には、以上の科目に加えて最終キャップストーン・プロジェクトという科目が設定され、この科目では、4年間の各科目で学習した内容を

統合して個人の成果物を作成することが求められる (Elite Open School, n.d.)。

　以上より、MBacc の正課カリキュラムの構造についてまとめると、1 年次〜3 年次のカリキュラムでは、従来の学問的知識の伝達を目的とした教育と、コンピテンシーベースの教育が並列的に実施されるのに対し、4 年次のカリキュラムでは、ミネルバ大学の初年次レベルの教育内容を先取りしたカリキュラムが実施される。つまり、後者のカリキュラムは、高大接続を前提として、大学教育の内容を前倒して中等教育に落とし込むという志向性を含み込んでいるという点において、前者のカリキュラムとは様相が異なる。

2. 目標と評価

　MBacc の 1 年次〜3 年次のカリキュラムの特徴として、それぞれの科目・分野を超えたコンピテンシーの育成が目指されている点が挙げられる。プログラムのすべての科目の学習成果には、分野固有の考え方だけでなく、学際的な概念やスキルが含まれており、これは「科目横断型学習成果 (Cross-Course Learning Outcomes：XLOs)」と呼ばれている (MBacc, n.d.)。XLOs は、教員・生徒間のコミュニケーションを円滑にするため、ハッシュタグ (#) を用いてそれぞれに名前と短い説明がつけられている。例えば、「繰り返されるパターンやテーマを特定し、分析することができる」は #patterns、「情報のカテゴリーとタイプを区別し、ソース (情報源) の質を判断する」は #sourcequality といった具合だ。

　XLOs は、その XLOs の指導をするにあたって最適だと考えられる特定の科目で初めて導入され、その後、他の科目で再び登場することになる。重複している箇所は XLOs が適用される科目間の交差点を示している。例えば、#patterns は英語と理科の重なりの中に位置づけられているように、XLOs は当該科目の特定の文脈の中で導入された後、その他の科目でも活用することが目指される。つまり、「XLOs は、学習の出発点となり、プロセスであると同時に、目標にもなる。各セッションの原動力であり、年度末までに達成したい目標でもある」(MBacc, n.d.)。このように、生徒は特定の文脈で導入された XLOs をさまざまな文脈で適用することによって、汎用性を高めていくことが期待されている。

　もっとも、このようなカリキュラム構成には疑問も生じる。例えば、#argument は理科と英語の重なりの中に位置づいているが、社会や数学においても、

共通の型をふまえつつ学問分野ごとの特徴をそなえた論証 (argument) の形式が存在するはずである。それぞれの XLO において、そのような学問分野ごとの多様性がどのように考慮され、導入されているのかという点については追加の検討を要する。

さらに、MBacc では、すべての科目で体系的な評価方法が採用されている (MBacc, n.d.)。MBacc の評価は、固定された一つの成績ではなく、生徒一人ひとりの習熟度を反映したものとなっている。生徒に対して強い影響力をもつハイステイクス (high stakes) の試験は学習成果の評価方法として不十分であるという知見をふまえ、MBacc では、小テストのような定期的に実施されるローステイクス (low stakes) の形成的評価とそのフィードバックが重視される。そのために、MBacc では、各科目において、前述の XLOs などの学習成果が明示され、生徒と教員の双方が確認できる明確な採点基準 (ルーブリック) が採用されている。なお、個別の科目固有の学習成果がどのようにして評価されているのかについては現時点では公表されていない。

以上みてきたように、MBacc の仕組みは、現時点において実験段階に近いものであることを踏まえ、今後、教育実践を通じて、どのように発展・変容を遂げていくかを注視していくことが求められる。

第3節　企業研修への拡張

次に、第3節では、ミネルバ大学で蓄積されてきたノウハウを使って企業研修を開発してきた合同会社 KOKKARA[9] の事例について、代表の黒川公晴氏へのインタビューに基づいて取り上げてみたい。合同会社 KOKKARA は、企業向け組織開発・人材開発を提供しており、日本で初めてミネルバ・プロジェクトと事業提携した企業である。特に、本節では、ミネルバと提携している企業研修がどのようにして構想され、またどのように具体的に実践されているのかについて探ってみることにしよう。

9　合同会社 KOKKARA のサイト (https://kokkara01.com/) (2023 年 6 月 23 日閲覧) より。

1. 企業研修の概要

ミネルバ・プロジェクトにおける企業研修には、体系的な「Managing Complexity」と、特定の分野に特化した「フォーカス科目 (Focus Courses)」の2種類が存在する。前者のプログラムは、システム思考から始まり、行動科学やパーパスリーダーシップ、EQ（感情的知性）、チームダイナミクスなど、職場のような複雑な環境にリーダーとして対応できる力を体系的に身につける10週間にわたるプログラムである。それに対し、後者のプログラムは、特にイノベーションやシステム思考を掘り下げながら学ぶ5週間のプログラムである。黒川氏は、前者の Managing Complexity を日本企業に広めるためにミネルバ・プロジェクトと初めて事業提携し、国内の企業、もしくは企業に属する個人を対象として企業研修を実施してきた。さらに、黒川氏は後者のフォーカス科目に関しても、韓国企業を対象にイノベーションを掘り下げることを意図した研修のデザインにも携わってきた経歴をもつ。

では、このような企業研修にはどのような人が参加し、どのようにクラスが編成されているのだろうか。黒川氏によれば、参加者の中には、企業から派遣されて参加する人と、個人の意思で参加している人がいるが、いずれの場合も、主には組織の管理職以上の人がプログラムに参加しているという。また、クラスの規模は、ミネルバ大学のクラス規模と同様に、20名未満となるように設定されている。クラスは、単独の企業から12〜15名を送り込む「単一クラス」と、複数の企業から4名程度の社員を集めて編成される「混成クラス」から成っている。

2. 企業研修の具体的実践

KOKKARA がミネルバ・プロジェクトとの提携の下、提供する企業研修は、原則 Forum を用いたオンラインインセッションによって進められる。ミネルバ・プロジェクトにおける企業研修で Forum を用いることの意義について、黒川氏は次のように語る（語り 付 -1）。

語り 付-1　ミネルバ・プロジェクトにおいて Forum を用いる意義

ミネルバのペダゴジー（教授法）は基本的に Forum の使用を想定しているので、Forum を使用して初めて**最大限の学習効果**が得られる、という前提があります。ミネルバとしても我々のような外部パートナーを通じてプログラムを提供するにあたっては、**質的担保**を行うためにも Forum の使用が重要になってくるのだと思います。また、Forum の使用には当然ライセンス料が発生します。ペダゴジーという無形の商材ではなく、こうした有形のツールを用いることで、**ミネルバにとってのキャッシュポイント、ひいてはビジネスモデルが明確になっている側面**もあるかと思います。

　語り 付-1 からわかるように、すべての参加者が Forum を用いることで、ミネルバが独自に開発した授業法を通じて最大限の学習効果が期待され、教育の質を担保することが目指される。さらに、Forum の使用が、ミネルバにとっての「キャッシュポイント」となり、ビジネスモデルの明確化につながっている。このように、Forum の使用は、授業法的な側面とビジネス的な側面において、ミネルバ・プロジェクトにとって重要な要素として機能していることがわかる。

　ただし、企業研修は Forum を用いたオンラインの形式で行われるものの、オンラインの研修だけですべて完結するというわけではない（語り 付-2）。

語り 付-2　ミネルバ・プロジェクトの学習内容の企業での実践

毎回の授業の終わりに、その授業での**テイクアウェイ（実業務に持ち帰る学び）を言語化**し、それを来週までにどう実践に移すのかを計画してもらいます。その上で翌週の授業開始時、学びをどのように実践したかをお互いに報告し合うのですが、その様子を観察していると、それぞれがどれくらい内容を掴めているのかは大体わかってきます。

　語り 付-2 からわかるように、企業研修では、各回の研修を通じて学んだことを振り返り、そこでの経験を企業の現場でいかに実践的に応用できるかという点が特に重視されている。つまり、オンラインで学んだ経験を対面での企業における実践へと応用することを目指すという仕方で、オンライン・プログラムの学習と職場での実践がハイブリッド形式で運営されている点に特徴がある。

3. 企業研修開始前のファカルティトレーニング

こうした企業研修プログラムを提供する前には、KOKKARAはミネルバ・プロジェクト側から、ファカルティトレーニング(教員研修)を約2〜3ヶ月間受けることを求められたという。具体的な教員研修の内容に関して、黒川氏は以下のように語っている(語り 付-3)。

語り 付-3　ミネルバ・プロジェクトから受ける教員研修の実態

> ファカルティトレーニングでは、もちろん授業の細かなファシリテーション手法についても習得が求められますが、前提となっている**ミネルバの教育法やその背景にある基本的な理念・思想**についても学びます。また、**どのような考え方でHCsやLOsといった概念が構成されていて、それらがカリキュラムや評価方法にどのように応用されているのか**も詳しく学びます。

この語り 付-3に示されるように、企業研修の開始に際して、ミネルバが構築してきた理念や思想について学び、汎用的能力の要素(HCsやLOs)の仕組みを理解した上で、ミネルバから指定された汎用的能力を用いて、研修プログラムの内容を構造化することが求められる。

ところで、黒川氏は、元々、別の仕事でミネルバ・プロジェクトと関わる中で、ミネルバ・プロジェクトの授業法に「可能性をすごく感じていた」という。中でも、特に黒川氏がミネルバのカリキュラムの中で可能性を感じていたのは、学習の科学の知見から抽出された「16の学習原則」である(語り 付-4)。

語り 付-4　「16の学習原則」が重視されるカリキュラム

> やはりファカルティ側として立つと、「16の学習原則」が非常に明解で、「なぜこのカリキュラムの組み方なのか」、「なぜこういう教え方が望ましいのか」、「なぜこの問いかけが有効なのか」といった点が、すごく腹落ちします。それがしっかりと定着していく様子も目の当たりにできるので、これほど効果的・効率的な学び方があるんだと、私にとっては開眼された体験でもありました。私の会社でも日々色んな企業人に向けて学びのプログラムを提供しているのですが、そこにも活かせる多くの要素が詰まっていると思ったんです。それまで自分が何となく行ってきたファシリテーションを振り返っても、なるほど、**16原則に照らし合わせると、こういうことだったのかと紐づく感覚があり、学びの効果性にすごく可能性**を感じました。

以上の通り、黒川氏は、「16 の学習原則」に、これまで実践してきた企業研修の方法との親和性や学習効果の高さを感じている。16 の学習原則は、スティーヴン・コスリンが、Kosslyn & Nelson（2017）の第 11 章「学習の科学—その仕組みと原則—」で抽出したものであり、必ずしも学習の科学において広く共通認識になっているわけではない。それが、これほど重視されているというのにはやや意外な感を覚えた。

おわりに

この付論では、ミネルバ・プロジェクトが、いかにして他の高等教育機関、そして高校、さらには企業など、さまざまな機関・組織において、「遠い転移」を成し遂げてきたのかを眺めてきた。

教育段階や機関、地域の状況などによって内容は異なるものの、HCs や LOs、XLOs といった要素化された形で汎用的能力を導入し、それらを統合する機会を設けながら育成していくという基本的なやり方に違いはない。さらに、いずれの取組も、何らかの形で対面とオンラインを有機的に関連づけたハイブリッド形式がとられているという点も共通している。

とりわけ、Forum はミネルバ大学とミネルバ・プロジェクトで共有されている重要なオンラインプラットフォームである。特筆すべき点として、Forum は効果的・効率的な学習環境を実現するために必要だというだけでなく、ミネルバ・プロジェクトという営利教育企業としての重要なビジネス・ツールでもあることが確認された。

他方、ミネルバ・プロジェクトによってミネルバ・モデルをさまざまな教育段階や国・地域に普及していく際に、ミネルバ・モデルからグローバル・ローテーションという要素はそぎ落とされ、さらにはほぼ汎用的能力の育成や、それを意図した研修のみになっている点は注目に値する。これを、ミネルバ・モデル普及のためにやむなく生じた脱落とみるべきか、本質をより絞り込んだ彫琢とみるべきか、今後の教育事業戦略のゆくえを見守りながらさらに検討していきたい。

文献

Elite Open School. (n.d.). *Program overview: An advanced high school program for highly ambitious students.* (https://eliteopenschooltokyo.org/pdf/mbacc_overview.pdf) (2022 年 8 月 24 日閲覧)

ギボンズ , マイケル (1997)『現代社会と知の創造―モード論とは何か―』(小林信一監訳) 丸善ライブラリー.

Goldemberg, D., Genone, J., & Wisor, S. (2020). *How do disruptive innovators prepare today's students to be tomorrow's workforce?* (Minerva's Co-op model: A pathway to closing the skills gap.) Inter-American Development Bank.

Kosslyn, S. M., & Nelson, B. (Eds.). (2017). B*uilding the intentional university: Minerva and the future of higher education.* Cambridge, MA: The MIT Press.　S. M. コスリン, B. ネルソン編 (2024)『ミネルバ大学の設計書』(松下佳代監訳) 東信堂.

Minerva Project (2023). *Toward the hybrid futur*e. (https://www.minervaproject.com/white-paper/toward-the-hybrid-future) (2024 年 4 月 19 日閲覧)

Minerva Baccalaureate (n.d.) . *Minerva Baccalaureate* (https://www.mbacc.com) (2022 年 8 月 24 日閲覧)

田中孝平 (2022)「バカロレア型教育プログラムに関する論点―MBacc、IBDP、AP キャップストーンとの比較検討―」『京都大学大学院教育学研究科紀要』69, 193-206.

吉本圭一・稲永由紀編 (2013)『諸外国の第三段階教育における職業統合的学習』広島大学高等教育研究開発センター（高等教育叢書 122）.

付記

　この付論では、「はじめに」「第 1 節」を松下佳代が、「第 2 節」「第 3 節」「おわりに」を田中孝平が担当した。

あとがき

　私がミネルバ大学のことを知ったのは 2016 年の終わり頃だったと思う。2017 年 5 月には、当時所属していた京都大学高等教育研究開発推進センターで、創設者のベン・ネルソンやミネルバの関係者を招いて、国際シンポジウム「大学教育の創造的破壊と未来」を開催し、その後、刊行間もない Kosslyn, S. M., & Nelson, B. (Eds.) *Building the Intentional University: Minerva and the Future of Higher Education* (The MIT Press, 2017) を手に取った。431 ページもある分厚い本だ。この本は 2019 年度から 2 年にわたって大学院の授業で取り上げ、そのときのメンバーで、本書とほぼ同時に翻訳（『ミネルバ大学の設計書』）を刊行することができた。

　それと並行して、私たちは、2019 年からミネルバの教職員・関係者や学生へのインタビューを始めた。その中心として継続的にインタビュイーになってくれたのが、第 6 章でも取り上げた学生 A さん、D さん、E さん、G さんだ。なぜ、インタビューしたいと思ったのか。

　コスリンとネルソンの編集した本には、ミネルバ大学がどういう「意図」の下で創られた大学なのかがくまなく説明されている。だが、2014 年の開校後まだ全学年を経験した学生がいないうちに書かれた本であり、実際にそこでの教育がどう実践されているかを十分窺い知ることはできなかった。とくに 1 年次の一般教育に比べると 2 年次以降の専門教育や 3・4 年次のキャップストーン、シニア・チュートリアルなどの記述は少なく、その内容を把握することが難しかった。インタビューしてわかったことは、ミネルバでは、学生や教職員などの声を取り入れて、たえずデザイン思考的に実施と改善が繰り返されているということだった。例えば、本に書かれていた 114 個の HCs は現在では約 80 個になっている。シビックプロジェクトなどの準正課活動や寮の行事なども本に書かれているものから変わったり無くなったりしていた（準正課活動については

コロナ禍の影響もある）。また、キャップストーンやシニア・チュートリアルが想像していた以上に重要な役割を与えられていて、個別指導が手厚く行われていることもわかった。こうして私たちは、ミネルバについて知り得た事柄を一つひとつインタビューで確かめていった。そういうわけで、本書のミネルバ大学に関する内容で、文献やウェブサイトだけの情報はほとんどない。いずれも学生や教職員に確認をとったものだ。（例外は、「付論」のミネルバ・プロジェクトの動向の紹介である。ここではインタビューできたのはお一人だけである。そういう意味で、「付論」は他の章とは別の性格をもつと捉えていただきたい。）

　ミネルバ大学の実際が知りたいという理由に加え、もう一つの理由は、それを学生たちがどう受け止めているかを知りたいということだった。さまざまな文献やウェブサイトを読みながら、私たちの中にいろいろな疑問がわいてきた。学生は HCs を本当に多様な場面で使っているのだろうか。すべての授業が録画され授業中の言動が評価されるとなると教員にたえず監視されコントロールされているような気持ちにならないか。自前のキャンパスがないこと（図書館やラボなどがないこと）に不便さは感じないのだろうか。実験・実習などオンライン授業では学べないことがあるのではないか。教員とオンラインでしか会わないことや他の学年の学生との関わりがないことに物足りなさは感じないか。半年（実際の滞在期間は 4 ヶ月）で移動を繰り返すことでそれぞれの都市の文化を学んだといえるだろうか、などなど。インタビューではこうした疑問を直接学生たちにぶつけていった。それぞれの質問についての答えは本書の中に散りばめられている。

　正直、最初はこんなに長く、何度もインタビューすることになるとは思っていなかったし、地球の裏側まで出かけることになるなどとは思いも寄らなかった。こうなったのは、インタビューで聞く学生の語りやそこから垣間見えるミネルバの教育が面白く、興味がつきることがなかったからだ。

　4 年生の終わりと卒業後のインタビューでは、4 年間のミネルバでの学びについてどう見ているかを尋ねてみた。四者四様の答えだった。A さんは「自分が自由になるための学び」、D さんは「どんどんアップデートされていく学び」、E さんは「限界まで伸ばされる感じ」、G さんは「失敗の連続の中で成長した 4 年間」。ミネルバで要求されるアカデミックな水準は厳格で、多様な国籍・文

あとがき　297

化などをもった仲間との寮生活では葛藤も生じる。だから、限界まで伸ばされるし、失敗も多いけれど、その中で固定的な価値観から自由になり、新しい自分に出会っていく。4人が別々の表現ながらも異口同音に語ったのは、何か専門的な知識を深く身につけたというわけでは必ずしもないけれど、自分がこれから生きていくための土台ができた、ということだった——どこでも生きていける自信、これから何かのプロフェッショナルになるためのファウンデーション、自分でやりたいことをやるための力。彼らは選んだ進路も、教育起業（修行中）、大学院進学、企業就職、研究機関のアシスタントと四者四様だ。またしばらくしたら、卒業後の生活・人生にとってのミネルバの意味を尋ねてみたい。

　本書の執筆にあたっては、対面やハイフレックスの会議で、何度も構想・原稿の検討を行い、著者間で対話を重ね推敲を繰り返すことによって、学生の語りについての解釈をすり合わせ、読みやすい原稿を創り上げてきたつもりである。事実誤認や不適切な解釈などあれば、ぜひご批正いただければと思う。

　なお、本書に掲載された図表・写真は、すべてミネルバ・プロジェクトから許諾を得ている。快く転載を許可していただいたことに感謝したい。ただし、HCs のリストについては、ウェブサイト上ですでに見られなくなっていることもあり、保存していた最新版のリストとその説明を掲載することが認められなかった。裏返せば、HCs がそれだけ重視されていることの表れでもあるだろう。

　本書を終えるにあたって、インタビューに快く応じてくださったミネルバ大学の学生・教職員の方々、そして KOKKARA の黒川公晴さんに、心から感謝を捧げます。とくにインタビューを通じて、A さん、D さん、E さん、G さんの大学生活と成長に伴走できたことが、この本を書く大きなモチベーションになりました。本当にありがとう。ブエノスアイレスでは、SL スタッフのみなさんにもお世話になりました。最後に、出版事情の厳しい中、翻訳に続いて、本書の出版機会を与えてくださった東信堂の下田勝司社長にお礼申し上げます。

　2024 年 3 月

松下佳代

謝辞

　本書のもとになった研究は、JSPS 科研費 18H00975、22H00965 の助成を受けたものである。

事項索引

【英字】

Advanced Placement（AP）プログラム ……285

#audience ……… 20, 22, 28, 38, 40, 88, 204, 208

Building the intentional university: Minerva and the future of higher education …………i, 27, 30, 34, 70, 108, 115, 145, 176, 197, 273, 275, 293, 295

Business Insider…………………………201

CLA+ …………………………… 5, 100, 101, 261

#correlation ……………………… 20, 21

EdTech …………………………………i, 4, 10

Essential Learning Outcomes（ELO）…………11

Forum … 4, 7, 25, 33, 45, 59, 81, 82, 88, 98, 99, 106, 117, 119, 123-126, 128-138, 141-143, 183, 187, 272, 279, 282, 286, 289, 290, 292

#gapanalysis ………………………21, 42, 256

GCE-A レベル …………………………285

HCs … ii, 4, 10, 18-26, 32, 38-46, 51-53, 56, 63-69, 76, 78-81, 83-95, 97, 98, 102, 103, 105, 109, 141, 142, 180-182, 186, 187, 194, 202-204, 207, 256, 262, 263, 265, 266, 268, 272-274, 283, 291, 292, 295-297

IBDP（国際バカロレア・ディプロマプログラム …………………96, 228, 285, 293

IR（institutional research）…………………107

KOKKARA …………………… 288-291

LEAP（リベラル教育とアメリカの前途）…… 43

LIU グローバル ………………… 168-173, 175, 284

LOs … 24, 39, 40, 51-53, 55, 56, 68, 69, 76, 79-81, 83-95, 97-100, 102, 103, 180, 182, 203, 204, 268, 269, 291, 292

Managing Complexity …………………289

SL スタッフ（学生生活スタッフ）… 29, 30, 83, 160-162, 174, 178, 179, 188-193, 195, 244-248, 257, 297

Slack ………………136, 183, 184, 187

STEM …………………………………231

Student Initiatives（学生主導の探究）………153

4Cs …………………………………… 10

【あ行】

アクレディテーション…………………6, 31

浅い戦略的アプローチ………………… 66, 67

一般教育……… 17, 18, 24, 26, 33, 38, 41, 68-70, 264, 265, 270, 274, 278, 279, 282, 283, 285, 295

一般的な課題（general assignments）…………83

一般的ルーブリック ………………… 94, 105

イノベーション …… 4, 5, 155, 168, 261, 274, 279, 280

インターンシップ…… 23, 31, 32, 50, 68, 84, 149, 155, 157, 172, 180, 219, 220, 230, 257, 270, 281, 284

エージェンシー ………………… 115, 266

オナーズプログラム ………………… 280, 283

オフィスアワー ……25, 44, 55, 75, 89, 90, 95, 136, 137, 160, 255

オンライン授業……8, 9, 24, 32, 33, 51, 118, 122, 131, 137-144, 257, 260, 261, 266-268, 270, 273, 275, 296

オンライン大学（通信制大学）……………260

【か行】

カウンセリングサービス …………………156

課外活動………………ii, 33, 139, 147-149, 155, 158, 164, 165, 171-175, 196, 199, 273, 275

学習科学……………………… 118-121

学習の科学 … i, ii, 5, 118, 119, 122, 130, 131, 187, 206, 291, 292

学士力 …………………… 11, 112, 260

学生経験チーム（student experience team） …………………… 150, 156

学生支援・運営（student affairs and operations）チーム ………………………156

学生生活チーム …………………………180

学生入学審査委員会 ･･････････････････180
学生寮 ･････ 4, 28, 33, 151, 152, 156-160, 165-167,
　　　　　169-175, 245, 261
学費 ･･････ 5, 10, 32, 259, 260, 273, 275, 281, 284
格率 (maxim) ･･････････････････････ 119, 120
課題主導型パフォーマンス評価･･････････105
科目横断型学習成果 (XLOs) ････ 287, 288, 292
科目コード ･･････････････････････････ 45, 46
科目デザイン･･････････････････ 179, 180, 182
科目ナンバリング････････････････････････45
科目目標 (Couse Objectives) ･･････････ 51, 79
カリキュラム・ポリシー（CP）･･･････ 37, 69
カリキュラムマップ ･････････ 12, 111, 262
カリフォルニア大学バークレー校･･･････282
間主観性･･････････････････ 91, 96-98, 102, 107
関与プロンプト ･･････････ 120, 125, 127, 129, 130
企業研修････････････ 7, 277, 278, 285, 288-292
記入提出・投票 (polling and voting) ････56, 133,
　　　　　143
機能分化･････････････････ 177, 178, 195-197
基本的概念 ･････････････････ ii, 4, 19-21, 263
脚注 (footnote) ･･････････････････ 85, 90
キャップストーン・アドバイザー ････ 55, 254
キャップストーン・プロジェクト･･･39, 53-57,
　　　　　216, 247, 253, 255, 278
キャリア支援･･････････････････････ 156, 163
キャリブレーション ･･･････････ 91, 103, 184
教育ごっこ ･･･････････ 14, 15, 35, 262, 276
教員研修･･････････････････ 186, 195, 263, 291
共通言語･･････････････ 64, 65, 68, 262, 268
協働用ホワイトボード (collaborative
　　whiteboards) ･･･････････････････････134
京都大学高等教育研究開発推進センター･･･ 7,
　　　　　34, 71, 295
居住地に根ざした課題 (Location-based
　　assignments: LBA) ･･････ 83, 190-192, 195, 270
クインカトリア (Quinquatria) ･･････････151
グローバル・ローテーション ･･･4, 9, 28, 33, 50,
　51, 68, 149, 153-155, 158-159, 168, 172, 173, 180,
　185, 189, 215-217, 219, 229, 245, 247, 249, 270,
　　　　　274, 284, 292
クワイエット・スナック (quiet snacks) ･････160
計画されたカリキュラム ･････ 27, 63, 241, 242,

　　　　　265, 266
経験学習･･･････････28, 154, 155, 173, 174, 280, 284
経験されたカリキュラム ･･･････27, 41, 64, 68,
　　　　　240-242, 265, 266, 277
形式的分析 ････････････････24, 39, 41, 66, 83
形成的アセスメント ･･････････････ 73, 108
ケック大学院大学･･････････････････････ 6
研究インターンシップ･････････ 31, 230, 270
研究体験制度･･････････････････････････230
言語教育･････････････････････････････172
原則 (principles) ･･････ 21, 22, 119-121, 231, 272,
　　　　　273, 285
コア・コンピテンシー･･････ 4, 10, 18, 19, 21, 23,
　26, 38, 40, 41, 45, 68, 69, 77, 78, 98, 263, 268
コーオプ教育･･････････ 32, 280, 281, 283, 284
効果的インタラクション ････ 10, 19, 22, 23, 41,
　　　　　77, 92
効果的コミュニケーション･･･10, 19, 22, 23, 77
コースビルダー ･････････････････ 127-130
構成概念主導型パフォーマンス評価･･････105
コーチング・人材開発チーム (Coaching
　　and Talent Development team) ･･･ 163, 180, 188
コーチングセッション･･････････････････156
コーナーストーン科目････ 24, 38, 41-46, 80, 83,
　98, 100, 109, 120, 129, 130, 181, 183, 186, 194,
　202, 207, 262, 265, 270, 278, 279, 281, 282, 286
コーホート ･････････････････････ 152, 158
コミュニティ･･･60, 65, 68, 90, 91, 96-99, 148-153,
　156-163, 165-168, 170-176, 219, 222, 234,
　　　　　250, 257, 268, 275, 282
コミュニティ駆動型 (community-driven) ･･･156
コミュニティケア・イニシアティブ・
　　ミーティング (Community Care Initiative
　　meeting) ･･････････････････････････190
コミュニティ形成･･･････ 148-151, 156, 157, 165,
　　　　　167, 174
コミュニティの7つの価値観 ････ 150, 151, 174
コミュニティプログラム ････ 149, 150, 152, 153,
　　　　　156, 157, 159, 173, 174
雇用主諮問委員会 (Employer Advisory Boad)
　　･･････････････････････････････････157
コロナ禍･･････ii, 4, 7, 8, 24, 28, 118, 137, 144, 165,
　185, 247, 252, 260, 266, 268, 296

事項索引　301

コンピュータ科学‥‥‥ 23, 38, 40, 46, 58, 61, 66, 180, 185, 205, 208, 211, 212, 231, 254

【さ行】

最終プロジェクト‥‥‥‥‥‥‥‥‥ 110, 154
シークエンス‥‥‥‥‥‥‥‥‥‥‥ 37, 114
ジェネリックスキル‥‥‥‥‥‥‥ 5, 12, 17
時差 ‥‥‥‥‥‥‥‥‥‥‥‥‥‥ 171, 243
自然科学‥‥‥ 18, 23, 31, 38, 45, 47-51, 55, 58, 79, 84, 92, 93, 180, 184, 192, 228, 253, 254, 265, 270
実証的分析‥‥‥‥‥ 24, 41-43, 45, 52, 63, 83, 184
実践されたカリキュラム‥‥‥ 27, 241, 265, 266
実践知‥‥‥‥‥‥ 18-20, 38, 68, 69, 76-78, 102, 107, 128, 259, 272, 282
シティトラック‥‥‥‥‥‥‥‥‥‥‥ 154
シニア・チュートリアル‥‥‥ 39, 57-60, 70, 103, 229, 231, 232, 234, 247, 255, 271, 295, 296
シビタス（Civitas）‥‥‥‥‥‥‥‥‥‥ 151
シビック・パートナー‥‥‥‥ 151, 157, 174
シビック・プロジェクト‥‥‥‥‥ 149, 155
社会科学‥‥‥‥‥ 5, 18, 23, 31, 38, 45, 47, 55, 180, 185, 208, 211, 231, 253-255
社会人基礎力‥‥‥‥‥‥‥‥‥‥ 11, 260
習熟度ルーブリックテンプレート‥‥‥ 91, 92
柔軟な専門性‥‥‥‥‥‥‥‥‥‥‥‥ 17
授業プラン‥‥‥‥‥‥ 117, 128-130, 132, 183
準正課活動‥‥‥ ii, 24, 148-151, 154-156, 168, 245-247, 252, 275, 283, 295
職業統合的学習‥‥‥‥‥‥‥‥ 32, 281, 293
シラバス‥‥‥‥‥‥‥ 57-59, 128-130, 132, 136
人格的成果‥‥‥‥‥‥ 32, 150, 153, 157, 174
シンキングツール‥‥‥‥‥‥‥‥‥‥ 42
新結合‥‥‥‥‥‥‥‥‥‥‥‥ 9, 274, 275
人文学‥‥‥ 23, 31, 38, 52, 54, 61, 66, 180, 185, 220, 221, 223-225, 232, 270
シンポジウム（Symposium）‥‥‥ 7, 29, 151, 208, 295
スケールのレベル‥‥‥‥‥‥‥‥‥‥ 47
スコープ‥‥‥‥‥‥‥‥‥‥ 37, 111, 181
スノーボール・サンプリング‥‥‥‥‥ 199
正課外教育‥‥‥‥‥‥‥‥‥ 147, 148, 165
清泉女子大学文学部地球市民学科‥‥‥ 262

セカンドリーダー‥‥‥‥‥‥‥ 55, 255, 256
専攻コア科目‥‥‥‥‥‥ 39, 46, 47, 186, 232
全米大学・カレッジ協会（Association of American Colleges & Universities: AAC&U）‥‥‥‥‥‥‥‥‥‥‥‥ 9, 11, 42, 147
専門職大学院‥‥‥‥‥‥ 156, 168, 278, 279
専門能力開発部（Minerva Professional Development Agency）‥‥‥‥‥‥ 156, 157
専門領域科目‥‥‥‥‥‥ 39, 46, 47, 186, 232
創造的思考‥‥‥‥‥‥ 10, 11, 19, 21, 23, 77, 263

【た行】

大学教授職‥‥‥‥‥‥‥‥‥‥‥ 177, 196
大学設置基準‥‥‥‥‥‥‥ 260, 261, 264, 267
タイムトラベル・グレード‥‥‥‥ 76, 104, 105, 111, 181
台湾国立大学‥‥‥‥‥‥‥‥‥‥‥‥ 164
ダブルメジャー‥‥‥ 24, 47, 54, 55, 208, 211, 253, 254, 264, 265
多モード・コミュニケーション‥‥‥ 39, 52, 66
近い転移‥‥‥‥‥‥‥‥‥‥‥‥‥‥ 15
知の習慣‥‥‥‥‥‥‥‥‥‥ ii, 4, 19, 20, 263
チュートリアル‥‥‥‥‥‥‥‥‥‥‥ 57
ディプロマ・ポリシー（DP）‥‥‥ 12, 13, 37, 69, 111, 262, 263
徹底した反転授業‥‥‥‥‥‥‥ 4, 24, 122
転移 ‥‥‥ 13-17, 26, 39, 62, 63, 65-67, 78, 79, 104, 111, 240, 268, 269, 277, 292
統合的学習科目（Integrated Leaning Couse）‥‥‥‥‥‥‥‥‥‥ 161, 191, 192, 195
統合的学習成果（Iintegrated Leaning Outcomes: ILOs）‥‥‥‥‥‥‥‥‥‥ 99, 100, 191
遠い転移‥‥‥‥ 15, 39, 63, 66-68, 78, 104, 119, 240, 268, 269, 277, 292
トークタイム‥‥‥‥‥‥‥‥ 135, 137, 143
特定課題ルーブリック‥‥‥‥‥‥‥ 94, 105
都市体験‥‥‥‥‥‥‥ 161-163, 189-191, 195
都市ディレクター‥‥‥‥‥‥‥‥‥‥ 189
都市をキャンパスに‥‥‥‥‥ 4, 148, 164, 259
トランスファー・コンピテンシー‥‥‥ 111, 181

【な行】

日本学術会議‥‥‥‥‥‥‥‥ 11, 12, 17, 35

日本私立大学連盟・・・・・・・・・・・・・・・・・・・ 266, 276
年中行事・・・・・・・・・・・・・・・・・・・・・・・・・・・・・・・・・148

【は行】

ハーバード大学・・・・・・・・・・・・・・・・・・・ 5, 18, 201
ハイブリッド学習・・・・・・・・・ 267, 268, 274, 283
配分必修制・・・・・・・・・・・・・・・・・・・・・・・・・・・・・・18
汎用性・・・・・・・・・ 11, 13, 16, 17, 24, 240, 268, 274,
287
汎用的技能・・・・・・・・・・・・・・・・・・・・・・・・・・ 11, 12
汎用的能力・・・・・ii, 4, 10-18, 26, 33, 38, 52, 63, 67,
68, 78, 100, 101, 105-108, 114, 117-119, 142,
181, 206-208, 259, 261, 262, 265, 268, 274,
282, 291, 292
ビジネス・・・・・・23, 31, 46, 54, 56, 61, 156, 168, 185,
205, 221, 251, 254, 265, 271, 272, 282, 290, 292
ビッグ・クエスチョン・・・・・・・・・・・・24, 42-44, 262
批判的思考・・・・・・・・10, 19, 23, 31, 41, 43, 77, 100,
263, 270
101 のコンセプト ・・・・・・・・・・・・・・・・・・・・・・263
評価ダッシュボード・・・・・・・・・・・・・・・・・ 98, 266
標準テスト・・・・・・・・・・・・・ 5, 13, 100, 107, 261
フィードバック・・・・・・ 5, 14, 23, 25, 55, 60, 62, 75,
76, 79, 81, 85, 86, 88-90, 94, 98, 99, 102, 103,
107, 110, 118, 123, 126, 128, 130, 131-133, 136,
137, 144, 181, 187, 194, 254-256, 261, 271, 288
フィードフォワード ・・・・・・・・・・・・・・・・・・・・・94
ブエノスアイレス・・・ii, 4, 28, 29, 49, 83, 158, 159,
161, 189, 192, 193, 228, 229, 236, 243-251, 297
フォーカス科目 ・・・・・・・・・・・・・・・・・・・・・・・289
深い戦略的アプローチ・・・・・・・・・・・・・・・・・・・67
複雑系・・・・・・・・・・・・24, 39, 41, 45, 83, 239, 270, 273
副専攻・・・・・・・・・・・・・・・・・・・・・・ 24, 47, 54, 169
ブランディング戦略・・・・・・・・・・・・・・・・・・・・・26
フル・アクティブラーニング ・・・4, 24, 117, 121,
122, 125-128, 131, 142, 259, 274
ブレイクアウト・グループ・・・・・・・ 127, 133, 143
フレンズギビング（Friendsgiving）・・・・・・・・・・151
プログラムレベルの学習成果 ・・・・ 109, 111, 115
プロダクションシステム ・・・・・・・・・・・・・・・・・20
分野固有性に根ざした汎用性・・・・・・・・・・・・・16
分野固有性に依らない汎用性 ・・・・・・・・・・・・16
分野別参照基準・・・・・・・・・・・・・・・・・・・ 11, 17

文理横断・文理融合教育 ・・・・・・・・・・・・・ 264, 265
ポートフォリオ評価法・・・・・・・・・・・・・・・・・・・105
ポール・クイン・カレッジ・・・・・・・・・・・・・・・280
香港科技大学・・・・・・・・・・・・・・・・・・・・・・・・・278

【ま行】

マイアミ大学・・・・・・・・・・・・・・・・・・・・・・・・・280
マニフェスト ・・・・・・・・・・・・・ 39, 60-63, 233, 269
3 つのポリシー・・・・・・・・・・・・・・・・・・・・・・・・・37
ミドルベリー大学・・・・・・・・・・・・・・・ 166-173, 175
ミネルバ・コミュニティプログラム・・・・・・ 152,
156, 159
ミネルバトーク（Talks）・・・・・・・・・・ 152, 160, 161
ミネルバ・バカロレア（MBacc）・・・・・・・・・・・285
ミネルバ・プロジェクト ・・・・ 6, 7, 10, 31, 32, 34,
267, 271, 272, 274, 277, 278, 283, 284, 288-292,
296, 297
ミネルバ・モデル・・・・・ 5, 7, 10, 17, 25, 26, 32-34,
199, 259, 261, 262, 264, 267, 268, 272, 274, 275,
277, 278, 284, 292
メジャー・マイナー ・・・・・・・・・・・・・ 24, 264, 265
メンター・・・・・・・・・・・・・・・・・・・・・・・・・・・・・230
メンタルヘルス ・・・・・・・・・ 156, 157, 174, 190, 195,
247, 266, 268
問題解決・・20, 24, 41, 44, 64, 65, 100, 120, 129, 183

【や行】

UC バークレー・ロースクール・・・・・・・・・・・・268

【ら行】

リフレクションセッション・・・・・・・・・・・・・・・191
リベラルアーツ大学 ・・・・・・・・ 3, 18, 271, 274, 281
リベラルアーツ教育 ・・・・・・・・ 18, 33, 77, 263, 264
寮生活 ・・・・・・24, 139-141, 143, 144, 148, 152, 158,
165, 168, 171, 174, 191, 215, 216, 219, 228, 240,
246, 267, 275, 297
ルーブリック ・・・・・・ 14, 23, 25, 32, 52, 90-98, 100,
105, 126, 128, 136, 187, 237, 261, 262, 288
レガシー・・・・・・・・・・・・・・・・・・・・・i, 152, 153, 171
レジデント・アシスタント（RA）・・・・ 152, 156,
157, 174
レジデンス・マネージャー（Residential Life
Manager）・・・・・・・・・・・・・・・・・・・・・・・・・・・189

人名索引

【か行】

ギボンズ（M. Gibbbons）‥‥‥‥‥ 283, 293
黒川公晴‥‥‥‥‥‥‥‥‥‥‥ 288-292
コスリン（S. M. Kosslyn）‥‥‥i, 5, 10, 19, 23, 100,
　　　　　　　118, 119, 179, 273, 292, 295

【さ行】

鈴木宏昭‥‥‥‥‥‥‥‥‥‥‥‥‥ 14

【な行】

ネルソン（B. Nelson）‥‥‥ i, 5, 7, 10, 19, 26, 118,
　　　　　　　179, 247, 271, 273, 295

【は行】

バーネット（R. Barnett）‥‥‥‥‥‥13-16
パスカレラ（L. Pasquerella）‥‥‥‥‥‥9, 11
ボイヤー（E. L. Boyer）‥‥‥‥‥‥‥177
本田由紀‥‥‥‥‥‥‥‥‥‥‥‥ 17, 272

【や行】

山口裕之‥‥‥‥‥‥‥‥‥‥‥‥ 272, 273
山本秀樹‥‥‥‥‥‥‥‥‥‥‥‥‥ 32
吉見俊哉‥‥‥‥‥‥‥‥‥‥9, 17, 18, 32, 148

執筆者紹介

（＊執筆順）

松下佳代（まつした かよ）［編者］
担当：まえがき，序章，エッセイ，終章，付論はじめに・第1節，あとがき
京都大学大学院教育学研究科教授、博士（教育学，京都大学）。1960年生まれ。京都大学大学院教育学研究科博士後期課程学修認定退学。専門は、教育方法学、大学教育学。とくに、能力、学習、評価をテーマに研究と実践支援を行っている。主な著作に、『パフォーマンス評価』（日本標準，2007）［単著］、『〈新しい能力〉は教育を変えるか―学力・リテラシー・コンピテンシー―』（ミネルヴァ書房，2010）［編著］、『ディープ・アクティブラーニング―大学授業を深化させるために―』（勁草書房，2015）［編著］、*Deep active learning: Toward greater depth in university education*（Springer, 2017）［編著］、『対話型論証による学びのデザイン―学校で身につけてほしいたった一つのこと―』（勁草書房，2021）［単著］など。

田中孝平（たなか こうへい）
担当：第1章，第6章はじめに・第1節，付論第2節・第3節・おわりに
北海道大学高等教育推進機構高等教育研究部助教、博士（教育学，京都大学）。1996年生まれ。京都大学大学院教育学研究科博士後期課程修了。専門は、大学教育学。とくに、高校の探究学習を通じた高大接続に関する理論的・実践的・実証的研究をすすめている。主な著作に、『対話型論証ですすめる探究ワーク』（勁草書房，2022）［共著］、「高校・大学間における教育接続タイプの特徴」『大学教育学会誌』（44巻1号，150-159）［単著］、「高大接続における学習の連続性と非連続性の検討―高校で探究学習を経験した学生の語りの分析を通して―」『大学教育学会誌』（43巻1号，149-158）［共著］など。

石田智敬（いしだ ともひろ）
担当：第2章，エッセイ，第6章第4節・おわりに
神戸大学大学院人間発達環境学研究科特命助教、日本学術振興会特別研究員（PD）、博士（教育学，京都大学）。1993年生まれ。京都大学大学院教育学研究科博士後期課程修了。専門は、教育方法学。とくに、教育評価、学習評価をテーマに理論的・実践的研究を進めている。主な著作に、「スタンダード準拠評価論の成立と新たな展開―ロイス・サドラーの所論に焦点を合わせて―」『カリキュラム研究』（30巻，15-28）［単著，日本カリキュラム学会研究奨励賞受賞論文］、「ロイス・サドラーによる形成的アセスメント論の検討―学習者の鑑識眼を錬磨する―」『教育方法学研究』（46巻，1-12）［単著，日本教育方法学会研究奨励賞受賞論文］など。

澁川幸加 (しぶかわ さちか)

担当：第3章はじめに・第1節・第2節

中央大学文学部特任助教、教育力研究開発機構専任研究員、博士 (教育学，京都大学)。1993年生まれ。京都大学大学院教育学研究科博士後期課程修了。専門は、教育工学、大学教育学。とくに、ブレンド型授業や遠隔教育をテーマに理論的・実践的研究を進めている。主な著作に、「ブレンド型授業との比較・従来授業における予習との比較を通した反転授業の特徴と定義の検討」『日本教育工学会論文誌』(44巻4号，561-574) [単著]、「反転授業におけるワークシートの利用が対面授業時の学びへ与える影響―対面授業時の発話内容と深い学習アプローチに着目して―」『教育メディア研究』(26巻1号，1-19) [筆頭著者，日本教育メディア学会論文賞受賞論文] など。

大野真理子 (おおの まりこ)

担当：第3章第3節・第4節・第5節・おわりに，第4章第2節，第5章はじめに・第1節・第4節・おわりに，第6章第2節

東北大学高度教養教育・学生支援機構講師、修士 (教育学，京都大学)。1985年生まれ。京都大学大学院教育学研究科博士後期課程研究指導認定退学。専門は、大学教育学。とくに、大学入学者選抜をテーマに研究と実践を行っている。主な著作に、「国立大学アドミッションセンターと意思決定機関・学部との関係性―教職員の語りをもとに―」『名古屋高等教育研究』(23号，415-436) [単著]、「オンライン入試の意義と課題―九州工業大学における総合型選抜Iの事例をもとに―」倉元直樹・久保沙織編『コロナ禍に挑む大学入試(2)世界と日本編』(金子書房，2023) [筆頭著者] など。

佐藤有理 (さとう あり)

担当：第4章はじめに・第1節・第3節・おわりに

アメリカ・カナダ大学連合日本研究センター准教授、京都大学大学院教育学研究科博士後期課程在学中、修士 (教育学，京都大学・横浜国立大学)。1975年生まれ。横浜国立大学大学院教育学研究科修士課程修了、京都大学大学院教育学研究科修士課程修了。専門は、日本語教育、文化人類学、大学教育学。とくに、日本を研究対象とする北米の大学院生を対象にした日本語教育実践と研究を行っている。主な著作に、「専門分野別日本語教育のめざすもの―日本研究を専門とする大学院生を対象とした「文化人類学コース」の実践―」松井一美・設楽馨・鈴木美穂編著『日本語教育ができること、そしてことばについて―金田一秀穂先生と学んで― (教授退職記念論文集)』(凡人社，2022) [単著] など。

岡田航平（おかだ こうへい）

担当：第5章第2節・第3節・第5節，第6章第3節

京都大学大学院教育学研究科博士後期課程在学中、修士（教育学，京都大学）。1998年生まれ。京都大学大学院教育学研究科修士課程修了。専門は、大学教育学。高校から大学への移行期における生徒・学生の経験、とくに大学合格から大学入学までの期間における個々人の経験に着目して、質的なアプローチを通して研究を進めている。主な著作に、「行政文書における入学前教育の変遷と考察」『京都大学高等教育研究』（27号，48-56）［単著］、「探究型大学入試における高大接続観―大学教職員へのインタビュー調査を手がかりに―」『名古屋大学高等教育研究』（23号，437-457）［共著］など。

斎藤有吾（さいとう ゆうご）

担当：コラム

新潟大学教育基盤機構准教授、博士（教育学，京都大学）。1985年生まれ。京都大学大学院教育学研究科博士後期課程修了。専門は、大学教育学、教育評価論、教育測定論。問題解決能力や統計解析能力、臨床推論能力といった高次の統合的な能力をいかに評価し、さらにいかに形成するのかという視点から、主に統計学的手法を用いて研究を行っている。主な著作に、『大学教育における高次の統合的な能力の評価―量的 vs. 質的、直接 vs. 間接の二項対立を超えて―』（東信堂，2019）［単著］など。

編著者

松下佳代（まつした　かよ）

京都大学大学院教育学研究科教授。京都大学博士（教育学）。専門は、教育方法学、大学教育学。
現在、大学教育学会会長、日本カリキュラム学会代表理事を務める。
著作に、『対話型論証による学びのデザイン』（勁草書房, 2021）など。

ミネルバ大学を解剖する

2024年9月10日　　初　版第1刷発行		〔検印省略〕
		定価はカバーに表示してあります。

編著者ⓒ松下佳代／発行者　下田勝司　　　　　　　　　印刷・製本／中央精版印刷

東京都文京区向丘 1-20-6　　郵便振替 00110-6-37828
〒113-0023　TEL（03）3818-5521　FAX（03）3818-5514
Published by TOSHINDO PUBLISHING CO., LTD.
1-20-6, Mukougaoka, Bunkyo-ku, Tokyo, 113-0023, Japan
E-mail : tk203444@fsinet.or.jp　http://www.toshindo-pub.com

発 行 所
株式会社 東信堂

ISBN978-4-7989-1916-4 C3037　ⓒ MATSUSHITA, Kayo

東信堂

- ミネルバ大学を解剖する
  松下佳代編著／S・M・コスリン／B・ネルソン編 ……三三〇〇円
- ミネルバ大学の設計書
  松下佳代監訳 ……五二〇〇円
- アメリカの授業料と奨学金研究の展開
  小林雅之 ……六二〇〇円
- アメリカ高等教育史
  —その創立から第二次世界大戦までの学術と文化
  五島敦子／原圭寛、間篠剛留、小野里拓、藤井翔太、原田早春 訳 ……八六〇〇円
- アメリカの体育カリキュラム設計論
  —その成立と展開
  徳島祐彌 ……三四〇〇円
- 米国シカゴの市民性教育
  —子どものエンパワメントの視点から
  久保園梓 ……四三〇〇円
- アメリカ教育例外主義の終焉
  —変貌する教育改革政治
  青木栄一監訳 ……三六〇〇円
- オープン・エデュケーションの本流
  —ノースダコタ・グループとその周辺
  橋髙佳恵 ……三六〇〇円
- 米国の特殊教育における教職の専門職性理念の成立過程
  志茂こづえ ……四三〇〇円
- 米国における協働的な学習の理論的・実践的系譜
  福嶋祐貴 ……二八〇〇円
- アメリカにおける学校認証評価の現代的展開
  浜田博文編著 ……三六〇〇円
- 現代アメリカ貧困地域の市民性教育改革
  —教室・学校・地域の連関の創造
  古田雄一 ……四二〇〇円
- アメリカ公民教育におけるサービス・ラーニング
  唐木清志 ……四六〇〇円
- アメリカにおける多文化的歴史カリキュラム
  桐谷正信 ……四八〇〇円
- 【再増補版】現代アメリカにおける学力形成論の展開
  —スタンダードに基づくカリキュラムの設計
  石井英真 ……三八〇〇円
- アメリカ　間違いがまかり通っている時代
  —公立学校の企業型改革への批判と解決法
  D・ラヴィッチ著 末藤美津子訳 ……三六〇〇円
- 教育による社会的正義の実現—アメリカの挑戦（1945-1980）
  D・ラヴィッチ著 末藤美津子訳 ……五六〇〇円
- 学校改革抗争の100年—20世紀アメリカ教育史
  D・ラヴィッチ著 末藤・宮本・佐藤訳 ……六四〇〇円
- アメリカ公立学校の社会史
  —コモンスクールからNCLB法まで
  W・J・リース著 小川佳万・浅沼茂監訳 ……四六〇〇円
- 空間と時間の教育史—アメリカの学校建築と授業時間割からみる
  宮本健市郎 ……三九〇〇円

※定価：表示価格（本体）＋税

〒113-0023　東京都文京区向丘1-20-6　TEL 03-3818-5521　FAX03-3818-5514
Email tk203444@fsinet.or.jp　URL:http://www.toshindo-pub.com/